本书为湖南省社会科学规划项目
"船山价值理念的现代阐释与中国特色社会主义核心价值观的建构"（12JDZ3）结题成果

本书为湖南省船山思想科普基地成果

本书获湖南省船山学基地、湖南省重点学科建设项目资助

船山思想与
社会主义核心价值观研究

朱迪光 ◎ 著

中国社会科学出版社

图书在版编目（CIP）数据

船山思想与社会主义核心价值观研究/朱迪光著.
—北京：中国社会科学出版社，2017.10
ISBN 978-7-5161-9551-2

Ⅰ.①船… Ⅱ.①朱… Ⅲ.①王夫之(1619—1692)—哲学思想—思想评论②社会主义建设—价值论—研究—中国 Ⅳ.①B249.25②D616

中国版本图书馆CIP数据核字(2016)第326879号

出 版 人	赵剑英
责任编辑	郭晓鸿
特约编辑	席建海
责任校对	刘 娟
责任印制	戴 宽

出　　版	中国社会科学出版社
社　　址	北京鼓楼西大街甲158号
邮　　编	100720
网　　址	http://www.csspw.cn
发 行 部	010-84083685
门 市 部	010-84029450
经　　销	新华书店及其他书店
印刷装订	北京君升印刷有限公司
版　　次	2017年10月第1版
印　　次	2017年10月第1次印刷
开　　本	710×1000 1/16
印　　张	16.75
插　　页	2
字　　数	215千字
定　　价	76.00元

凡购买中国社会科学出版社图书，如有质量问题请与本社营销中心联系调换
电话：010-84083683
版权所有　侵权必究

序　言

　　王船山学术思想博大精深，自《船山遗书》为曾国藩兄弟刻印以来，船山学渐成显学，对中国近现代的影响甚巨。然而对其思想影响当代社会主义核心价值观建构的研究不多，当代社会的发展也期盼这样的成果。湖南省船山学研究基地的同人一同深入探讨，撰写了此著，希望能为研究和推广社会主义核心价值观做一点力所能及的工作。

　　该著作首先勾勒了近代以来学界体认的王夫之的哲学思想体系的各种观点，揭示了基于不同的立场对王夫之哲学思想提出的不同看法，反映出不同时期、不同社会阶层的关切与价值标准，从而显示出王夫之价值观念的影响。其次，具体探讨了王夫之春秋大义价值观、人格方面的价值观、"民本"价值观及其影响。再次，研究了王夫之价值观与中国近代价值观念的形成、社会主义核心价值观的践行的影响。最后，将船山价值观研究与社会主义核心价值观的践行应用到青少年的培养。章节撰写情况如下：朱迪光撰写第一章"王夫之哲学体系研究及其价值观念的演变"、第二章"王船山春秋大义价值观"、第三章"亡国之痛与士人价值观念重建——王夫之《俟解》注释与导读"、第四章"王夫之'民主''科学'价值观之发现与确定——兼论谭嗣同、梁启超民元之前王船山研究之意义"、第五章"'民本'思想、'群众路线'与价值观"、第十五章"船山价值观在小学传承的案例——衡阳市船山实验小学文化理念策划";李相勋[韩国]撰写第六章"尚义之道——王船山尚义思想展开的四个逻辑层次"、第十三章"王夫之之礼与政治和合相契何以可能";彭巧燕撰写第七章"从《诗广传》看船山思想与社会主义核心价值观";伍光辉撰写第八章"王夫之理想人格论及其当代启示";唐红卫、阳海燕撰写第九章"王夫之的家庭伦理观及其当代价值"、第十章"王夫之的友情观及其当代价值";肖剑平撰写第十一章"王夫之的义利观及其现代启示";陈杨撰写第十二章"王船山法治思想及其现实意义";杨旭明撰写第十四章"王夫之的廉政思想及其时代价值"。唐红卫、杨旭明还承担了全书的编辑工作。

目　录

第一章　王夫之哲学体系研究及其价值观念的演变 …………… 1

第二章　王船山春秋大义价值观 ………………………………… 22

第三章　亡国之痛与士人价值观念重建
　　　——王夫之《俟解》注释与导读 ……………………… 40

第四章　王夫之"民主""科学"价值观之发现与确定
　　　——兼论谭嗣同、梁启超民元之前王船山研究之意义 ……… 81

第五章　"民本"思想、"群众路线"与价值观 ………………… 99

第六章　尚义之道
　　　——王船山尚义思想展开的四个逻辑层次 …………… 114

第七章　从《诗广传》看船山思想与社会主义核心价值观 ……… 133

第八章　王夫之理想人格论及其当代启示 ……………………… 151

第九章　王夫之的家庭伦理观及其当代价值 …………………… 163

第十章　王夫之的友情观及其当代价值 ………………………… 178

第十一章　王夫之的义利观及其现代启示 …………………… 192

第十二章　王船山法治思想及其现实意义 …………………… 205

第十三章　王夫之之礼与政治和合相契何以可能 …………… 218

第十四章　王夫之的廉政思想及其时代价值 ………………… 240

第十五章　船山价值观在小学传承的案例
　　　　——衡阳市船山实验小学文化理念策划 ……………… 253

第一章　王夫之哲学体系研究及其价值观念的演变

王夫之哲学体系到底是怎样的呢？不同的时期，不同学派有着不同的观点，甚至还引起了学术争论。

一

晚清，《船山遗书》问世后，王夫之影响日益增大，同时关于王夫之思想的不同看法开始呈现。此时期出现了两种不同的观点。一种观点是以唐鉴、曾国藩为代表，认为王夫之哲学是理学。在此一时期还有人认为王夫之哲学是理学，但不同于唐鉴、曾国藩将其归为程朱一系，而有的认为王夫之属于张载一系。

唐鉴（1778—1861），字镜海，湖南善化（今长沙）人。清嘉庆十二年举人，嘉庆十四年进士，改翰林院庶吉士。由检讨历官江宁布政使，内召太常寺卿。后致仕南归，主讲钟山书院。卒谥确慎。清道光、咸丰年间有所谓理学复振，唐鉴其功甚大："鉴学宗濂洛，坚苦自持，在京师与倭仁、曾国藩、吴廷栋、何桂珍等讲明正学，精思力践，斯须必主于敬，服官三十余年而无儋石，泊如也。"① 唐鉴为王船山学术思想的传播做了两件事。一是他为王刻《船山遗书》作序，是为《王而农先生全集叙》，文云：

> 吾乡王而农先生，生不逢时，不能行其道，以胜国之孤贞，伏处岩穴，著述四十余年。其书亦未尝行于天下，而天下之人知之重之。……而先生不屈于外，不挫于内，探天人之精蕴，契性道之流行，知其所以然，行其所当然，而言其所同然。举凡所遇之艰，所履之险，所守之穷，皆若固然而无足怪者。倘所谓不怨不尤，非耶？先生与顾先生不相识，而其志其道则若相同。顾先生明经济之实用，先生发义理之真传，皆不得于时而欲传之后世者也，书顾不重乎哉？先生著书三百余卷，余所见者《易内外传》《张子正蒙注》而已。而其性之冲和，理之纯粹，流露于楮墨间者，令不能置也。书欤？即所以为人欤？《易》曰："苟非其人，道不虚行。"其先生之谓乎！②

在此文中特别赞扬了王船山先生的人品，对其学术思想只谓："发义理之真传。"二是将王船山先生收到他的理学专著《国朝学案小识》之中。在此书中，他将船山归为程朱正学。这应该在当时是最高的褒扬。唐鉴说：

> 先生学究天人，事通今古，探道德性命之原，明行丧兴亡之故，流连颠沛而不违其仁，险阻艰难而不失其正。……先生之道可

---

① （清）李翰章等：《湖南通志》卷一百七十六，岳麓书社2009年版，第3299页。
② （清）唐鉴：《王而农先生全集叙》，《船山全书》第十六册，岳麓书社1996年版，第407—408页。

第一章　王夫之哲学体系研究及其价值观念的演变

以奋乎百世矣！其为学也，由关而洛而闽，力砥殊途，归宿正轨。①

且不论唐鉴对王船山的评价是否准确，但这种肯定船山思想是理学正统思想既奠定了王夫之思想的官方地位同时也使王夫之的价值观念融进了清朝官方的意识形态。

曾国藩对王夫之思想的认识在《船山遗书序》中是表述得最全面完整的，他说：

> 昔仲尼好语求仁，而雅言执礼；孟氏亦仁、礼并称。盖圣王所以平物我之情，而息天下之争，内之莫外于仁，外之莫急于礼。……船山先生注《正蒙》数万言，幽以究民物之同原，显以纲维万事，弭世乱于未形，其于古者明体达用、盈科后进之旨，往往近之。……虽其著述太繁，醇驳互见，然固谓博文约礼、命世独立之君子已。②

曾国藩从三个层次来评价王夫之及其学术思想，一是学问，如云："先生殁后……或详考名物、训诂、音韵，正《诗集传》之疏；或修补《三礼》时享之仪，号为卓绝。先生皆已发之于前，与后贤若合符契。"二是人品，不求闻达，深隐，"旷百世不见知而无所悔"。前两点与前一个时期的"高风文学"的评价是相同的。三是指出王夫之能继承孔、孟、宋儒之统穷究"仁""礼"，因而在日记中也重点对《正蒙注》《礼记章句》等进行明确的评论。他在《日记》中说：

> 二更……四点入内室，阅王而农所注张子《正蒙》，于尽性

---

① （清）唐鉴：《国朝学案小识》，《船山全书》第十六册，岳麓书社1996年版，第544页。
② （清）曾国藩：《船山遗书序》，《船山全书》第十六册，岳麓书社1996年版，第418页。

· 3 ·

知命之旨，略有所会。盖尽其所可知者，于己，性也；听其不可知者，于天，命也。《易·系辞》"尺蠖之屈"八句，尽性也；"过此以往"四句，知命也。①

……

余以《礼记章句》为先生说经之最精者，拟细看一遍，以便作序，因以考校对者之有无错误。②

……

余因先生说《礼》多通于性命之原，故急取《中庸》阅之。③

他在致潘黻庭的信中也说："来示称王船山先生之学以汉儒为门户，以宋儒为堂奥，诚表微之定论。观其生平旨趣，专宗洛、闽，而其考《礼》疏《诗》，辨别名物，乃适与汉学诸大家若合符契。特其自晦过深，名望稍逊顾、黄诸儒耳。"④ 曾国藩欲调和汉宋，实际上是尊宋，所以也强调王船山"专宗洛、闽"，深悟"尽性知命之旨"，其功用在"弥世乱"。既揭示了船山思想的理论深度，又将王夫之的思想与提倡道德重修养的需要相结合。

此时期另一种观点是以梁启超、谭嗣同为代表，认为王夫之的哲学不是理学而是反理学。

梁启超在晚清撰写了《论中国学术思想变迁之大势》，在这部著作里他论述了王船山思想。梁启超在文中既云："痛叹于黄族文弱之病，其伤心于见"；"抑《黄书》亦《明夷待访》之亚也，其主张国民平等之势力，以裁抑专制，三致意焉"；又明言曾抄录《读通鉴论》

---

① （清）曾国藩：《（清）曾国藩日记》，《船山全书》第十六册，岳麓书社 2011 年版，第 562 页。
② 同上书，第 564 页。
③ 同上书，第 565 页。
④ （清）曾国藩：《致潘黻庭》，《船山全书》第十六册，岳麓书社 1996 年版，第 560 页。

《宋论》《黄书》中发民权之理者凡三四十条,而梁启超成于光绪三十一年(1905)的《德育鉴》之《立志》《存养》篇均抄录有王船山的著述。其抄录的目的,正如梁启超自言:"有志之士,欲从事修养以成伟大之人格者,日置座右,可以当一良友。"是从事资产阶级改良运动需要的。所谓从"时势",实际上从时代发展的需要来研究王船山,将王氏归类为"新旧学派过渡者"。梁启超还以西方的科学实验为标准评价王船山。梁启超说:"此其三,曰以科学实验为凭借相同也。亭林、梨洲、船山之著作等身,若地理,若历史,若音韵,若律历,皆有其所创见,夫人而知矣。"①

谭嗣同是清末一位著名的思想家,他注重王夫之的学以致用,要"变法",要明"救败"之道。谭嗣同将船山学术思想比附西学,显然他不会认为船山哲学是理学。他说:

> 宋儒以善谈名理,称为道学,或曰理学。理之与道,虚悬无薄,由是辄易为世诟病。王船山先生乃改称精义之学,然不若六朝人目清谈元旨为义学也。义学乎!义学乎!其斯为学者正名之宏轨乎?②

二

在民国时期,关于王夫之哲学思想的争论并未停息甚至还愈演愈烈。不仅出现了理学与非理学的争论,甚至还出现了是唯物论还是唯心论的争论。

---

① 梁启超:《论中国学术思想变迁之大势》,《饮冰室合集》第一册,中华书局1989年版,第81页。
② 蔡尚思、方行编:《谭嗣同全集》,中华书局1981年版,第122页。

钟泰、蒋维乔等学者认为王夫之哲学是理学。钟泰（1888—1979），字讱斋，号钟山，江宁人。师从太谷学派中期宗师黄葆年，曾攻读于江南格致书院，毕业于日本东京大学。先后担任杭州之江文理学院国文系教授、系主任，湖南蓝田国立师范学院中文系主任，上海光华大学教授、上海师范大学教授等职。著作中王船山学术研究术语有：经制、理气、儒释之辨、为学、修齐治平、清虚一大、二气之良能、幽明、有无、心、性、关学、动静、命、习、思、意、知耻、先难、象数之学等。全是传统命题，也反映了他对传统文化的态度。"经制"，钟泰说，《噩梦》《黄书》，多言经制，盖《日知录》《明夷待访录》之流。① "动静""有无"，钟泰说，船山之说可述者，言动静，则主有动无静。言有无，则主有有而无无。② "性""心"，钟泰说，言性，则推之命而别于习。言心，则合之思而别于意。③ "下学功夫"，钟泰说，论下学功夫，一在知耻，一在先难。④ 他在《凡例》中说："中西学术，各有统系，强为比附，转失本真。此书命名释义，一用旧文。近人影响牵扯之谈，多为葛藤，不敢妄和。"⑤ 蒋维乔（1873—1958），字竹庄，号因是子，江苏武进人。早年留学日本，民国元年参加南京临时政府教育部筹备组工作，民国十三年任东南大学校长。蒋维乔著《中国近三百年哲学史》分为两编：《复演古来学术之时期》《吸收外来思想之时期》。第一编分为八章，第一章"程朱学派"、第二章"陆王学派"、第三章"朱王折衷派"、第四章"关洛闽学派"、第五章"考证学派"、第六章"实用派"、第七章"和会儒释派"、第八章"公羊学派"。其中第四章"关洛闽学派"专述王船

---

① 参见钟泰《中国哲学史》，东方出版社2008年版，第332—333页。
② 同上书，第333页。
③ 同上书，第334页。
④ 同上。
⑤ 同上书，第1页。

山一人。蒋维乔首先就明确指出:"夫之之学,由关而洛而闽,力诋殊途,归宿正规。"然后引王夫之《张子正蒙注序》为证。王夫之《张子正蒙注序》云:"张子之学,上承孔孟,如皎日丽天,无幽不烛。惜其门人未有殆庶者,其道之行,曾不逮邵康节之数学,是以不百年而异说兴。"蒋维乔称:"于此可见夫之实崇拜张子之关学,而有意继承之者。"① 并赞成唐鉴《国朝学案小识》称夫之由关而洛而闽的说法。最后云:

> 夫之自己之学说,多见于《思问录内外篇》《俟解》二书。其言性,则曰:"尽性以至于命,至于命而后知性之善也。天下之疑,皆允乎人心者也;天下之变,皆顺乎物则者也;何善如之哉!测性于一区,拟性于一时,所言者皆非性也,恶知善。"盖谓性是普遍的,不可于一方面测之,不可于一时间拟之,必推极至于命,而后可知性之全体也。其言心,则曰:"天下何思何虑,言天下不可得而逆亿也;故曰:无思,本也;物本然也。义者,心之制,思则得之;故曰:思通用也,通吾心之用也。死生者,亦外也,无所庸其思虑者也。顺事没宁,内也;思则得之者也。不于外而用其逆亿,则患其思之不至耳;岂禁思哉!"

钱穆先生虽然没有明确说船山学是理学,但却认为船山学源于宋学。钱穆认为"宋学"要追溯于唐韩昌黎,说:"昌黎论学虽疏,然其排释老而返之儒,昌言师道,确立道统,则宋儒之滥觞也。"② 并说:"所谓'道德仁义圣人体用,以为政教之本'者,此正宋儒所以自立其学以异于进士场屋之声律,与夫山林释老之独善其身而已者

---

① 蒋维乔:《中国近三百年哲学史》,《船山全书》第十六册,岳麓书社1996年版,第973页。
② 钱穆:《中国近三百年学术史》,商务印书馆1997年版,第2页。

也。"① 最后归纳说："故言宋学精神，厥有两端：一曰革新政令，二曰创通经义，而精神之所寄则在书院。革新政治其事至荆公而止；则创通，其业至晦庵而遂。而书院讲学，则其风至明末之东林而始竭。"② "宋学"与王船山学术又有何关系呢？钱穆说："然其时如夏峰、梨洲、二曲、船山、桴亭、亭林、蒿庵、习斋，一世魁儒耆硕，靡不寝馈于宋学。"③ 钱穆重宋，虽有崇宋的意味在其中，但也有辟辨学术源流之蹊径举措在其中。钱穆说："治近代学术者当何自始？曰：必始于宋。何以当始于宋？曰：近世揭橥汉学之名以与宋学敌，不知宋学，则无以平汉宋之是非。且言汉学渊源者，必溯诸晚明诸老。然其时如夏峰、梨洲、二曲、船山、桴亭、亭林、蒿庵、习斋，一世魁儒耆硕，靡不寝馈于宋学。……故不识宋学，即无以识近代也。"④

同样认为王夫之思想是理学的还有王孝鱼、张希堂。他们一方面将船山思想当作理学；另一方面将船山思想当作哲学思想进行研究，提出船山哲学不是唯物论。

王孝鱼，字永祥，山西榆次人。1934年著《船山学谱》，在《自记》中，记叙了其家庭对船山思想的认同、追随以及对船山人格的仰慕。求学时，其父亲督促、勉励他学王船山著作，培养了他平生致力于船山学习和研究的兴趣和能力。民国时期，王永祥除著有《船山学谱》外，还撰写了《王船山的历史进化论》⑤ 等学术论文研究船山思想。王永祥《船山学谱》中的王船山哲学研究范畴是中西结合、以中为主。王永祥在构拟王船山哲学体系时亦是如此，其体系由根本观念、气化论、心性论、修养论、知识论、历史进化论六部分组成。王

---

① 钱穆：《中国近三百年学术史》，商务印书馆1997年版，第3页。
② 同上书，第7页。
③ 同上书，第1页。
④ 同上。
⑤ 王孝鱼：《王船山的历史进化论》，《中山文化教育馆季刊》1935年第1期。

永祥船山哲学研究的目的："用是发愤，欲将船山思想分析综贯，勒成一书，一以藉新理学书之面目，一以聊表多年景仰之忱，非敢自矜也。"① 曾有人因王永祥《船山学谱》开卷第一篇是《天下唯器论》，就称其无异于宣布唯物主义乃是王船山哲学的基本立场。这显然是不妥当的。王永祥说："天下一切皆物，一切皆自天生之自我成之者也。心无非物也，物无非心也。离物无心，离心无物，二者各有而互成。唯心者非，唯物者亦非也。"② 他明确表示不赞同船山哲学是唯物论，而将其归为理学一类，但其"天下惟器论""气化论""人本主义""历史进化论"等范畴的研究基本上奠定了船山哲学研究主要内容。

张西堂（1901—1960）本名张正，字西堂，大学毕业后以字行。祖籍湖北汉川，生于湖北武昌。早年曾考入北京清华学堂，因病辍学。1919年复考入山西大学国文科。在校期间即开始学术研究，主攻朴学（研究群经诸子之学）。1923年大学毕业后，曾先后在太原三晋高级中学、新民中学、斌业中学任教。1926年秋到北京，先后任孔教大学、河北大学、中国大学、国立北平女子师范学院讲师、副教授、教授。1931年8月到1934年7月，经顾颉刚介绍推荐，张西堂赴武昌国立武汉大学和河南大学任教。1934年8月回到北平，先后任北平师范大学、民国大学、中国大学教授，并参加了《中华大辞典》的编纂工作。1937年7月，卢沟桥事变爆发，张西堂辗转到广西梧州，任广东襄勤大学教授，后又到贵阳任贵州大学中文系教授兼系主任，并曾一度在四川江津国立编译馆工作。张西堂在船山研究方面先后撰写了《船山思想之体系》《王船山的经世思想》等论文，其船山研究的标志性成果是《王船山学谱》。《王船山学谱》据张西堂自序，因在北平执教课程中有清代思想一门，船山思想又所夙好，故撰此书，成

---

① 王永祥：《王船山学谱》，《船山全书》第十六册，岳麓书社1996年版，第978页。
② 王永祥：《王船山学谱》卷四，北京图书馆出版社1997年版。

于民国二十六年即1937年，1938年由商务印书馆南迁长沙后出版。

关于王船山思想的主要内容，他概括道："船山深恶陆王之学，窃佛老虚无之旨，贻害于天下国家，乃倡实有生动之论，以破虚无寂静之旨。其言曰：'尽天地只是个诚'，而其所谓诚者则'实有'也。宇宙之起源，本为实有；宇宙之本体，亦为实有。物生于有，不生于无。而太虚本动，至诚无息，天地之德，生生不已，惊天动地是更发为天地之化日新，物质不灭，诸说。实有生动之论立，则虚无寂静之旨自破。此其立言已有过于黄、顾诸儒而无不及矣。"①

关于王船山的哲学，张西堂先从总的方面说，王船山生当明末清初之际，深感王学末流之弊，窃佛老之旨，游心于虚无，而引起亡国之祸，故提倡实有生动之说，以破虚无寂静之谬论。实有观念，在王船山思想中，实占极重要之位置，因实有而主张生动，乃有天地日新、物质不灭诸说。又根据西洋哲学与中国传统理学的内容分为四个研究领域：宇宙论、心性论、修为论、知识论。由此可见，张氏船山哲学研究既非传统理学的研究，亦非纯套用西方哲学体系。关于宇宙论，张西堂认为王船山对宇宙的起源的认识是"太虚一实、物生于有"。王船山对宇宙本体的认识是"理气一元、道器相须、心物一元"，"诚与道异名同实"。王船山认为天地日新，将实有与日新相联，因而物质不灭、自然永久、盈虚终始。王船山对天人关系的认识，亦有其特别之处，以人为本，人为天地之心，人又为天之绪，天命不可违，要求天人合于一理。王船山对体用与动静的认识，张西堂认为船山提倡体用合一，但于体重用，由用以见体，主张动静合一、理势合一。关于心性论，张西堂指出："先生之心性论，以形色论天性，而谓性命日生，亦合于实有生动之说，至于性情一元、理欲一

---

① 张西堂：《王船山学谱·自序》，商务印书馆1938年版。

元,则犹其论事物之无截然分析而必相对待之说也。以恶由习而来,颇与颜习斋之意见相合,皆极有价值之论也。"① 主要论述五个问题:性善之根据,性命之日生,才情之善恶,不善之由来,理欲之关系。关于修为论。张西堂说:"先生之心性论,以性为善,而以情则居于为功为罪之间,其说曰:'若论情之本体,则如杞柳如湍水,居于为功为罪之间,而无固善固恶,以待人之修为而决导之,而其本则在尽性。是非静以存养,不能与于省察之事,《大学》之所以必正其心乃可与言诚意也。'先生之修为论,其大纲已略具于此。先生谓恶由习来,而坊习之深,则在于礼。则由先生之论尽心知性,存养省察,正心诚意,克己复礼,可以见修为论之要旨矣。"② 关于知识论,张西堂说:"格物致知,亦先生所谓修为论中之一法也,顾其义不止于修为,兹别立知识论一项以述之。"③ 论述两个问题:论格物致知、论知行学思。虽说,在张西堂之前,许多学者在王船山哲学研究方面已做了大量工作,如梁启超在谈王船山哲学时强调了王船山在理欲关系及知识论方面的创新之处,李石岑研究王船山哲学而提出"体用一源、有与动、理气一源"等命题,王孝鱼在《船山学谱》中更是构筑了王船山哲学的基本体系即根本观念、气化论、心性论、修养论、知识论,但是,张西堂的贡献仍是不容否认。以王船山哲学的重要命题或范畴而言,王孝鱼提出天下唯器、依有生常、天人相通、气化日新、太极、动静等范畴,张西堂在袭用的基础上又有所创新,提出了"太虚一实,物生于有","理气一元,道器相须,心物一元","太极阴阳,诚与道异名而同实","天地之日新","天人之关系","体用与动静"等范畴。人们稍加注意就会发现,王孝鱼,尤其是张西堂关于王船山

---

① 张西堂:《王船山学谱》,商务印书馆1938年版,第59页。
② 同上书,第77—78页。
③ 同上书,第93页。

哲学的论述与唯物论的观点有许多相似之处。张西堂说:"宇宙之起源,本为实有而非虚无,先生此说,可谓近于唯物论一方面。"① 但他并不认为王船山哲学是唯物论,他说:"明末清初之际,中国哲学思想尚无所谓纯唯物论,船山虽以宇宙原于实有,而极重视乎物,所谓天下惟器论,固非船山对于宇宙本体最终之论调,船山之学受《易》与横渠之影响甚深,其于事物固亦当以为一物而两体,而持道器相须、理气一元、心物一元之说。"② 即使张西堂否认王船山哲学为唯物论,但毫无疑问为后来的王船山哲学、为唯物论哲学的研究开了先路,许多命题为后来唯物论者直接继承。

以侯外庐、张岱年为代表的学者认为王夫之哲学是唯物论。

侯外庐(1903—1987),山西平遥人。1923—1926 年就读于北京政法大学法律系和北京师范大学历史系。1927—1930 年在巴黎大学听讲,开始翻译《资本论》。1930 年回国,先后在哈尔滨政法大学、北平大学任教授。1934—1937 年继续翻译《资本论》并研究中国社会史和思想史。1938—1945 年任重庆《中苏文化》主编。侯外庐先生在民国时期(1944)撰写的《船山学案》由重庆三友书店出版。当时的条件很差,只能用土纸印刷,排字错漏百出,而且连印字也模糊不清,难以辨认。③ 侯外庐先生说:"惟分析论之,船山为颠倒理学头足者,理学的外表甚浓,而其内容则洗刷干净。近人犹有研究船山而不注意其内容者,比梁氏之见更逊色远了。"④ 这是说王船山的哲学不是传统理学而是一种新的东西:"船山之学更富哲学,故他的论据比黄、顾二氏更为确实详明。他肯定气为第一次的,理为第二次的。这

---

① 张西堂:《王船山学谱》,商务印书馆1938年版,第31页。
② 同上书,第34—35页。
③ 侯外庐《船山学案》之《新版序》云:"现在的这个新本,基本上保持了旧本的原貌,除校正原有引文和行文中的错字外,参照我在解放初期修订过的《中国思想通史》第五卷第二章,做了个别文字的修改。"参见《船山学案·序》,岳麓书社1982年版。
④ 侯外庐:《船山学案》,岳麓书社1982年版,第22页。

一思维与存在的关系问题，在船山学说中最光辉的。"① 侯外庐不一定是第一个，但他最明确地宣布王船山哲学是唯物哲学。正因为如此，他论证王船山哲学是时代的产物，是文化传统的最新发展："船山之学，涵掩六经，传注无遗，会通心理，批判朱王（对朱熹为否定式修正，对王阳明为肯定的扬弃），中国传统学术，皆通过了他的思维活动而有所发展。"② 其中最值得注意的是继承了张载和王充的唯物论。一般学者都认为王船山是直接继承了张载的唯物论。侯先生却说他直接传承的不是张载，在方法论上是继承了老庄与法相宗，在理论上直接渊源于汉代学者王充。侯外庐说："分别在这里：宋明儒多吸收了二氏的世界观；反之，船山则否定了二氏的世界观，而吸收了二氏的方法论。"③ 从孟子起几乎没有哪个思想者，没遭到王船山的批判，唯有王充。王充一再被船山称为"知言"或"得理"，他们之间有一条红线贯穿似的。比起船山赞许的张载，王充的思想脉络更多地可在王夫之身上找到。王充的富有批判精神，如反对五行灾异学，抨击谶纬三统论，在王船山这里就有反对陈抟以来的太极图说，批判星象方术变复和唯心主义的玄谈，斥之为"妖妄""邪说"。在认识论上，王船山的"学愈博而思愈远"的可知论来源于《论衡·实知》；王夫之的性论与《论衡》之《本性》《率性》也是一脉相承。④

张岱年（1909—2004），1933年毕业于北平师范大学，任教于清华大学等校。1936年，张岱年在《哲学上一个可能的综合》一文中指出，中国近三百年来的哲学思潮实以唯物论为主潮，中国近三百年来最卓越的思想家王船山、颜习斋、戴东原都是主张唯物论的。尽管"王颜戴的哲学，都不甚成熟。但他们所走的道路是很对的"，"现代

---

① 侯外庐：《船山学案》，岳麓书社1982年版，第47页。
② 同上书，第7页。
③ 同上书，第16页。
④ 同上书，第17—22页。

中国治哲学者，应继续王颜戴未竟之绪而更加扩展。"① 1937年张岱年先生撰写了《中国哲学大纲》。在序论中对王夫之进行了一个总的评价，序论云："清初大儒中，在哲学上最有贡献者，当推王夫之（字而农，世称船山先生）。他极反对王学，对于朱学虽相当同情，但他所最推崇的乃是张载。张子之传的唯气哲学，到王夫之才得到比较圆满的发挥。王氏建立一个博大精深的哲学系统。他以为道本于器，由唯气进而讲唯器，是一种显明的唯物论。更认为有与动是根本的，无与静只是虚幻。在人生论则否弃自然无为，而注重人，注重有为。（船山主要哲学著作为《周易外传》《尚书引义》《正蒙注》《思问录》）"② 还指出王船山与颜习斋、戴东原表示新的倾向，足以为现代思想之前驱。③

嵇文甫（1895—1963），著名史学家、文学家和哲学家，河南汲县（今卫辉市）人，1919年毕业于北京大学哲学系，1926—1928年在苏联留学，归国后历任北京大学、清华大学、燕京大学讲师、副教授。1933年应聘为河南大学教授，后相继担任河南大学文史系主任、文学院院长、中原大学筹备委员会副主任委员、河南大学副校长。关于船山研究，嵇文甫先生在民国写过数篇论文和出版过一部专著。嵇文甫先生对王船山的系统研究见于1935年著《船山哲学》。第一，用唯物辩证法的观点分析船山对宋明道学的继承与发展。一是从总体上评价王船山与宋明道学的关系及其历史地位。他说："然而当船山时代，陆王的盛运已过去，其种种弱点亦已暴露，反王学的潮流正在高涨。当时诸大师，有的是程、朱、陆、王一概反对，如颜李学派；有的是反陆王而回到程朱，如陆稼书、张杨园等；有的是出身陆王而对

---

① 张岱年：《哲学上一个可能的综合》，《国闻周报》第十三卷第二十期。
② 张岱年：《中国哲学大纲》，中国社会科学出版社1982年版，第25页。
③ 同上书，第27页。

陆王仍加以相当的修正，如孙夏峰、李二曲、黄梨洲等；若顾亭林，另是一格，反陆王，乃至反道学，而仍和程朱保持相当的关系；若船山，则反对陆王，修正程朱，而别宗横渠以创立一个新学派者也。假如用辩证法的观点来看，程朱是'正'，陆王是'反'，清代诸大师是'合'。陆王是'扬弃'程朱，清代诸大师又来个'否定之否定'，而扬弃'陆王'。船山在这个'合'的潮流中，极力反对陆王以扶持道学的正统，但正统派的道学到船山手里，却另变一副新面貌，带上新时代的色彩了。前面所论天人理势博约诸问题，一方面带自由解放的意味接近陆王，另一方面仍显示其道学的正统性，除非这样辩证的去认识，是不容易了解的，分析船山各种理论，乃至统论整个清代学术，都要作如是观。"① 二是具体分析王船山在那些观点对道学的继承与突破。"总括起来说，天理乃是公平而经常的人欲，一人和一时的人欲不能算作天理。这样讲，天不离乎人，理不离乎欲，而天理人欲之辨却又未尝不严，道学的正宗见解于此被修正而继承下去了。"嵇文甫还指出船山对于性命问题还有个精卓独到的见解："命日受，性日生。"他说："船山却不然。他看性和命，亦即天和人，息息相关，并且变化日新，生生不已，完全是活动的。""固然他依旧主张性善论，但像他所主张这样活动的发展的性善论，从前却还没有见过。""船山强调的讲用、讲动，正是当时的时代精神。然而他总不肯抛弃体字，却从大用流行中去认识它，所以仍不失其为儒者的正宗见解。"② "所谓'大常'，'大信'，'大中'，所谓'贞'，就在变化无方日新不已中表现。无常不变，无变非常，这是一种辩证观点。"③ 第二，用唯物辩证法的观点分析船山哲学观点的根本属性。首先，嵇文

---

① 嵇文甫：《王船山学术论丛》，生活·读书·新知三联书店1962年版，第121页。
② 同上书，第102—103页。
③ 同上书，第104页。

甫先生从天人关系的辨析中确立王船山哲学的根本见解。嵇文甫先生称古代学者对于这个问题大约有三种见解：其一，把天当作有情意能赏罚的活上帝，而人可以用术数去窥测天意，并且能设法改变它。这是方士的见解，大部分儒者亦不能摆脱。其二，把天当作一种不可知的自然力，而人类全无作为地绝对服务从它。这是道家的见解，儒者与此也不无关系。其三，儒者正宗的见解，所谓"天即理"，循理而行，就是合乎天意，既不是全凭自然，也无须用术数去窥测。他认为船山把"人之天"从"天之天""物之天"区别出来，又反对纯任自然的"僭于天之天""僭于物之天"，主张天即理，天就在人心中，心安即理得，并没有一成之型，"这就是所谓'天人合一'之学"。其次，强调了王船山的唯气论的哲学特点。"他的特色在言天，言性，言心，一切从气上讲。理者气之理，须从气化上见，舍气化无所谓理。……船山把这种唯气论彻底发挥，以打破程朱的理气二元论。"①嵇文甫强调了王船山对张载哲学的继承和发挥。他说："船山说古人言天都是从'用'上讲。那末什么是天的'体'呢？也要从这一段话中参悟。理只能从'化'上见，而'化'却是天之用呀。这些地方，除非船山，谁替横渠发挥出来？"② 如果仅仅从以上文字看，嵇文甫与主张船山是唯物论者是没有什么区别的。但是，嵇文甫一方面认为天人合一为船山哲学的根本观念，另一方面又指出所谓天人合一指的是天理与人欲的关系。嵇文甫说："本来自程朱以后，'天即理'，'性即理'的观念，已经很普遍了。陆王一派更强调地讲'心即理'，使所谓'天'，所谓'理'，更和现实人生相接近。船山虽然极力排斥陆王，但他却也是把'天'或'理'和'心'强调地说向一处的。……天就在人心中，心安即理得，并没有一成之型，这就是所谓

---

① 嵇文甫：《王船山学术论丛》，生活·读书·新知三联书店1962年版，第115页。
② 同上书，第116页。

第一章 王夫之哲学体系研究及其价值观念的演变

'天人合一'之学。"① 船山所认为合乎天理的人欲,似乎须含有两种性质:其一是公平性,其二是经常性。嵇文甫分析船山天人合一之说非常细致,显示出船山此种观念的重心的倾向,无疑说明船山并不合乎后来许多学者所指出的那样是比较纯粹的唯物论者。这一点,如果不是受到李石岑的影响,至少说明两者的观点是比较接近的。再次,嵇文甫一方面在分析中明确指出王船山哲学的辩证特点:"所谓'大常','大信','大中',所谓'贞',就在变化无方日新不已中表现。无常不变,无变非常,这是一种辩证观点。"② 另一方面在分析船山体系时也紧扣这一特点,所谓理与势合、常与变合、动与静合、体与用合、博与约合,成为一贯的体系。③ 嵇先生指出,向来儒生多讲理不讲势,而所谓英雄豪杰又讲势不讲理。于是乎一方面流于空疏迂腐,另一方面流于纵横变诈。船山却是另一种意见:"得理自然成势","于势之必然处见理","融合理势,总而名之曰天"。与理势为同一系列的问题者,有体用常变等。讲理不讲势者,往往有体而无用,知常不知变,实际上乃并所谓体所谓常者也靠不住。讲势不讲理者,恰恰相反,知变不知常,有用而无体,实际上其所谓用所谓变也完全另是一种路数,与圣贤通权达变的妙用迥然不同。船山既讲理势合一,根据同一精神,把体用常变也都统一起来。并且因体用合一、常变合一,使他的理势合一论更圆满了。④ 第三,用唯物辩证法的观点分析船山的历史哲学观点。《船山哲学》下篇名《历史哲学》,共分三章。第一章"古今因革论",嵇文甫先从整体方面加以总的评价,说:"船山是个极深研几的学者,观上篇所述,可知他对于宇宙人生都有根本的见解,卓然自成一家言。他依据那些根本见解去观察历史,因能洞

---

① 嵇文甫:《王船山学术论丛》,生活·读书·新知三联书店1962年版,第88页。
② 同上书,第104页。
③ 同上书,第98页。
④ 同上书,第101—102页。

· 17 ·

悉各种事象的含义,而认识历史发展的进程。在他那看似不成统系的许多经义史论里面,实蕴藏着很微妙的一种历史哲学。"然后说:"船山最卓绝的历史见解,最足引人注意的,是他论古今制度因革。他认定三代社会情形和后世整个不同,认定各种社会制度不是孤立而是互相联系的,认定在随时变革的制度中自有一定的过程和趋势。根据这种见解以论各种古制,在历史哲学上遂放出特别的光辉。"第二章"朝代兴亡论"指出:"普通读史者只看见许多乱纷纷起伏不定的事象,船山却在其间看出天意或天理。而其所谓天理或天意者,又只在人情事势上表现出来。把天理人情事势打成一片,以推究历代治乱兴亡之故,乃成为一种特异的历史哲学。"第三章"华夷文野论",首先指出王船山有强烈的民族主义,他大骂"孤秦""陋宋",称赞中国历史上所谓"勤远略"者。还指出在船山看来,华夷之别,在乎文野。各民族文化发展先后迟速不等,而华与夷可以前后易位,文明并不是中国所专有的。"至于他说中国文化日衰,将由文明人退为夷狄,更退为禽兽,虽然没有完全摆脱邵康节元会运世的循环论,但亦自有一种道理。他历举中国文化区域的移转,以为当前的证验,殊足发人深省。并且他确乎有点进化思想。"① 嵇文甫眼光比较锐利,指出船山的天理论不能完全脱离"神意史观"的意味,但不能否认他"许多精辟独到的地方":(1)从发展过程上看历史事象;(2)社会制度的相关性或整个性;(3)客观的独立于意识以外的势力之存在;(4)偶然中显现必然。② 很有趣的是,嵇先生对于船山类似于黑格尔"理性的机巧"观念的发现竟然与十多年后贺麟先生发现相同。很可能要归于"英雄所见略同"的巧合。

---

① 嵇文甫:《王船山学术论丛》,生活·读书·新知三联书店1962年版,第163页。
② 同上书,第122—154页。

第一章　王夫之哲学体系研究及其价值观念的演变

三

中华人民共和国成立后，中国大陆地区的学者一致认为王夫之哲学是唯物主义哲学。虽然也有一些差异，总的来说差异不大。

20世纪60年代到80年代有两部重要的中国哲学史著作对王船山哲学研究产生重大影响，应该说它们是对王船山哲学研究起到定型和定位的作用。这两部哲学史著作是任继愈主编的《中国哲学史》和冯友兰主编的《中国哲学史新编》。任继俞主编的《中国哲学史》，共八编，分四册，人民出版社出版。第一、二、三册（第一至六编）于1963年、1964年初版，第四册（第七、八编）于1979年初版。第七编题为《封建社会没落时期（清代）的哲学思想（公元一六四六年—公元一八四〇）》，其中第四章"王夫之的唯物主义思想和朴素的辩证法思想"论述王夫之的哲学思想。任继愈先生的《中国哲学史》在问世后享有盛名，其地位相当于民国时期胡适《中国哲学史大纲》和冯友兰《中国哲学史》。冯友兰先生在中华人民共和国成立后不久就有了新编中国哲学史的打算，20世纪60年代付诸实现，出版两卷《中国哲学史新编》，因"文化大革命"而中断。至20世纪80年代，在80多岁高龄之时，重建炉灶，全部重写，至1989年全书完成。《中国哲学史新编》第五册，人民出版社1988年出版，第五十九章"后期道学的高峰——王夫之的哲学体系"论述王夫之的哲学思想。任继愈对王夫之在中国哲学史上的地位做了明确的概括：王夫之系统总结了我国古代朴素唯物主义，他在自然观、认识论、辩证法和历史观等方面都有所发展。他继承了张载的唯物主义思想，通过对宋、明以来主观唯心主义和客观唯心主义的清算批判，把唯物主义的元气本体论发展得更加完备。可以认为，我国古代朴素唯物主义发展到王夫

· 19 ·

之时期达到了它的最高阶段。① 冯友兰在评价王夫之的历史地位时说：唯物主义和辩证法是王夫之哲学思想的主要的一面，他的哲学体系是后期道学的高峰；在学问广博和体系庞大这两方面，他都可以成为后期道学的主将，跟前期道学的主将朱熹并驾齐驱；历史家向来认为明末清初有"三大儒"：顾炎武、王夫之和黄宗羲。这三个人诚然都是中国文化中的大人物，但他们的贡献各不相同，顾炎武基本上是一个学者，不是一个哲学家，他的贡献另有所在，王夫之的贡献是旧时代的总结，黄宗羲的贡献是新时代的前驱。②

总而言之，不同时期、不同学派所认识到的王夫之哲学思想是不同的，因而对王夫之思想中价值观念的认识亦有很大的区别。这种区别不仅表明其学术观点的差异，而且也是从不同的立场出发表达了不同的社会关切。在晚清，曾国藩认为王船山哲学是理学，重"仁""礼"。曾国藩认为"仁""礼"是理学中最具价值观，亦可以说是无比重要的价值观。这种价值观起着稳定风雨飘摇中的清朝大厦的作用。梁启超则认为王夫之哲学是反理学的，具有"科学""民权"思想，因此，王夫之思想中就有了现代的"科学"和"民主"的价值观。这种价值观是服务于中国近代的旧民主主义革命。在民国时期，船山学社名誉董事长何健称船山精神重要的有两点：一是日新之说足包泰西文化。③ 二是无无之说足启科学精神。④ 实际上，此时期船山学社骨干成员亦即《船山学报》的主编人员，更是将船山学说或船山思想当成孔孟之道的继承者来提倡的。船山学社社长赵启霖说："船山先生传孔子之道者也。"⑤ 船山学社名誉董事长何健说："衡阳绝学

---

① 参见任继愈《中国哲学史》第四册，人民出版社 1979 年版，第 36—79 页。
② 参见冯友兰《中国哲学史新编》第五册，人民出版社 1988 年版，第 274—298 页。
③ 参见《船山学报》，湖南师范大学出版社 2009 年版，第 1478 页。
④ 同上书，第 1480 页。
⑤ 同上书，第 1639 页。

允与濂溪周子同承洙泗之心传，砥世教而树人伦，实为当务之急。"①既然船山是传孔子之道者，倡船山学说就是宣扬孔孟之道，故何健说："今天祭先贤王船山先生，是同扶圣教的盛事。"② 船山学社副社长陶思曾在《船山先生诞日讲演一》中也说："崇祀先贤，同扶世教。"③ 因此，所谓研究船山学说原来是为尊孔张目。这种价值观与反对中国共产党的新民主主义革命相联系。侯外庐认为王夫之哲学是唯物论，反理学的，具有启蒙价值，有反封建的作用。这样王夫之哲学思想中有了"启蒙"的价值观。这种价值观是直接服务于新民主主义革命的。

---

① 《船山学报》，湖南师范大学出版社2009年版，第1642页。
② 同上书，第2241页。
③ 同上书，第1476页。

第二章　王船山春秋大义价值观

王船山一生著述丰富，内容涵盖经、史、子、集四部，多达400多卷。关于其学，赞誉者众。有谓"其学圆融通达而大本在《易》，其行义方端严而用在《春秋》，是知其学始于《易》而终于《春秋》也"[①]。唐君毅先生谓"船山之学，归本在史"。《春秋》亦是史，《春秋》之学为船山之学之本乎？考船山先生一生的学术生涯，似乎与《春秋》之学有深厚的渊源。船山先生4岁从长兄王介之读书，7岁读毕十三经，十三经中就有《春秋》。10岁从父王朝聘受经义，经义中当然也有《春秋》。24岁与长兄赴武昌应乡试，以《春秋》第一，中试第五名。科举考试中还因《春秋》而中举，不能不说年轻的船山先生与《春秋》结下了不解之缘。身历明朝覆亡和清军的占领，船山先生在28岁时受父命作《春秋家说》，颠沛流离中始终没有忘记父亲的嘱托，36岁避兵徙居常宁西南乡小祇园侧之西庄园，为常人说《周易》《春秋》，37岁春游兴宁山中，寓居僧寺，为从游者说《春秋》。王夫之一生，自少及老，出入《春秋》未尝间断。在父亲嘱托

[①] 招祥麟：《王夫之〈春秋稗疏〉研究》，上海古籍出版社2010年版，第2页。

第二章 王船山春秋大义价值观

的 22 年后,船山先生 50 岁之时终于完成了《春秋家说》《春秋世论》,51 岁时完成了《续春秋左氏传博议》。而另一部重要的《春秋》之学著作《春秋稗疏》完成时间,有学者认为是完成于晚年,但也有人认为完成于早年,云:"窃以《春秋稗疏》与《周易稗疏》《书经稗疏》《诗经稗疏》诸书比而观之,信为夫之早年进入经学大门扎根之作,其后又加修订、补充,甚或增加条目。"① 实际上,船山先生的史学著作如《读〈通鉴〉论》《宋论》也应该是《春秋》之学方面的著作。从这一角度来说,《春秋》之学在船山之学中确实有着非常重要的地位。本章重点不是全面探讨船山的《春秋》之学,而是讨论船山对春秋大义的理解及其对社会的价值评判。

一 王船山的《春秋》学研究

王船山一生对《春秋》有深研,其成果也巨大,其根源还是来自家传。关于这种《春秋》家传的情况,王船山在《春秋家说·叙》中讲得非常清楚。王船山云:

> 先征君武夷府君早受《春秋》于酉阳杨氏,进业于安成刘氏。毕业而疑,疑贴《经》之术已疏,守《传》之述未广也。已乃研心旷目,历年有得,惜无传人。夫之凤赋钝怠,欲请而不敢。岁在丙戌,大运倾覆,府君于时春秋七十有七,悲天悯道,誓将谢世,乃呼夫之而命之曰:"详者,略之开也;明者,晦之迪也。虽然綦详而得略,綦明而得晦,不鲜矣。二《传》之折衷,得文定而明;河南之举要,得文定而详,习其读之所知也。经之纬之穷于幅,日之月之翳于阴,习其读者之未知也。小子其

---

① 招祥麟:《王夫之〈春秋稗疏〉研究》,上海古籍出版社 2010 年版,第 5 页。

· 23 ·

船山思想与社会主义核心价值观研究

足以知之乎？"

夫之蹴然而对曰："敢问何谓也？"

曰："文定之于《春秋》也，错综已密，所谓经纬也；昭回不隐，所谓日月也。虽然有激者焉，有疑者焉。激于其所感，疑于当时之险阻。方其激，不知其无激者之略也；方其疑，不知厚疑之以得晦也。"

夫之请曰："何谓激？"

曰："王介甫废《春秋》，立新说，其言曰：'天戒不足畏，人言不足恤。'文定激焉，纍灾异，指事应，祖向歆，尚变复。孔子曰：'畏天命'，非此之谓也。畏刑罚而忠者，臣之道薄；畏谴责而孝者，子之谊衰。若此者，激而得滞而得略，天人之征不详矣。载愤辨之心以治经，而略者不一一也。"

夫之进请曰："何谓疑？"

曰："宋之南渡，金挟余毒，逼称臣妾，韩岳刘张，拥兵强盛。建炎臣主，外忧天福之覆车，内患陈桥之反尔。外忧者，正论也；内患者，邪说也。文定立廷论道，引经比义，既欲外亢，伸首趾之尊；复欲内防，削指臂之执。外亢抑疑于内偪；内削又疑于外疏。心两疑，说两存，邪正参焉。其后澹庵南轩师其正，斥王伦之奸；秦、张、万俟师其邪，陷武穆之死。而一出于文定之门，效可睹矣。《春秋》贵夏必先赵武，尊王授权桓文，其义一也。以赵普偏制之术，说《春秋》经世之略，恶乎其不晦哉？或明之，或晦之，而得失相杂，不一而足矣。"

夫之受命怵惕，发蒙执经而进，敢问其所未知。府君更端博说，浚其已浅，疏其过深，折其同三《传》之未广，诘其异三《传》之未安，始于元年统天之非，终于获麟瑞应之诞，明以详者不复申，略以晦者弗有讪也，几于备矣。越岁不辰，岁在丁

· 24 ·

亥，黄地既裂，昊天复倾，不吊毒酷，府君永逝。迄今二十有二载，夫之行年五十，悼手口之泽空存，念菌蟪之生无几，恐将佚坠，敬加诠次，稍有引申，尚多疏忘，岂曰嗣先，聊传童稚云尔。①

由上段引文，我们可知以下几点：一是王船山之父王朝聘《春秋》学传自谁，"先征君武夷府君早受《春秋》于酉阳杨氏，进业于安成刘氏"。酉阳杨氏为谁，安成刘氏又为谁，现不可考。有人推测这两人是不出名的私塾先生。既然王船山在此点出此二人，说明这两人在当时不是无名之辈。二是王船山接受其父嘱托的时间以及研究《春秋》学的时间长达20多年等情况。三是介绍了王朝聘《春秋》学观点。王朝聘肯定了胡安国治《春秋》的贡献，也指出其不足。一所谓"激"，胡安国激于王安石的变法，大讲灾异，其结果是通过灾变示警并不能使大臣从内心上忠君，也不能使孝子之孝纯粹。二所谓"疑"，胡安国对外要抗金兵的侵凌，对内要防武臣的叛乱，所以既要抗外敌又要防内乱，在主张上就存在矛盾之处，甚至为迫害忠臣张目。由此，胡氏的《春秋》学就有了严重的问题，一方面给治《春秋》带来问题，另一方面给国家的兴亡也埋下了隐患。

王船山的《春秋》学只是阐释其家说吗？显然不是。王船山在《春秋世论·序》中评论《春秋》时说："即春秋之世，沿夏商，循西周，极七国，放秦汉。源流所自，合离之势，盛衰之迹，本于王道之通塞，埋邪说之利害，旁引兵略，画地形，订国是，粗陈其得失，具矣。"又说研究《春秋》者应该有所作为，云："虽然，一王之臣有合离焉，一姓之主有盛衰焉。王道之塞，得其意者通之也；邪说之

---

① （清）王夫之：《春秋家说·叙》，《船山全书》第五册，岳麓书社1996年版，第105—107页。

害，弃其利者远之也；兵略之诡，从其正者常之也。地无异形，国无两是。故曰不知《春秋》之义者，守经事而不知宜，遭变事而不知权。知其义，酌其理，纲之以天道，即之以人心，揣其所以失，远其所以异，正之以人禽之类，坊之以君臣之制，策之以补救之宜。世论者非一直世之论者也。治不一君均乎治，乱不一族均乎乱。苞广土、抚万民而不缺；匹夫行于家，幽人潜于野，知进退，审存亡而不溢。观诸天下，揆诸心，即今日以印合于春秋之世而不疑。"① 研究《春秋》的目的就是"观诸天下，揆诸心，即今日以印合于春秋之世而不疑"。

那么对《春秋》应该怎么看？在这方面，王船山似乎与前人的观点相同。一方面，说"王道衰而《春秋》作。《春秋》者，以续王道之绝也"②，"昔者，夫子惩祸乱，表殷忧，明王道，作《春秋》；后儒绍隆其说，董、胡为尤焉，莫不正王道，细权谋"③。另一方面，又说"《春秋》，天下之公史，王道之大纲也"④。又将《春秋》当作史书来看。由此可见，王船山的《春秋》学仍未超出传统《春秋》学的范围。

二 王船山的春秋大义价值观

本章主要目的不是全面探讨王船山《春秋》学，而是探讨王船山的春秋大义价值观。在讨论船山春秋大义价值观之前，我们先看王船山对"义"有些什么样的论述。王船山在《春秋家说》中说："《春

---

① （清）王夫之：《春秋世论》，《船山全书》第五册，岳麓书社1996年版，第385—386页。
② 同上书，第387页。
③ （清）王夫之：《思问录 俟解 黄书 噩梦》，中华书局2009年版，第136页。
④ （清）王夫之：《春秋家说》，《船山全书》第五册，岳麓书社1996年版，第293页。

秋》有大义，有微言。义也者，以治事也；言也者，以显义也。"①"义"是用来治事的规则。有时也从反面来强调其重要，如王船山说"故人心之害，莫大乎不能于义"②，有时从某一方面阐述"义"。王船山说："君子之道，仕其义也，隐者其常也，知仕则知隐矣。"③ 这是从仕与隐的对比中阐述出仕也是君子应遵守的"义"。"义"常常与"仁"对举，显示出二者的紧密关系。王船山说："天地之大德曰生，而亲亲之仁出；圣人之大宝曰位，而尊尊之义立。斯二者同出而异建，异建则并行，同出则不悖，并行不悖而仁义合矣。"④ 在此"尊尊"就是"义"，"义"与"位"有关，又重"尊尊"，显然指"义"为"尊尊"的规则。王船山还说："仁以自爱其类，义以自制其伦。"此处"义"为管理族群的规则。⑤ "义"还与"智"有关。王船山说："立人之道，仁智而已矣。仁显乎礼，智贞乎义。"⑥

由上所述，在王船山看来，"义"是管理族群的规则、原则。那么，"春秋大义"又是什么呢？司马迁《史记·孔子世家》中评论道："夫春秋，上明三王之道，下辨人事之纪，别嫌疑，明是非，定犹豫，善善恶恶，贤贤贱不肖，存亡国，继绝世，补敝起废，王道之大者也。"王船山在很大的程度上是认同"春秋大义"的传统说法。王船山在《宋论》中说："尝读《胡氏春秋传》而有憾焉。是书也，著攘夷尊周之大义。"⑦ 明言春秋大义是指攘夷尊周。王船山说："说《春秋》者，贵王贱霸，王之贵，以伯之贱贵之也；伯之贱，以王之

---

① （清）王夫之：《春秋家说》，《船山全书》第五册，岳麓书社1996年版，第109页。
② 同上书，第287页。
③ （清）王夫之：《宋论》，中华书局1964年版，第245页。
④ （清）王夫之：《春秋家说》，《船山全书》第五册，岳麓书社1996年版，第121页。
⑤ 参见（清）王夫之《黄书》，《船山全书》第十二册，岳麓书社2011年版，第538页。
⑥ （清）王夫之：《春秋家说》，《船山全书》第五册，岳麓书社1996年版，第145页。
⑦ （清）王夫之：《宋论》，中华书局1964年版，第184页。

贵贱之也。"① 王船山在《春秋世论》中说："王道衰而《春秋》作。《春秋》者，以续王道之绝也。"② 这就是说春秋之义在明王道、续王道。王船山在《读通鉴论》中说得更详细，他说："《春秋》之义何义也？适庶明，长幼序，尊卑别，刑赏定，重农抑末，进贤远奸，贵义贱利，端本清源，自治而物正之义也。"③ 其说与《史记》大体相同。不同的地方是增加了"重农抑末""正本清源"等义。然而，王船山的"春秋大义"又与前人的区别不仅在于增加了一些内容，而是有所创新。王船山在《读通鉴论》中提出了"正义""大义""通义"三义之说：

> 有一人之正义，有一时之大义，有古今之通义。轻重之衡，公私之辨，三者不可不察。以一人之义视一时之大义，而一人之义私矣；以一时之义，视古今之通义，而一时之义私矣。公者重，私者轻矣，权衡之所自定也。三者有时而合，合则亘千古、通天下、而协于一人之正，则以一人之义裁之，而古今天下不能越。有时而不能交全也，则不可以一时废千古，不可以一人废天下。执其一义以求伸，其义虽伸，而非万世不易之公理，是非愈严，而义愈病。④

对"正义""大义"和"通义"进行比较，指出一人之正义与一时之大义相比较是为私，一时之"大义"与古今之"通义"比较亦为私。如果不弄清其理，那么就会造成恶劣的结果："执其一义以求伸，其义虽伸，而非万世不易之公理，是非愈严，而义愈病。"王船山还进一步阐释了什么是"正义"，什么是"大义"，什么是古今之

---

① （清）王夫之：《春秋家说》，《船山全书》第五册，岳麓书社1996年版，第296页。
② （清）王夫之：《春秋世论》，《船山全书》第五册，岳麓书社1996年版，第387页。
③ （清）王夫之：《读通鉴论》，《船山全书》第十册，岳麓书社1996年版，第768页。
④ 同上书，第535页。

"通义"。所谓"正义",王船山说:"事是君而为是君死,食焉不避其难,义之正也。"忠君而为君死是为"义之正"。这种"正义"是有其不足的:"然有为其主者,非天下所共奉以宜为主者,则一人之私也。"并举子路之事说:"子路死于卫辄,而不得为义,卫辄者一时之乱人也。"由此而推之,割据之主不足以为天下君者,守之以死,而抗公至正之主,许之为义而义的含义就混乱了。何谓一时之"大义"? 一时之"大义"就是所谓"为天下所共奉之君,君令而臣共,义也"。这就是说忠于天下所共奉的国君就是一时之"大义"。何谓古今之"通义"? 王船山说:"五帝、三王,劳其神明,殚其智勇,为天分气,为地分理,以绝夷于夏,即以绝禽于人,万世守之而不可易,义之确乎不拔而无可徙者也。"并举刘裕之事说明:"刘裕抗表以伐南燕,南燕,鲜卑也。慕容氏世载凶德以乱中夏,晋之君臣弗能问,而裕始有事,暗主不足与谋,具臣不足与议,裕无所可奉也。论者亦援温以责裕,一时之义伸,而古今之义屈矣。"① 由此似乎可推断:夷夏之防是为古今之"通义"。王船山在《读通鉴论》中明言:"攘夷复中原,大义也。"② 在《黄书》中还说:"故仁以自爱其类,义以自制其伦,强干自辅,所以凝黄中之氤氲也。今族类之不能自固,而何他仁义之云云也哉?"如果仅仅只注意"夷夏之防"的意义,显然就低估了王船山古今之"通义"的价值,"通义"中除了夷夏之防"固其族类"的意义外,还有重视"生民"的意义在内。王船山说:"以在上之仁而言之,则一姓之兴亡,私也,而生民之生死,公也。"③ "生民之生死"是"公"亦即"通义"。王船山又说:"天下者,非一姓之私也,兴亡之修短有恒数,苟易姓而无原野流血之惨,则轻授他人

---

① (清)王夫之:《读通鉴论》,《船山全书》第十册,岳麓书社1996年版,第535—536页。
② 同上书,第1181页。
③ 同上书,第669页。

而民不病。魏之授晋，上虽逆而下固安，无乃不可乎！"① 相对于一时之义来说，魏之授晋是为"逆"，但"民不病""无乃不可乎"。为此，王船山甚至指责帝王以仁义为桎梏天下之具，说："限也者，均也；均也者，公也。天子无大公之德以立于人上，独灭裂小民而使之公，是仁义中正为帝王桎梏天下之具，而躬行藏恕为迂远之过计矣。"②

由上可知，王船山之"春秋大义"价值观的主要含义虽然继承传统的说法，由于他特别强调"固其族类"和重"生民"，因而其传统儒家的价值论方面创新意义远大于古代许多学者。为了充分阐释其"春秋大义"价值论的价值，王船山在方法论上又特别重视"权衡"。这种"权衡"是来自《春秋》，王船山引王通氏之言曰："《春秋》，王道之权衡。"又说："权衡者，无所激昂，恒平以待人之求也。"③ 王船山甚至直言："正大义者，其惟权乎。权，轻重之准也。移轻于重，则重者轻；委重于轻，轻者代重而重者虚矣。《春秋》之法，不舍贼而求贼，弗移轻于重也；不许贼之治贼，无委重于轻也。曰：可与权者，其唯圣人乎！义正焉耳矣。"④ 正大义必须依靠"权衡"，而且这种"权衡"必须准确不能将轻重弄反。这种"权衡"之能似乎只有圣人才能具备。事实上，王船山以《春秋》为"权"亦即价值标准权衡各种现象。王船山在《读通鉴论》中说："制天下有权，权者，轻重适如其分之准也，非诡重为轻、诡轻为重，以欺世而行其私者也。重也，而予之以重，适如其数；轻也，而予之以轻，适如其数；持其平而不忧其忒，权之所审，物莫能越也。"⑤ 王船山在《春

---

① （清）王夫之：《读通鉴论》，《船山全书》第十册，岳麓书社1996年版，第416页。
② 同上书，第194页。
③ （清）王夫之：《春秋家说》，《船山全书》第五册，岳麓书社1996年版，第232页。
④ 同上书，第225页。
⑤ （清）王夫之：《读通鉴论》，《船山全书》第十册，岳麓书社1996年版，第736页。

秋家说》中说："是非之准，得失之数，可否之别，应违之衡，理事之合离，情文之乖比，有惟君子之察之者，庸人茫贸而不知。有即庸人与知之者，而贤智之士凿以为之说，而顾成乎僻。圣人之教，因众人之可知而精，君子之义，斯以至矣。"① 用以衡人亦需要认真权衡、分析，不可简单从事，故王船山说："论人之衡有三：正邪也，是非也，功罪也。正邪存乎人，是非存乎言，功罪存乎事。三者相因，而抑不必于相值。正者其言恒是，而亦有非；邪者其言恒非，而亦有是；故人不可以废言。是者有功，而功不必如其所期；非者无功，而功固已施于世。"②

三 王船山基于春秋大义价值观的社会评判

王船山对于春秋大义有自己的理解和定义，基于这种价值观王船山也有了不同于流俗的社会评判。"天下之大防"原是儒家旧有之范畴，"防"字一义原是"堤"引申为"防护"，再引申为"原则"，"天下之大防"可以解释为天下最大的防护的原则。从这个角度来说，也是关乎价值的最高标准。王船山在《读通鉴论》中明确地说："天下之大防二：中国、夷狄也，君子、小人也。"③ 何谓"中国、夷狄"之防，王船山说："非本末有别，而先王强为之防也。中国之与夷狄，所生异地，其地异，其气异矣；气异而习异，习异而所知所行蔑不异焉。"④ 中国与夷狄之防重在分治，不能乱，如果乱，那么其后果就非常不好，故王船山说："乱则人极毁，中国之生民亦受其吞噬而憔悴。

---

① （清）王夫之：《春秋家说》，《船山全书》第五册，岳麓书社1996年版，第146—147页。
② （清）王夫之：《宋论》，中华书局1964年版，第131页。
③ （清）王夫之：《读通鉴论》，《船山全书》第十册，岳麓书社1996年版，第502页。
④ 同上。

防之于早，所以定人极而保人之生，因乎天也。"从这个解释，我们可以看到王船山"天下之大防"中仍然贯穿着"保生民"之意。正因为夷夏要"防"，要分治，故王船山说："谓沙漠而北，河、洮而西，日南而南，辽海而东，天有殊气，地有殊理，人有殊质，物有殊产，各生其所生，养其所养，君长其君长，部落其部落，彼无我侵，我无彼虞，各安其纪而不相渎耳。……且夫九州以内之有夷，非夷也。"①"故王者之于夷狄，暴则惩之，顺则远之，各安其所，我不尔侵，而后尔不我虐，《旅獒》之戒，白雉之却，圣人之虑，非中主具臣所测也。"②又说："夷狄，非我族类者也，蟊贼我而捕诛之，则多杀而不伤吾仁；如其困穷而依我，远之防之，犹必矜而全其生；非可乘约肆淫、役之残之、而夫为利也。"③因而诱夷而入中国的必受谴责。王船山分析北宋之亡时说："靖康之祸，自童贯始。狡夷不可信而信之，叛臣不可庸而庸之，逞志于必亡之契丹，而授国于方张之女直，其后理宗复寻其覆轨，以讫其大命。垂至于后，犹有持以夷攻夷之说取败亡者，此其自蹈于凶危之阱，昭然人所共喻矣。"④夷狄侵入中国必然不受保护，或驱除或歼灭。何谓"君子、小人"之防，王船山说："君子与小人，所生异种，异种者，其质异也；质异而习异，习异而所知所行蔑不异焉。乃于其中亦自有其巧拙焉，特所产殊类，所尚殊方，而不可乱；乱则人理悖，贫弱之民亦受其吞噬而憔悴。"⑤小人中拙者为农圃，自困而害未及人。巧者为商贾，蔑人之性、贼人之生为已亟者也。由此看来王船山认为社会底层的人才是小人。实际不然，王船山还有所谓"小人儒"的称呼。王船山说："儒而小人，则

---

① （清）王夫之：《宋论》，中华书局1964年版，第132页。
② （清）王夫之：《读通鉴论》，《船山全书》第十册，岳麓书社1996年版，第286页。
③ 同上书，第450页。
④ （清）王夫之：《宋论》，中华书局1964年版，第150页。
⑤ （清）王夫之：《读通鉴论》，《船山全书》第十册，岳麓书社1996年版，第502页。

天下无君子。"为何要防小人呢？这是因为"夫夷之乱华久矣，狎而召之，利而安之者，嗜利之小人也，而商贾为其最。"① 也因为"小人无惮之儒，害风俗以陆沈天下，祸烈于蛇龙猛兽"②。

虽然说，天下之大防有二，王船山都强调两者的重要性，但其偏重的还是中国夷狄之防。王船山明确地说："天下之大防，人禽之大辨，五帝、三王之大统，即令桓温功成而篡，犹贤于戴异类以为中国主，况仅王导之与庾亮争权势而分水火哉！则晋之所谓贤，宋之所谓奸，不心深察其情，而绳以古今之大义，则一也。蔡谟、孙绰、王羲之恶得不与汪、黄、秦、汤同受名教之诛乎！"③ 这里直言"即令桓温功成而篡，犹贤于戴异类以为中国主"，亦即"可禅、可继、可革，而不可以夷类间之"④。王船山就是以这种标准来评价历史上的人物。如上所列诸人。在对历史人物的臧否中，王船山对桑维翰的抨击是最猛烈的。王船山说："谋国而贻天下之大患，斯为天下之罪人，而差等焉。祸在一时之天下，则一时之罪人，卢杞是也；祸及一代，则一代之罪人，李林甫是也；祸及万世，则万世之罪人，自生民以来，唯桑维翰当之。"⑤ 桑维翰起家文墨，为石敬瑭书记，本为唐教养之士人，他所为何事而被定为"万世之罪人"呢？王船山说："刘知远决策以劝石敬瑭之反，倚河山之险，恃士马之强，而知李从珂之浅软无难摧拉，其计定矣；而维翰急请屈节以事契丹，敬瑭智劣胆虚，遽从其策，称臣割地，授予夺之权于夷狄知远争之而不胜。于是而生民之肝脑，五帝、三王之衣冠礼乐，驱以入于狂流。契丹弱而女真乘之，女真弱而蒙古乘之，贻祸无穷，人胥为夷，非敬瑭之始念也，维翰尸

---

① （清）王夫之：《读通鉴论》，《船山全书》第十册，岳麓书社1996年版，第503页。
② 同上书，第203页。
③ 同上书，第487页。
④ （清）王夫之：《思问录 俟解 黄书 噩梦》，中华书局2009年版，第103页。
⑤ （清）王夫之：《读通鉴论》，《船山全书》第十册，岳麓书社1996年版，第1131页。

之。"① 契丹而女真，女真而蒙古直到王船山当前面对之清朝，真是"贻祸无穷，人胥为夷"，皆是桑维翰之影响，所以桑维翰为万世之罪人。

根据自己的春秋大义，王船山还对一些热门人物进行了不同流俗的评判。王船山在《读通鉴论》《宋论》等多部著作中评价苏轼。王船山将贾谊、陆贽、苏轼三人进行比较，云："贾谊、陆贽、苏轼，之三子者，迹相类也。贽与轼，自以为谊也，人之称之者，亦以为类也。贽盖希谊矣，而不能为谊，然有愈于谊矣。轼且希贽矣，而不能为贽，况乎其犹欲希谊也。"王船山独对苏轼的贬语为："若夫轼者，恶足以颉颃二子乎！酒肉也，佚游也，情夺其性者久矣。宠禄也，祸福也，利胜其命者深矣。志役于雕虫之技，以耸天下而矜其慧。学不出于揣摩之术，以荣天下而售其能。习于其父仪、秦、鞅、斯之邪说，遂欲以揽天下而生事于平康之世。文饰以经术，而自曰吾谊矣；诡测夫利害，而自曰吾贽矣；迷失其心而听其徒之推戴，且曰吾孟子矣。俄而取道于异端，抑曰吾老聃矣，吾瞿昙矣。若此者，谊之所不屑，抑贽之所不屑也。绛、灌之非谊曰：'擅权纷乱。'于谊为诬，于轼允当之矣。藉授以幼主危邦，恶足以知其所终哉！乃欲推而上之，列于谊与贽之间，宋玉所云'相者举肥'也。"② 苏轼之过：习邪说，溺异端，倡率性任情。其结果可以导致亡国。因此，王船山说："眉山之学不熄，君子之道不伸，祸迄于人伦，败贻于家国，禁讲说，毁书院，不旋踵而中国沦亡，人胥相食。"③

王船山不仅以自己的春秋大义评判历史人物，而且以此来评价朝代。王船山在《黄书·古仪第二》中历数了汉以下各个朝代的得失，

---

① （清）王夫之：《读通鉴论》，《船山全书》第十册，岳麓书社1996年版，第1131页。
② 同上书，第99—100页。
③ （清）王夫之：《宋论》，中华书局1964年版，第228页。

第二章 王船山春秋大义价值观

重点抨击了"秦"与"宋"。王船山评秦朝说:"迄于孤秦,家法沦坠,胶胶然固天下于揽握,顾盼惊猜,恐强有力者旦夕崛起,效已而劫其藏。故翼者剪之,机者撞之,腴者割之,贰人主者不能藉尺土,长亭邑者不能囊寸金。欲以凝固鸿业,长久一姓,而偾败旋趾。"[①] 秦之所以孤就其特别自私,因此王船山说:"秦之所以获罪于万世者,私己而已矣。"[②] 秦所做的一切都围绕着如何谋求其一姓政权的长久稳固,其他就不是秦人考虑的了。后代的君王只是指责秦之私,"而欲私其子孙以长存,又岂天下之大公哉!"[③] 春秋大义必须考虑"固族",必须考虑"生民",这就是大公,不然就是私。王船山评赵宋说:"宋以藩臣暴兴鼎祚,意表所授,不寐而惊。赵普斗宵菲姿,负乘铉器,贡谋苟且,肘枕生猜。于是假杯酒以固欢,托孔云而媚下,削节镇,领宿卫,改易藩武,建置文弱,收总禁军,衰填籍,孤立于强虏之侧,亭亭然无十世之谋。纵佚文吏,拘法牵絷,一传而弱,再传而靡。赵保吉之去来,刘六符之恫喝,玩在廷于偶线之中而莫之或省。城下受盟,金缯岁益,偷息视肉,崇以将阶,推毂建牙,遗风渐灭。狄青以枢副之任,稍自掀举,苟异一切,而密席未温,嫌疑指斥,是以英流屏足,巨室寒心。降及南渡,犹祖前谋,蕲、循仅于货酒,岳氏邌隕于风波,挠栋触藩,莫斯为甚!"[④] 宋之君王所为虽与秦有所不同,没有秦之暴烈,但其只为一姓王朝之稳固,谋苟且,生猜忌,屈膝于夷狄而不知耻,因此被王船山贬为"陋"。其陋之甚,莫过于宋高宗:"高宗之畏女真也,窜身而不耻,屈膝而无惭,直不可

[①] (清)王夫之:《黄书》,《思问录 俟解 黄书 噩梦》,中华书局2009年版,第103页。
[②] (清)王夫之:《读通鉴论》,《船山全书》第十册,岳麓书社1996年版,第68页。
[③] 同上。
[④] (清)王夫之:《黄书》,《思问录 俟解 黄书 噩梦》,中华书局2009年版,第106页。

谓有生人之气矣。"① 宋之罪较秦为大:"汉、唐之亡,皆自亡也。宋亡,则举黄帝、尧、舜以来道法相传之天下而亡之也。"虽然,"秦""宋"皆有罪,故云:"卒使中区趋靡,形势解散,一折于而入于女真,再折而入于鞑靼,以三、五、汉、唐之区宇,尽辫发负笠,渐丧残剐,以溃败无穷之防,生民以来未有之祸,秦开之而宋成之也。"② 如要民族复兴,那就只能"非大反孤秦、陋宋之为不得延,固以天下为神器,毋凝滞而尽私之"③。

如果不以"固族"为春秋大义之本而死守传统的春秋大义,那显然是错误的。王船山对死守春秋大义之人和事进行了不留情面的批评,其中于李纲之愚是三致意。王船山一说:"守春秋之义而不知别,挟天子以为孤注,骈首都邑而就敌禽,寒万方之胆而不可卒收,则甚矣李纲之愚也。"④ 次云:"呜呼,祸宋君民者,非纲而谁耶?"然后说:"彼为纲者之说者且曰:'春秋之义,国君死社稷。'蒙其文,不知其别,以是而读圣人之书,不知其无读也。"⑤ 王船山由此而批评胡安国对春秋大义理解的偏颇。王船山对胡安国的贡献是加以充分肯定的:"三代以还,道莫明于宋,而溯其所始,则孙明复、胡安定实开其先,至于程、朱而大著,朱子固尝推孙、胡之功矣。"⑥ 王船山在《宋论》中评《胡氏春秋传》:"是书也,著攘夷尊周之大义,入告高宗,出传天下,以正人心而雪靖康之耻,超建炎之衰,诚当时之龟鉴矣。"⑦ 但也感到胡传的不足:"尝读《胡氏春秋传》而有憾焉。"⑧

---

① (清)王夫之:《宋论》,中华书局1964年版,第169页。
② (清)王夫之:《黄书》,《思问录 俟解 黄书 噩梦》,中华书局2009年版,第103页。
③ 同上书,第107页。
④ (清)王夫之:《春秋家说》,《船山全书》第五册,岳麓书社1996年版,第143页。
⑤ 同上书,第144页。
⑥ (清)王夫之:《读通鉴论》,《船山全书》第十册,岳麓书社1996年版,第529页。
⑦ (清)王夫之:《宋论》,中华书局1964年版,第184页。
⑧ 同上。

王船山在《春秋家说》《读通鉴论》中多处指出胡传之不足，云："顾抑思之，夷不攘，则王不可得而尊。王之尊，非唯诺趋伏之能尊；夷之攘，非一身两臂之可攘。师之武，臣之力，上所知，上所任者也。而胡氏之说经也，于公子翚之伐郑，公子庆父之代余邱，两发'兵不可假人'之说。不幸而翚与庆父终于弑逆，其说伸焉。而考古验今，人君驭将之道，夫岂然哉？前之胤侯之于夏，方叔、召虎、南仲之于周；后之周亚夫、赵充国之于汉，郭子仪、李光弼之于唐；抑岂履霜弗戒，而必于'今将'也乎？……唯胡氏之言如此，故与秦桧贤奸迥异，而以志合相奖。非知人之明不至也，其所执以为道非也。"①又说："权臣，国之蠹也，而非天下之害也，小则擅而大则篡，圣人岂不虑焉，而《五经》之文无防制权臣之道。胡氏传《春秋》，始惴惴然制之如槛虎，宋人猜忌之习，卒以自弱，而授天下于夷狄。……以在下之义而言之，则寇贼之扰为小，而篡弑之逆为大；以在上之仁而言之，则一姓之兴亡，私也，而生民之生死，公也。……故以知胡氏之说，宋人之陋习也。"②

王船山还以春秋大义为价值标准评价思想理论。王船山说："盖尝论之，古今之大害有三：老、庄也，浮屠也，申、韩也。"③王船山对此三大害进行了比较细致的分析。巫托于老、庄，不能把它看作老、庄，其害也不是很大。佛教修塔庙以事胡鬼，设斋供以饲僧尼，鸣钟吹螺，焚香呗咒，也是一种巫风。其始愚民，但其害亦小。后来与佛教与老、庄相结合，尤其是与"圣人性天之旨"相结合，害人心、伤国脉为深患，因此王船山云："自晋以后，清谈之士，始附会之以老、庄之微词，而陵蔑忠孝、解散廉隅之说，始熺然而与君子之

---

① （清）王夫之：《宋论》，中华书局1964年版，第184页。
② （清）王夫之：《读通鉴论》，《船山全书》第十册，岳麓书社1996年版，第669页。
③ 同上书，第651页。

道相抗。唐、宋以还，李翱、张九成之徒，更诬圣人性天之旨，使窜入以相乱。夫其为言，以父母之爱为贪痴之本障，则既全乎枭獍之逆，而小儒狂惑，不知恶也，乐举吾道以殉之。于是而以无善无恶、销人伦、灭天理者，谓之良知；于是而以事事无碍之邪行，恣其奔欲无度者，为率性而双空人法之圣证；于是而以廉耻为桎梏，以君父为萍梗，无所不为为游戏，可夷狄，可盗贼，随类现身为方便。无一而不本于庄生之绪论，无一而不印以浮屠之宗旨。"① 申、韩之害是指什么呢？王船山说："损其心以任气，贼天下以立权，明与圣人之道背驰而毒及万世者，申、韩也。"② 申、韩依靠严刑峻法，不以生民为虑。自宋以来，为君子儒者，言则圣人而行则申、韩，以圣人之言文申、韩而为言，也由此曹操、诸葛孔明乃至宋之儒者，均无成效。③ 用申、韩之术与佛、老又有何关系呢？王船山说："其教佛、老者，其法必申、韩。故朱异以亡梁，王安石、张商英以乱宋。何也？虚寂之甚，百为必无以应用，一委于一切之法，督责天下以自逸，而后心以不操而自遂。其上申、韩者，其下必佛、老。"④ 老、庄、浮屠，坏人心，使人"可夷狄，可盗贼"，于天下之大防有害；而申、韩贼人心，严刑峻法而使天下崩坏，都是必须严加痛斥进而消除其恶劣影响。无论佛、老，还是申、韩之术，都是属于思想理论形态的东西，这种东西，王船山都称为"异端"，必须反对，故云："辟异端者，学者之任，治道之本也。乃所谓异端者，诡天地之经，叛先王之宪，离析《六经》之微言，以诬心性而毁大义者也。"⑤ 凡属异端者，如佛、

---

① （清）王夫之：《读通鉴论》，《船山全书》第十册，岳麓书社1996年版，第651—652页。
② （清）王夫之：《老庄申韩论》，《船山全书》第十五册，岳麓书社1996年版，第85页。
③ 同上书，第86页。
④ （清）王夫之：《读通鉴论》，《船山全书》第十册，岳麓书社1996年版，第653页。
⑤ 同上书，第279页。

老、申、韩，乃至儒而沾染异端，苏轼之学、陆王心学，王船山一律加以攘辟，决不留情。如批阳明之学云："至姚江之学出，更横拈圣言之近似者，摘一句一字以为要妙，窜入禅宗，尤为无忌惮之至。"①"语学而有云秘传密语者，不必更问而即知其为邪说。……王龙溪、钱绪山天泉传道一事，乃模仿慧能、神秀而为之，其'无善无恶'四句，即'身是菩提树'四句转语。"② 甚至连朱子有沾染异端的地方，也被批评。

综上所述，王船山《春秋》学承自父，故谓之"家说"，其春秋大义价值观亦出自家学，其主要内容还是传统内容，但是，由于特殊的社会遭遇，"今族类之不能自固，而何他仁义之云云也哉"，因此，王船山春秋大义价值观中出现了"固族"和以"生民之生死"为重的内容，成为"古今之通义"的核心，以此为标准，衡量、评判历朝历代的许多社会现象，提出加强"中国、夷狄""人禽之别"两大防，揭露佛、老庄、申韩三大害以及一切有碍于儒家思想传播的异端的危害。

---

① （清）王夫之：《俟解》，《思问录 俟解 黄书 噩梦》，中华书局2009年版，第92页。
② 同上书，第90页。

第三章　亡国之痛与士人价值观念重建

——王夫之《俟解》注释与导读

所言至浅，解之良易，此愚平情[1]以求效于有志者也。然窃恐解之者希也，故命之"俟解"，非敢轻读者而谓其不解，惧夫解者之果于不解尔。其故有三：一者，以文句解之，如嚼蜡然，而未尝解之。以己反诸其所言、所行、所志、所欲，孰与之合，孰与之离，以因是而推之以远大。此解者也，吾旦莫俟之。一者，谓汝之所言者然也，而吾之所尚者异于是，是犹进野蔌[2]于王公之前，非所甘也。虚其心，平其气，但察其与人之所以为人者离合何如，而勿曰汝能言之，未必能行之，况于我而焉用此为，则俯而从之。此解者，吾旦莫俟之。一者，则谓汝所言者陈言也，生乎今之世，善斯可矣。如汝所言，则身且不安，用且不利，吾焉能从汝哉！同此天地，同此日月，吾亦同此耳目，同此心思，一治一乱，同此世运[3]，尧、舜之世不无恶习，夏、殷之末自有贞人[4]，同污合俗，不必安身而利用，亦何为而不可自处于豪杰哉！此解者，吾旦莫俟之。甲子[5]重午[6]，船山病笔。

注：

[1] 平情：公允而不偏于感情。

[2] 野蔌：野蔬，一种野菜。宋欧阳修《醉翁亭记》："山肴野蔌，杂然而前陈者，太守宴也。"

[3] 世运：指世间盛衰治乱的更迭变化。汉代班彪《王命论》："验行事之成败，稽帝王之世运。"

[4] 贞人：守志不移的人。东晋葛洪《抱朴子·行品》："不改操于得失，不倾志于可欲者，贞人也。"

[5] 甲子：清康熙二十三年，公元1684年，王夫之66岁。

[6] 重午：端午节的别称。

导读：

王夫之首先强调不以文句解之，而求解之者"推之以远大"。"远大"之意为何？很值得深思。其次，要求从人的本质即"察其与人之所以为人者离合何如"去理解而信从。再次，要求解的人应不与流俗相同，自处于豪杰即以豪杰的眼光来解之。此"三解"之义正是对新的价值期待。

博文约礼[1]，复礼之实功也。以礼治非礼，犹谋国者固本自强而外患自缉，治病者调养元气而客邪自散。若独思御患，则御之之术即患所生，专攻客邪则腑脏先伤而邪传不已。礼已复而己未尽克，其以省察[2]克治自易。克己而不复礼，其害终身不瘳。玄家有炼己之术，释氏为空诸所有之说，皆不知复礼而欲克己者也。先儒谓"难克处克将去"。难克处蔽锢已深，未易急令降伏，欲克者但强忍耳。愚意程子言："见猎心喜，亦是难克处毕竟难克。"若将古人射御师田之礼，服而习之，以调养其志气，得其比礼比乐教忠教孝者有如是之美，而我驰驱鹰犬之乐淡然无味矣，则于以克己不较易乎！颜子已于博文约礼欲罢不能，故夫子于是更教以克己，使加上一重细密细勘工夫，而终不舍礼以为对治之本。若学者始下手做切实事，则博文约礼，如饥之食、寒之衣，更不须觅严冬不寒、辟谷不饥之术。且遵圣人之教，循循不舍，其益无方，其乐无已也。

注：

[1] 博文约礼：广求学问，恪守礼法。《论语·雍也》："君子博学于文，约之以礼，亦可以弗畔矣夫！"

[2] 省察：检查，内省。宋苏轼《黄州安国寺记》："间一二日辄焚香默坐，深自省察，则物我相忘，身心皆空。"明人王守仁《传习录》卷上："古人所以既说一个知，又说一个行者，只为世间有一种人，懵懵懂懂的任意去做，全不解思维省察也。"

导读：

这一节讲如何约之以礼。

读史亦博文之事，而程子斥谢上蔡为玩物丧志。所恶于丧志者，玩也。玩者，喜而弄之之谓。如《史记·项羽本纪》及《窦婴灌夫传》之类，淋漓痛快，读者流连不舍，则有代为悲喜，神飞魂荡而不自持。于斯时也，其素所志尚者不知何往，此之谓丧志。以其志气横发，无益于身心也，岂独读史为然哉！经亦有可玩者，玩之亦有所丧。如玩《七月》之诗[1]，则且沉溺于妇子生计、盐米布帛之中。玩《东山》之诗[2]，则且淫泆于室家嚅唲、寒温拊摩之内。《春秋传》此类尤众。故必约之以礼，皆以肃然之心临之，一节、一目、一字、一句皆引归身心，求合于所志之大者，则博可弗畔，而礼无不在矣。近世有《千百年眼》[3]、《史怀》[4]、《史取》[5]诸书及屠纬真《鸿苞》[6]、陈仲淳《古文品外录》[7]之类，要以供人之玩。而李贽《藏书》[8]，为害尤烈，有志者勿惑焉，斯可与于博文之学。

注：

[1]《七月》之诗：指《诗经·七月》：七月流火，九月授衣。一之日觱发，二之日栗烈。无衣无褐，何以卒岁？三之日于耜，四之日举趾。同我妇子，馌彼南亩。田畯至喜。七月流火，九月授衣。春日载阳，有鸣仓庚。女执懿筐，遵彼微行，爰求柔桑。春日迟迟，采蘩祁祁。女心伤悲，殆及公子同归。七月流火，八月萑苇。蚕月条桑，取彼斧斯。以伐远扬，猗彼女桑。七月鸣鵙，八月载绩。载玄载黄，我朱孔阳，为公子裳。四月秀葽，五月鸣蜩。八月其获，十月陨萚。一之日于貉，取彼狐狸，为公子裘。二之日其同，载缵武功。言私其豵，献豜于公。五月斯螽动股，六月莎鸡振羽。七月在野，八月在宇，九月在户，十月蟋蟀，入我床下。穹窒熏鼠，塞向墐户。嗟我妇子，曰为改岁，入此室处。六月食郁及薁，七月亨葵及菽。八月剥枣，十月获稻。为此春酒，以介眉寿。七月食瓜，八月断壶，九月叔苴，采荼薪樗。食我农夫。九月筑场圃，十月纳禾稼。黍稷重穋，禾麻菽麦。嗟我农夫，我稼既同，上入执宫功。昼尔于茅，宵尔索綯，亟其乘屋，其始播百谷。二之日凿冰冲冲，三之日纳于凌阴。四之日其蚤，献羔祭韭。九月肃霜，十月涤场。朋酒斯飨，曰杀羔羊，跻彼公堂。称彼兕觥：万寿无疆！

[2]《东山》之诗：《诗经·豳风·东山》：我徂东山，慆慆不归；我来自东，零雨其蒙。我东曰归，我心西悲。制彼裳衣，勿士行枚。蜎蜎者蠋，烝在桑野；敦彼独宿，亦在车下。我徂东山，慆慆不归；我来自东，零雨其蒙。果臝之实，亦施于宇；伊威在室，蠨蛸在户；町疃鹿场，熠耀宵行。不可畏也，伊可怀也。我徂东山，慆慆不归；我来自东，零雨其蒙。鹳鸣于垤，妇叹于室。洒扫穹窒，我征聿至。有敦瓜苦，烝在栗薪。自我不见，于今三年！我徂东山，慆慆不

归；我来自东，零雨其蒙。鸧鹒于飞，熠耀其羽；之子于归，皇驳其马。亲结其缡，九十其仪。其新孔嘉，其旧如之何？

[3]《千百年眼》：是一部史论随笔的合集。全书12卷，511条，其中新义纷呈，体现出作者读史"不为苟同"的风格。又大多言之有据，有些见解确如邹元标《千百年眼序》所说："起古人相与论辩，亦必心服。"作者张燧，字和仲，明代湖南潇湘人，家中兄弟除了他大都去做生意赚钱，唯独他只喜欢读书，经史子集无不所览。他是一位博览群书的学者，勇于思考，往往能够摆脱传统思想的束缚，揭示隐微，提出异议。其父张嘉言，《湘潭县志》有传，言及次子张燧，说卒于崇祯末年。大约自明万历初年至崇祯末年，就是张燧的生活年代。《千百年眼》的成书年代为明万历四十二年（1614）。

[4]《史怀》：该书17卷，明锺惺撰。惺有《诗经图史合考》，已著录。是书上自《左传》《国语》，下及《三国志》，随事摘录，断以己见。《明史·文苑传》称，惺官南都，僦秦淮水阁读史，恒至丙夜。有所见，即笔之，名曰《史怀》，即是编也。其说虽间有创获，而偏驳者多。盖评史者精核义理之事，非掉弄聪明之事也。

[5]《史取》：该书12卷，明人贺祥撰。祥字长白，长沙人。是编凡分六类，曰《世诠》，曰《世评》，曰《经世》，曰《性行》，曰《成务》，曰《杂纪》，六类之中分子目四十有八。盖史评之流，而其体则说部类也。观其驳《孟子》益避禹子之言为无稽，称《吕氏春秋》一书与《孟子》相表里，斥严光为光武之罪人，赞丁谓为荣辱两忘之异人，皆所谓小言破道者。书中数称李贽，岂非气类相近欤。

[6]《鸿苞》：明代屠隆撰。隆字长卿，一字讳真，鄞县人。万历丁丑进士，官至礼部仪制司主事。《明史·文苑传》附载《徐渭传》中。此书乃隆晚年所著，其言放诞而驳杂，又并所为杂文案牍同编入之，体例尤为饾饤。大旨耽于二氏之学，引而加于儒者之上。谓

周公、孔子大而化之之谓圣，老子、释迦圣不可知之之谓神。儒者言道之当然，佛氏言道之所以然。盖李贽之流亚也。

[7]《古文品外录》：该书 12 卷，明代陈继儒编。继儒有《邵康节外纪》，已著录。是书选自秦、汉迄宋、元之文，大抵沿公安、竟陵之波，务求诡隽，故以品外为名。然实皆习见之文也。去取亦多乖剌，如《楚辞》仅取《天问》一篇，是何别裁乎？陈继儒（1558—1639），字仲醇，号眉公，华亭（今上海松江）人。平生著述繁丰，因《建州策》一文贬低努尔哈赤及女真族，清时遭禁。

[8] 李贽《藏书》：李贽（1527—1602），汉族，福建泉州人。明代官员、思想家、文学家，中古自由学派鼻祖，泰州学派的一代宗师。初姓林，名载贽，后改姓李，名贽，字宏甫，号卓吾，别号温陵居士、百泉居士等。嘉靖三十一年举人，不应会试。历共城知县、国子监博士，万历中为姚安知府。旋弃官，寄寓黄安、麻城。在麻城讲学时，从者数千人，中杂妇女，晚年往来南北两京等地，被诬，下狱，自刎死。他在社会价值导向方面，批判重农抑商，扬商贾功绩，倡导功利价值，符合明中后期资本主义萌芽的发展要求。李贽著有《焚书》《续焚书》《藏书》等。

导读：

这一节讲如何"博文"，其重点仍以读史为例，指出"必约之以礼……求合于所志之大者"。在此处还抨击了一些误人于"玩"的史评著述。

人之所以异于禽兽者，君子存之，则小人去之矣，不言小人而言庶民，害不在小人而在庶民也。小人之为禽兽，人得而诛之。庶民之为禽兽，不但不可胜诛，且无能知其为恶者，不但不知其为恶，且乐得而称之，相与崇尚而不敢逾越。学者但取十姓百家之言行而勘之，其异于禽兽者，百不得一也。营营终日，生与死俱者何事？一人倡之，千百人和之，若将不及者何心？芳春昼永，燕飞莺语，见为佳丽。清秋之夕，猿啼蛩吟，见为孤清。乃其所以然者，求食、求匹偶、求安居，不则相斗已耳；不则畏死而震慑已耳。庶民之终日营营，有不如此者乎？二气五行[1]，抟合灵妙，使我为人而异于彼，抑不绝吾有生之情而或同于彼，乃迷其所同而失其所以异，负天地之至仁以自负其生，此君子所以忧勤惕厉而不容已也。庶民者，流俗也。流俗者，禽兽也。明伦[2]、察物[3]、居仁、由义[4]，四者禽兽之所不得与。壁立万仞，止争一线，可弗惧哉！

注：

[1] 二气五行：二气，指阴阳二气；五行，指木、金、水、火、土。

[2] 明伦：《孟子·滕文公上》："夏曰校，殷曰序，周曰庠，学则三代共之，皆所以明人伦也。"

[3] 察物：应指"明于庶物，察于人伦"，原文出自《孟子·离娄下》，云："舜明于庶物，察于人伦，由仁义行，非行仁义也。"

[4] 居仁、由义：内心存仁，行事循义。《孟子·尽心上》："居仁由义，大人之事备矣。"

导读：

人与禽兽的区别，小人、君子、庶民三者的区分，小人、人禽之别做得不好，比不上君子，但仍比庶民要好，为什么呢？庶民就是流俗的代表，其为恶不知其恶还被称颂。对小人进行抨击有许多人做过，对庶民的危害人们却甚少了解。为此王船山提出了四种措施建立士人的精神：明伦、察物、居仁、由义。由此可看出，王夫之对流俗形成的价值观是深恶痛绝的。

以明伦言之，虎狼之父子，蠭蚁之君臣，庶民亦知之，亦能之，乃以朴实二字覆盖之，欲爱则爱，欲敬则敬，不勉强于所不知不能，谓之为率真。以察物言之，庶物之理，非学不知，非博不辨，而俗儒怠而欲速，为恶师友所锢蔽，曰何用如彼，谓之所学不杂。其惑乎异端者，少所见而多所怪，为绝圣弃智、不立文字之说以求冥解[1]，谓之妙悟。以仁言之，且无言克复敬恕也。乃事其大夫之贤者，友其士之仁者，亦以骄惰夺其志气，谓之寡交。居处、执事、与人，皆以机巧丧其本心，谓之善于处世。以义言之，且无言精义入神也，以言餂[2]同上书，以不言餂，有能此者谓之伶俐。鸡鸣而起，孳孳为利，谓之勤俭传家。庶民之所以为庶民者此也，此之谓禽兽。

注释：

[1] 冥解：与妙悟意相近。

[2] 餂：用甜言蜜语诱取、探取。《孟子》："士未可以言而言，是以言餂之也。"

导读：

具体分析明伦、察物、居仁、由义四个方面存在的问题。这四个方面的问题，从流俗的角度看，都是正面的评价，而王船山都予以批判。这就是将颠倒的价值观念重新颠倒过来。

有豪杰[1]而不圣贤者矣，未有圣贤而不豪杰者也。能兴即谓之豪杰。兴者，性之生乎气者也。拖沓委顺当世之然而然，不然而不然，终日劳而不能度越于禄位、田宅、妻子之中，数米计薪，日以挫其志气，仰视天而不知其高，俯视地而不知其厚，虽觉如梦，虽视如盲，虽勤动其四体而心不灵，惟不兴故也。圣人以诗教以荡涤其浊心，震其暮气，纳之于豪杰而后期之以圣贤，此救人道于乱世之大权也。

注：

[1] 豪杰：指才能出众的人。《庄子·天下》："豪桀相与笑之曰：'慎到之道，非生人之行，而至死人之理，适得怪焉。'"《管子·七法》："收天下之豪杰，有天下之骏雄。"明末多桀骜不驯、无品德修养的武人。此处豪杰应指那种有能力有武力为故国做恢复大业的人，亦即所谓乱世之英雄；他们除了有能力外还有高尚的品德。

导读：

"纳之于豪杰而后期之以圣贤，此救人道于乱世之大权也。"这是王夫之处于宗社覆亡、天崩地裂之时对于解决现实问题的举措，亦是重建社会价值的关键。

君子小人，但争义利，不争喻不喻。[1]即于义有所未喻，已必不为小人，于利未喻，终不可纳之于君子。所不能喻利者，特其欲喻而不能，故苛察于鸡豚，疑柱于寻尺，使其小有才，恶浮于桀、纣必矣。此庶民之祸所以烈于小人也。

注：

[1] 君子小人，但争义利，不争喻不喻：原文出自《论语·里仁》，子曰："君子喻于义，小人喻于利。"与君子谈事情，他们只问道德上该不该做；跟小人谈事情，他只是想到有没有利可图。喻，明白，通晓，此处指"使……明白"。王船山在《四书笺解》卷三"喻于义章"条云："'喻'，知之深切，以言之不能及而心无不悉也。切者，君子于义，见其为身心之所必安而不可离，小人于利，亦见其为身心之所必须而不忍舍，如痛痒之在身，言不能及也。深者，委屈微细，无所不察，似不然而实然之妙，亦言不能及而心自分明也。"王船山在此强调不是明不明白，而是争"义"或争"利"。

第三章 亡国之痛与士人价值观念重建

导读：

王船山在此强调是否认识到"义""利"并不是最重要的，而是人们最终的行为。那些人即使企图明白"利"的重要性但他并不能争得"利"，或者说没有条件获得"利"，因此，他们只能醉心于鸡豚小事，如果他们有点才能，他们的行为所造成的恶将与桀、纣比肩。

梁惠王鸿雁麋鹿之乐，齐宣王之好乐及雪宫之乐，孟子皆以为可推而行王政。独于利则推而及于大夫士庶，其祸必至于篡弑，言一及之，即如堇[1]毒之入口。此理自天子至于庶人一也。私之于己则自贼，推之于人则贼人。善推恩者，止推老老幼幼而已，非己有仳仳之屋、蔌蔌之粟[2]而推之人使有之也。禽鱼、音乐、游观，私之于己而不节，则近于禽兽。仳仳之屋，蔌蔌之粟，擅有之而置于无用之地，禽兽之所不为也。孔子言"后其食"，言"不谋食"，君子忠厚待人之词也。抑春秋之时，风俗犹淳，贪者谋食而已。食之外有陈红贯朽无用之物，以敛怨而积之，自战国始，至秦而烈，痴迷中于人心而不可复反矣。欲曰人欲，犹人之欲也；积金囷粟，则非人之欲而初不可欲者也。流俗之恶至此，乃有食淡衣粗而务此者。君子有救世之心，当思何以挽之。必不可丝毫夹带于灵府，尤不待言。

注：

[1] 堇：药名，即乌头，有毒。

[2] 仳仳：渺小，微贱。《诗·小雅·正月》："仳仳彼有屋，蔌蔌方有谷。"《毛传》："仳仳，小也。"高亨注："仳仳，卑微渺小。"《毛传》："蔌蔌，陋也。"

导读：

辨义利之别。王船山指出社会现实为"积金囷粟，则非人之欲而初不可欲者也"。这也是一种流俗，是社会至危的问题，所以，王船山说："君子有救世之心，当思何以挽之。"

欲速成之病，始于识量[1]之小。识量小，则谓天下之理、圣贤之学可以快捷方式疾取而计日有得。陆象山、杨慈湖以此诱天下，其说高远，其实卑陋苟简[2]而已。识量小者恒骄，夜郎王问汉孰与我大，亦何不可骄之有！苟简速成，可以快意，高深在望，且生媢忌之心[3]，终身陷溺而不知愧矣。见贤思齐而可忌乎哉！贤无穷，吾初不知有之境，贤者已至，乃至一得之善，吾且不能测其何以能然，而敢忌乎哉！见不贤而内自省，而可傲乎哉！不贤亦无穷，不贤者之所不为而已或为之，归于不贤一也，而敢傲乎哉！立身天地之间，父母生之，何以不忝[4]？终日与人酬酢，何以不疚？会其理则一，通其类则尧不足以尽善，桀不足以尽恶。不可以意度，不可以数纪，方且无有告成之日，而况于速！故学者以去骄去惰为本，识自此而充。如登高山，登一峰始见彼峰之矗立于上，远望则最上之峰早如在目，果在目也云乎哉！

注：

[1] 识量：识见与度量。《晋书·阮咸传》："太原郭奕、高爽有识量，知名于时。"

[2] 苟简：指苟且简略，草率简陋。语出《庄子·天运》："食于苟简之田，立于不贷之圃。"

[3] 媢忌之心：媢忌，嫉妒；《新唐书·房玄龄传》："无媢忌，闻人善，若己有之。"媢忌之心，嫉妒之心。

[4] 不忝：不辱，不愧。《孔丛子·执节》："不忝前人，不泯祖业，岂徒一家之赐哉？"

第三章 亡国之痛与士人价值观念重建

导读：

指出欲速成的之病始于识量小，而识量小必生骄、惰二病。欲除此病，则"故学者以去骄去惰为本，识自此而充。如登高山，登一峰始见彼峰之矗立于上，远望则最上之峰早如在目"。

不获其身易，不见其人难。艮[1]以一阳孤立在二阴之上，阴盛之世，其庭之人皆无足见者也，其是非鄙，其毁誉诬，其去就速，其恩怨轻。苟见有其人而与之就，不屑也，流俗污世下可与同也。见有其人而与之竞，亦不屑也，其喜怒无恒，徒劳吾之喜怒而彼不受也。孤行一意，迥不与之相涉，方且忘其为非，而况或取其一得之是！鸟兽不与同群，唯不见其人而已。是以笃实之光辉，如泰山乔岳屹立群峰之表，当世之是非、毁誉、去就、恩怨漠然于己无与，而后俯临乎流俗污世而物莫能撄。故孔子可以笔削诛乱臣，讨贼子，而凶人不能害；孟子可以距杨、墨，斥公孙衍、张仪为妾妇，而不畏其伤。不然，虽自信其矙然之志操，而谦退则逢其侮，刚厉则犯其怒，皆谷府焉，唯见有人而与之为拒也。三代以下，惟黄叔度其庶几乎！为陈寔则流，为张俭、石介则折，皆行乎阴盛之庭而见有人也。

注：

[1] 艮：八卦之一，代表山。云："艮。艮其背，不获其身。行其庭，不见其人。无咎。艮卦。"

导读：

由释"艮卦"而强调不能同于流俗："是以笃实之光辉，如泰山乔岳屹立群峰之表，当世之是非、毁誉、去就、恩怨漠然于己无与，而后俯临乎流俗污世而物莫能撄。"

《易》曰："知鬼神之情状。"然则鬼神之有情有状明矣。世之所谓鬼神之状者,仿佛乎人之状。所谓鬼神之情者,推之以凡近之情。于是稍有识者,谓鬼神之无情无状,因而并疑无鬼无神。夫鬼神之状非人之状,而人之状则鬼神之状。鬼神之情非人之情,而人之情则鬼神之情。自无而之有者,神未尝有而可以有。自有而之无者,鬼当其无而固未尝无。特人视之不能见,听之不能闻耳。

雷者,阳气发于地中,以有光响而或凝为斧之石。斜日微雨沾苗叶,渐成形而能蠕动。于此可验神之状。乘受火煎,无以覆之,则散而无有;盂覆其上,遂成朱粉。油薪爇于空旷,烟散而无纤埃,密室闭窒,乃有煤墨。于此可验鬼之状。发生之气,条达循理,可顺而不可逆,神之所好者义也,所恶者不义也。焄蒿[1]凄怆,悲死而依生,鬼之所恶者不仁也,所好者仁也。于此可验神鬼之情。如谓两间之无鬼神,则亦可谓天下之无理气。气者生无从而去无迹,理者亦古人为之名而不可见、不可闻者也。司马迁曰,何知仁义,以享其利者为有德。循名责实,必求其可见、可闻者以为情状,则暴气逆理,而但据如取如携之利,亦何所不可哉!鬼神者,圣人知之,君子敬之,学者尽人事以事之,自与流俗之下愚媚妖妄以求福者天地悬隔,何得临下愚之溙以为高乎!

"明则有礼乐,幽则有鬼神",人道之通于天,天德之察乎人者也。鬼神则视不可得而见,听不可得而闻,礼乐则饥不可得而食,寒不可得而衣,亦奚用此哉!苟简嗜利之人,或托高明以蔑鬼神,或托质朴以毁礼乐,而生人之心固有所不安,于是下愚鄙野之夫,以其不安之情横出而为风俗,以诬鬼神,以乱礼乐,昔苟简嗜利者激而导之也。以草野之拱箸,酬酒为礼,以笳、管、筚栗、大铍、独弦及狭邪之淫哇为乐,以小说、杂剧之所演,游髡、妖巫之所假说者为鬼神。如钟馗，斧首也，而谓为唐进士；张仙，孟像也，而谓求嗣之神；文昌，星也，而谓之梓橦；玄武，龟蛇也，而谓修行于武当，皆小说猥谈。涂关壮缪之面以朱，绘雷霆之喙以鸟，皆优人杂剧倡之。而鬼神乱于幽，礼乐乱于明，诚为可恶。乃名山大川，仅供游玩，行歌互叫，自适情欲，取野人不容昧之情而澌灭之，则忠孝皆赘疣，不如金粟之切于日用久矣。存养省察之几，临之以鬼神则严；君民亲友之分，文之以礼乐则安。所甚恶于天下者，循名责实之质朴，适情荡性之高明也。人道之存亡，于此决也。

注：

[1] 焄蒿：祭祀时祭品所发出的气味。后亦用指祭祀。《礼记·祭义》："其气发扬于上，为昭明，焄蒿，悽怆，此百物之精也，神之著也。"郑玄注："焄谓香臭也，蒿谓气蒸出貌也。"孔颖达疏："焄谓香臭也，言百物之气，或香或臭；蒿谓烝出貌。言此香臭烝而上出，其气蒿然也。"

导读：

通过察物而辨"鬼神"之有，而由鬼神之有而礼乐之有："明则有礼乐，幽则有鬼神"，指出社会现实是"苟简嗜利之人，或托高明以蔑鬼神，或托质朴以毁礼乐，而生人之心固有所不安，于是下愚鄙野之夫，以其不安之情横出而为风俗，以诬鬼神，以乱礼乐，昔苟简嗜利者激而导之也"。

堂堂巍巍，壁立万仞，心气自尔和平。强如壮有力者，虽负重任行赤日中，自能不喘，力大气必和也。毋以箪豆竿牍为恩怨，毋以妇人稚子之啼笑、田夫市贩之毁誉为得失，以之守身，以之事亲，以之治人，焉往而生不平之气哉！故曰"未有小人而仁者也",卑下之必生于惨刻也。学道好修之士,自命为豪杰,于此亦割舍不下,奚足以与于仁!王龙溪[1]家为火焚,其往来书牍,言之不置,平生讲良知,至此躁气浮动,其所谓良知者,非良知也。夫子厩焚不问马,故恻怛之心专注于人,人幸无伤,则太和自在圣人胞中,以之事亲则厎豫,以之立身则浩然,以之治人则天下归之,此之谓良知。

注:

[1] 王龙溪:明代哲学家王畿,字汝中,号龙溪,学者称龙溪先生。浙江山阴(今绍兴)人。师事王守仁。嘉靖五年中会试后,不求仕进,回乡与钱德洪共同协助王守仁指导后学。王畿是王守仁的嫡传弟子。嘉靖十一年(1532)中进士,任南京职方主事,后升任南京武选郎中。不久因其学术思想为当时首辅夏言所不容而被黜。此后他往来各地讲学,在两都及吴、楚、闽、越、江、浙等地均有讲舍,历时40余年,潜心传播王学,为王学主要传人之一。但由于他受佛教思想影响较深,致使他在传播王守仁良知说过程中,渐失其本旨而流入于禅。他在讲学时,亦往往"杂以禅机,亦不自讳也"。王畿后来被归为"良知现成派"。

导读:

指出据仁与不据仁的两种表现。

吝似俭,鄙似勤,懦似慎。吝者贪得无已,何俭之有!鄙者销磨岁月精力于农圃箪豆[1]之中,而荒废其与生俱生之理,何勤之有!懦者畏祸而避之,躬陷于大恶而不恤,何慎之有!俭者,节其耳目口体之欲,节己而不节人。勤者,不使此心昏昧偷安于近小,心专而志致。慎者,是畏其身入于非道,以守死持之而不为祸福利害所乱。能俭、能勤、能慎,可以为豪杰矣。庄生非知道者，且曰"人莫悲于心死，而身死次之"，吝也、鄙也、懦也，皆以死其心者也。

注：

[1] 箪豆：犹言箪食豆羹。明人李东阳《化州同知杨公传》："苟纵意恣欲，箪豆无所择，而望其赴难徇义蹈死而不顾，恶有是理哉！"

导读：

将吝、鄙、懦与俭、勤、慎联系确是王船山的一种特别之见。此处批评了世俗的俭、勤、慎的观念，给予"俭、勤、慎"以新的定义。这种定义亦即新的价值观。

凡事但适如其节，则神化不测之妙即于此。礼者，节也，"道前定则不穷"，秉礼而已。圣人自有定式之可学，但忽略而不知通耳。陈白沙[1]与庄定山[2]同渡江，舟中有恶少，知为两先生而故侮之，纵谈淫媟，至不忍闻。定山怒形于色，回视白沙神色甚和，若不见其人、不闻其语者。定山以此服白沙为不可及。定山之怒，正也，而轻用之恶少，则君子之威亦亵。白沙抑未免有柳下不恭之意，视其人如鸡犬之乱于前。不恭者君子所不由，至此而二者之用穷矣。子曰："以吾从大夫之后，不可徒行。"[3]秉周礼也。白沙已授词林，定山官主事矣，渡江自当独觅一舟，而问津于买渡之艇，使恶少得交臂而坐，遂无以处之于后，非简略之过欤！圣人不徒行，但循乎礼制之当然，而以远狎侮者即此而在。养其性情之和，不妄于喜怒容纳愚贱，以使不得罪于君子，亦即在此。此即所谓圣而不可知也，无往而非礼焉耳。

注：

[1] 陈白沙：陈献章（1428—1500），明代思想家、教育家、书

法家、诗人，广东唯一一位从祀孔庙的明代硕儒，主张学贵知疑、独立思考，提倡较为自由开放的学风，逐渐形成一个有自己特点的学派，史称江门学派。字公甫，号石斋，别号碧玉老人、玉台居士、江门渔父、南海樵夫、黄云老人等，因曾在白沙村居住，人称白沙先生，世称为陈白沙。出生于新会都会村，10岁随祖父迁居白沙村。20岁那年春天在童试中考中秀才，同年秋天参加乡试，考中第九名举人。正统十三年四月考中副榜进士，进国子监读书。景泰二年会试落第后拜江西吴与弼为师，半年而归，居白沙里，筑阳春台，读书静坐，10年间不出户终于悟道。成化二年复游太学入京至国子监，祭酒邢让惊为真儒复出，成化十九年授翰林检讨，乞终养归，著作后被汇编为《白沙子全集》。

[2] 庄定山：庄昶（1437—1499），明代官员、学者，字孔旸，一作孔阳、孔抃，号木斋，晚号活水翁，学者称定山先生，汉族，江浦孝义（今江苏南京浦口区东门镇）人。成化二年进士，历翰林检讨。因反对朝廷灯彩焰火铺张浪费，不愿进诗献赋粉饰太平，与章懋、黄仲昭同谪，人称翰林四谏。被贬桂阳州判官，寻改南京行人司副。以忧归，卜居定山20余年。弘治间，起为南京吏部郎中。罢归卒，追谥文节。昶诗仿击壤集之体，撰有《庄定山集》10卷。

[3] 以吾从大夫之后，不可徒行：语出《论语·先进》，原文云：颜渊死，颜路请子之车以为之椁。子曰："才不才，亦各言其子也。鲤也死，有棺而无椁。吾不徒行以为之椁，以吾从大夫之后，不可徒行也。"

导读：

此处讲行事必须秉礼。

  罗念庵殿试第一，闻报之日，自袖米赴野寺讲学，此贤于鄙夫耳。闻报之明日，即面恩拜命，乃君子出身事主之始，自当敬慎以俟，而置若罔闻，何也？名位自轻于讲习，君父则重矣。诗云："被之僮僮，夙夜在公。"[1]妇人且虔虔夙夜以待事，而况君子！念庵此等举动，自少年意气，又为阳明禅学所惑，故偏而不中如此。后来见龙溪之放纵，一意践履，自应知当时之非。凡但异于流俗，为流俗所惊叹而艳称者，皆皮肤上一重粗迹，立志深远者不屑以此自见。

注：

[1]被之僮僮，夙夜在公：语出《诗·召南·采蘩》原文云："被之僮僮，夙夜在公。"马瑞辰通释："《广雅·释训》：'童童，盛也。'《大雅》：'祁祁如云。'祁祁，盛貌。僮僮祁祁，皆状首饰之盛，传说非也。"王闿运《莫姬哀词》："生荣死贵，秩秩僮僮。"

导读：

虽不同于流俗，但为流俗所艳称的行为亦是不可取的。

生污世、处僻壤而又不免于贫贱，无高明俊伟[1]之师友相与熏陶，抑不能不与恶俗人[2]相见，其自处莫要于慎言。言之下慎，因彼所知而言之，因彼所言而言之，则将与俱化。如与仕者言则言迁除交结，与乡人言则言赋役狱讼，不知痛戒而习为固然，其迷失本心，难以救药矣，守口如瓶，莫此为至。吾所言非彼所欲闻，则量晴较雨，问山川，谈风物可尔。若范希文做秀才时以天下为己任，不容不询刍荛以达天下之情，然必此中莹净，不夹带一丝自家饥寒利害在内，方可出而问世。不然，且姑自爱其口。若恶俗无耻，苦相聒厌，则当引咎自反，我必有以致此物之至，益加缄默，生彼之愧，勿容自恕也。

注：

[1]俊伟：形容出类拔萃的人才，有过人的才干，俊美伟大的人

品。清代袁赋诚《睢阳尚书袁氏家谱》："九世枢（袁可立子），所与游皆名士，往往赋啥，滋笔立就笔，不务雕琢而浑厚俊伟，直逼少陵。"

[2] 恶俗人：丑陋粗俗的人。

导读：

王船山讲人处于恶俗的环境如何才能不免于恶俗，修持心中的莹净。

庄生云："参万岁而一成纯。"[1]言万岁，亦荒远矣，虽圣人有所不知，而何以参之！乃数千年以内，见闻可及者，天运之变，物理之不齐，升降污隆治乱之数，质文风尚之殊，自当参其变而知其常，以立一成纯之局而酌所以自处者，历乎无穷之险阻而皆不丧其所依，则不为世所颠倒而可与立矣。使我而生乎三代，将何如？使我而生乎汉、唐、宋之盛，将何如？使我而生乎秦、隋，将何如？使我而生乎南北朝、五代，将何如？使我而生乎契丹、金、元之世，将何如？则我生乎今日而将何如？岂在彼在此遂可沉与俱沉、浮与俱浮邪？参之而成纯之一审矣。极吾一生数十年之内，使我而为王侯卿相，将何如？使我而饥寒不能免，将何如？使我而蹈乎刀锯鼎镬之下，将何如？使我而名满天下，功盖当世，将何如？使我而槁项黄馘，没没以死于绳枢瓮牖之中，将何如？使我不荣不辱，终天年于闾巷田畴，将何如？岂如此如彼，遂可骄、可移、可屈邪？参之而成纯之一又审矣。变者岁也，不变者一也。变者用也，不变者体也。岁之寒暄晴雨异，而天之左旋，七曜之右转也一。手所持之物，足所履之地，或动或止异。而手之可以持、足之可以行也一。唯其一也，是以可参于万世。无恒之人，富而骄，贫而谄，旦而秦，暮而楚，缁衣而出，素衣而入，蝇飞蝶惊，如飘风之不终日，暴雨之不终晨，有识者哀其心之死，能勿以自警乎！

注：

[1] 参万岁而一成纯：语出《庄子·齐物论》，原文云："瞿鹊子问乎长梧子曰：'吾闻诸夫子，圣人不从事于务，不就利；不违害，不喜求，不缘道；无谓有谓，有谓无谓，而游乎尘垢之外。夫子以为孟浪之言，而我以为妙道之行也。吾子以为奚若？'长梧子曰：'是黄帝之所听荧也，而丘也何足以知之！且女亦大早计，见卵而求时夜，见弹而求鸮炙。予尝为女妄言之，女以妄听之。奚旁日月，挟宇宙？为其吻合，置其滑湣，以隶相尊。众人役役，圣人愚芚，参万岁而一成纯。万物尽然，而以是相蕴。'"王夫之在《庄子通·知北游》中说："'参万岁而一成纯'，所为贵一也。众人知瞬，慧人知时，立志之人知日，自省之人知月，通人知岁，君子知终身，圣人知纯。"又云："其知愈永，其小愈忘，哀哉！夜不及旦，晨不及晡，得当以效，而如鱼之间流而奋其鳞鬣也。"又云："言之唯恐不尽，行之唯恐不极，以是为勤，以是为敏，以是为几。'朝菌不知晦朔，蟪蛄不知春秋'，自小其年，以趋于死，此之谓心死！"

导读：

王船山强调：变者岁也，不变者一也。变者用也，不变者体也。从历史演变中获得必须坚持、坚守根本法则，是为一。这应该是豪杰而圣贤之人必须做的。

朴之为说，始于老氏，后世习以为美谈。朴者，木之已伐而未裁者也。已伐则生理已绝，未裁则不成于用，终乎朴则终乎无用矣。如其用之，可栋可楹，可豆可俎，而抑可涸可牢，可杻可楷者也。人之生理在生气之中，原自盎然充满，条达荣茂。伐而绝之，使不得以畅茂，而又不施以琢磨之功，任其顽质，则天然之美既丧，而人事又废，君子而野人，人而禽，胥此为之。若以朴言，则唯饥可得而食、寒可得而衣者为切实有用。养不死之躯以待尽，天下岂少若而[1]人邪！自鬻为奴，穿窬为盗，皆以全其朴，奚不可哉！养其生理自然之文，而修饰之以成乎用者，礼也。诗曰："人而无礼，胡不遄死。"[2]遄死者，木之伐而为朴者也。

注：

[1] 若而：若干。《左传·襄公十二年》："夫妇所生若而人，妾妇之子若而人。"

[2] 人而无礼，胡不遄死：语出《诗经·国风·鄘风》，原文云：相鼠有皮，人而无仪！人而无仪，不死何为？相鼠有齿，人而无止！人而无止，不死何俟？相鼠有体，人而无礼，人而无礼！胡不遄死？

导读：

王船山对流俗所赞赏的"朴"进行了深入的分析，指出："天然之美既丧，而人事又废，君子而野人，人而禽，胥此为之。""朴"不但不能作为社会所推崇的价值，而且使人陷于禽兽之行。

唯直之一字最易蒙昧，不察则引人入禽兽，故直情径行，礼之所斥也。证父攘羊[1]，欲直而不知直，堕此者多矣。子曰："父为子隐，子为父隐。"隐字切难体会。隐非诬也，但默而不言，非以无作有，以皂作白，故左其说以相欺罔也，则又何害于道哉！岂独父子为然乎！待天下人，论天下事，可不言者隐而不言，又何尝枉曲直邪！父而攘羊不可证，固不待言，即令他人攘羊，亦自有证之者，假令无证之者，亦无大损，总不以天下之曲直是非揽之于己，而违其坦然自遂，付物之是非于天下公论之心。即至莅官听讼，亦以不得已之心应之。吾尽吾道，不为人情爱憎起一波澜曲折，此之谓直。隐即直也，隐而是非曲直原不于我一人而废天下之公，则直在其中矣。

注：

[1] 证父攘羊：典出《论语·子路》："叶公语孔子曰：'吾党有直躬者，其父攘羊，而子证之。'孔子曰：'吾党之直者异于是，父为子隐，子为父隐。直在其中矣。'"

导读：

辨析流俗所称道的"直"。流俗所称道的"直"不仅对社会没有益处，而且有害，故云：直情径行，礼之所斥也。这是从礼的要求，也是从社会稳定的要求来立论的。人们只管直言直行，无所顾忌，不去考虑对社会稳定的影响是不可取的。

子之于父母，去一媚字不得。臣之于君，用一智字不得。口之于味，目之于色，耳之于声，鼻之于臭，四肢之于安逸，小人之媚人也在此。而加以色之温，言之柔，其媚乃工。舜尽事亲之道，此而已矣。辱之不避，斥之不退，刑戮将加而不忧，知必无可为之理而茫昧不知止，可谓不智矣。已而以之穷困，以之躯不得全，妻子不保，不智之尤也。宁武子[1]、刘子政[2]、段太尉[3]、方正学[4]之所守，此而已矣。自非君父，则媚者小人之术，不智者下愚之自陷于阱矣。以处人之道事君父，以事君父之道事人，学术之不明，而害性情之正。故人不可以不学。

注：

[1] 宁武子：春秋卫大夫宁俞，谥武子。《论语·公冶长》："子曰：'宁武子，邦有道，则知；邦无道，则愚。'"邢昺疏："若遇邦国有道，则显其知谋；若遇无道，则韬藏其知而佯愚。"后以宁武子

为国家有道则进用其智能、无道则佯愚以全身的政治家的典型。

[2] 刘子政：刘向（约前77—前6），西汉经学家、目录学家、文学家。本名更生，字子政，沛人。刘向是楚元王刘交四世孙。宣帝时，为谏大夫。元帝时，任宗正。因反对宦官弘恭、石显下狱，旋得释。后又因反对恭、显下狱，免为庶人。成帝即位后，得进用，任光禄大夫，改名为"向"，官至中垒校尉。曾奉命领校秘书，所撰《别录》，为我国目录学之祖。治《春秋穀梁传》。据《汉书·艺文志》载，刘向有辞赋33篇，今仅存《九叹》一篇。今存《新序》《说苑》《列女传》等书，《五经通义》有清人马国翰辑本。原有集，已佚，明人辑为《刘中垒集》。

[3] 段太尉：段秀实（719—783），字成公。陇州汧阳（今陕西千阳）人。唐代中叶名将。幼读经史，稍长习武，言辞谦恭，朴实稳重。历任安西府别将、陇州大堆府果毅、绥德府折冲都尉。安史之乱后，授泾州刺史兼御史大夫，四镇北庭行军泾原郑颍节度使，封张掖郡王，总揽西北军政，任内吐蕃不敢犯境，使百姓安居乐业。后加封检校礼部尚书，不久因杨炎进谗贬司农卿，调回长安。泾原兵变时，当庭勃然而起，以笏板击朱泚，旋即被杀。被赞叹道："自古殁身以卫社稷者，无有如秀实之贤"。

[4] 方正学：方孝孺（1357—1402），明代大臣、著名学者、文学家、散文家、思想家，字希直，一字希古，号逊志，曾以"逊志"名其书斋，蜀献王替他改为"正学"，因此世称"正学先生"。福王时追谥文正。浙江宁海人，宁海古代称缑城，故时人称其为"缑城先生"。师从"开国文臣之首"的翰林学士（正五品）宋濂。著作收入《逊志斋全集》。历任陕西汉中府学教授（从九品，1392—1398）、翰林侍讲（正六品，1398—1399）、侍讲学士（从五品，1399—1400），直至按照《周礼》更定官制，将侍讲学士和侍读学士（皆为从五品）

合并为文学博士，并升任文学博士（正五品，1400—1402）。建文年间（1399—1402）担任建文帝的老师，主持京试，推行新政。在"靖难之役"期间，拒绝为篡位的燕王朱棣草拟即位诏书，刚直不屈，孤忠赴难，被诛10族。一门死难者总计873人，全部被凌迟处死，入狱及充军流放者达数千。

导读：

王船山强调人必须"学"，学什么呢？学"孝"，学"忠"，"孝"而近媚，"忠"而近不智。

  语学而有云秘傅密语者，不必更问而即知其为邪说。"夫子之言性与天道不可得而闻"，待可教而后教耳。及其言之，则亦与众昌言，如呼曾子而告一以贯之，则门人共闻，而曾子亦不难以忠恕注破，固夫子之所雅言也。密室传心之法[1]，乃玄禅两家自欺欺人事，学者未能拣别所闻之邪正且于此分晓，早已除一分邪惑矣。王龙溪、钱绪山[2]天泉传道一事，乃模仿慧能、神秀而为之，其"无善无恶"四句[3]，即"身是菩提树"四句[4]转语。附耳相师，天下繁有其徒，学者当远之。

注：

[1] 密室传心之法：出处《六祖大师法宝坛经·行由品》："法则以心传心，皆令自悟自解。"此处指秘密传承。

[2] 钱绪山：钱德洪（1496—1574），本名宽，字德洪，后以字行，改字洪甫，号绪山，学者称绪山先生，浙江余姚人。绪山与王龙溪（名畿，字汝中，号龙溪，1498—1583）同为阳明门下高弟，阳明归越后来学者甚众，阳明命先见绪山与龙溪，称教授师。

[3] "无善无恶"四句：指明代著名哲学家王阳明（王守仁）用来表述自己思想精华的四句话，即"无善无恶心之体，有善有恶意之

动，知善知恶是良知，为善去恶是格物"。

［4］"身是菩提树"四句：禅宗公案谓惠能所作偈曰："菩提本无树，明镜亦非台，本来无一物，何处惹尘埃。"王船山在《读通鉴论》中云："自晋以后，清谈之士，始附会之以老、庄之微词，而陵蔑忠孝、解散廉隅之说，始熺然而与君子之道相抗。唐、宋以还，李翱、张九成之徒，更诬圣人性天之旨，使窜入以相乱。夫其为言，以父母之爱为贪痴之本障，则既全乎枭獍之逆，而小儒狂惑，不知恶也，乐举吾道以殉之。于是而以无善无恶、销人伦、灭天理者，谓之良知；于是而以事事无碍之邪行，恣其奔欲无度者，为率性而双空人法之圣证；于是而以廉耻为桎梏，以君父为萍梗，无所不为为游戏，可夷狄，可盗贼，随类现身为方便。无一而不本于庄生之绪论，无一而不印以浮屠之宗旨。"

导读：

"秘傅密语""附耳相师"是当时思想界盛传之事，王船山认为此事扰乱了士人的思想，是极不可取的。

　　无誉者，圣人之直道，而曲成天下之善即在于此。誉则有过情之言，因而本无此坚僻之志者，以无知者之推崇而成乎不肯下之势，则力护其名而邪淫必极。如阳明抚赣以前，举动俊伟，文字谨密，又岂人所易及！后为龙溪、心斋、绪山、萝石辈推高，便尽失其故吾。故田州之役，一无足观。使阳明而早如此，则劾刘瑾、讨宸濠，事亦不成矣。盖斥奸佞、讨乱贼，皆分别善恶事，不合于无善、无恶之旨也。奋然而为人所推奖，乃大不幸事。孔子自颜子无言不说，子贡力折群毁外，他弟子皆有疑而相助之意，不失其訚訚、侃侃、行行[1]之素。固当时人才之盛，亦圣人之熏陶学者，别是一种气象，自不至如蠡之绕王，薨薨扇羽也。况德未立，学未成，而誉言至乎！闻誉而惧，庶几免夫！

注：

[1] 訚訚、侃侃、行行：语出《论语·先进》：闵子侍侧，訚訚如也；子路，行行如也；冉有、子贡，侃侃如也。子乐。"若由也，不得其死然。"

导读：

以王阳明为例指出学者应"闻誉而惧"。

天地既命我为人，寸心未死，亦必于饥不可得而食、寒不可得而衣者留吾意焉。圣贤之言，皆不可食、不可衣者也。今之读书者，以之为饥之食、寒之衣，是以圣贤之言为俗髡[1]、妖巫之科仪符咒也。哀哉！

王介甫以经义易诗赋，其意良善，欲使天下之为士者自习于圣贤之言，虽未深造，而心目之间常有此理作镜中之影，以自知妍媸而饰之。自王守溪[2]以弱肉强食之句为邱琼山[3]所赏拔，而其所为呼应开合、裁剪整齐之法，群相奉为大家。不知天地间要此文字何为。士风日流于靡，盖此作之俑也。子曰："辞达而已矣。"有意不达，达而不已，拙也。无意可达，惟言是饰，是谓言不由衷。王守溪、薛方山[4]之经义，何大复[5]、王元美[6]之诗，皆无意可达者也。为士于今日，不能不以此为事，能达其意，如顾泾阳[7]可矣。黄石斋[8]之文狂，黄蕴生[9]之文狷，殆其次乎！

注：

[1] 俗髡：指和尚。

[2] 王守溪：王鏊（1450—1524），明代名臣、文学家。字济之，号守溪，晚号拙叟，学者称震泽先生，汉族，吴县（今江苏苏州）人。16岁时国子监诸生即传诵其文，成化十一年进士。授编修，弘治

时历侍讲学士,充讲官,擢吏部右侍郎,正德初进户部尚书、文渊阁大学士。博学有识鉴,有《姑苏志》《震泽集》《震泽长语》。

[3] 邱琼山:邱浚(1421—1495,或 1418—1495),明代戏曲作家。字仲深,号琼山,别署赤玉峰道人。广东琼山人。景泰五年(1454)进士,历官翰林院编修、侍讲、国子祭酒、礼部尚书、加太子太保兼文渊阁大学士、户部尚书、武英殿大学士。谥号文庄。邱浚宦途顺利,地位显赫,精于子史,推崇理学,他的传奇戏曲创作,多宣扬封建道德。所撰《五伦全备忠孝记》。

[4] 薛方山:薛应旗(1500—1575),明朝学者、藏书家。字仲常,号方山,今江苏省常州市武进区横林镇余巷村人。

[5] 何大复:何景明(1483—1521),字仲默,号白坡,又号大复山人,信阳(今属河南省)人。自幼聪慧,8 岁能文,弘治十五年(1502)19 岁中进士,授中书舍人。正德初,宦官刘瑾擅权,何景明谢病归。刘瑾诛,官复原职。官至陕西提学副使。是明代"文坛四杰"中的重要人物,也是明代著名的"前七子"之一,与李梦阳并称文坛领袖。其诗取法汉、唐,一些诗作颇有现实内容。性耿直,淡名利,对当时的黑暗政治不满,敢于直谏,曾倡导明代文学改革运动,著有辞赋 32 篇,诗 1560 首,文章 137 篇,另有《大复集》38 卷。墓地在今信阳师范学院大复山。

[6] 王元美:王世贞生于嘉靖五年十一月初五,卒于万历十八年十一月二十七日,字元美,号凤洲,又号弇州山人,明代南直隶苏州府太仓州人。王世贞 17 岁中秀才,18 岁中举人,22 岁中进士,先后任职大理寺左寺、刑部员外郎和郎中、山东按察副使青州兵备使、浙江左参政、山西按察使,万历时期出任过湖广按察使、广西右布政使、郧阳巡抚,后因恶张居正被罢归故里,张居正死后,王世贞起复为应天府尹、南京兵部侍郎,累官至南京刑部尚书,卒赠太子少保。

王世贞与李攀龙、徐中行、梁有誉、宗臣、谢榛、吴国伦合称"后七子"。李攀龙死后,王世贞独领文坛20年,著有《弇州山人四部稿》《弇山堂别集》《嘉靖以来首辅传》《觚不觚录》等。

[7] 顾泾阳:顾宪成,字叔时,号泾阳,无锡泾里(今无锡锡山区张泾镇)人,明代思想家,因创办东林书院而被人尊称"东林先生",也是东林党的创始人之一。顾宪成自幼好学,常夜读达旦。万历四年(1576),举乡试第一,万历八年(1580)成进士。天启初年,赠太常卿。后来东林党争爆发,被魏忠贤阉党削官。崇祯初年获得平反,赠吏部右侍郎,谥号端文。著有《小心斋札记》18卷、《毗陵人物志》9卷、《顾端文遗书》等。

[8] 黄石斋:黄道周(1585—1646),明末学者、书画家、文学家、儒学大师、民族英雄。字幼玄,一作幼平或幼元,又字螭若、螭平、幼平,号石斋,汉族,福建漳浦铜山(现东山县铜陵镇)人。天启二年进士,深得考官袁可立赏识,历官翰林院修撰、詹事府少詹事。南明隆武时,任吏部兼兵部尚书、武英殿大学士(首辅)。抗清失败,被俘殉国,谥忠烈。

[9] 黄蕴生:黄淳耀(1605—1645),明末进士、抗清英雄。初名金耀,字蕴生,一字松厓,号陶庵,又号水镜居士,汉族,南直隶苏州府嘉定(今属上海)人。曾组"直言社",崇祯十六年成进士,归益研经籍。清顺治二年,嘉定人抗清起义,与侯峒曾被推为首领。城破后,与弟黄渊耀自缢于馆舍。能诗文,有《陶庵集》。

导读:

习经义是为了修身、齐家、治国,而不是为了谋食,可士人习八股文就是为了谋食,这种影响非常恶劣。

"侮圣人之言"[1],小人之大恶也。自苏明允[1]以斗筲之识,将孟子支分条合,附会其雕虫之技,孙月峰[2]于《国风》《考工记》《檀弓》《公羊》《谷梁》效其尤，而以纤巧拈弄之；皆所谓侮圣人之言也。然侮其词，犹不敢侮其义。至姚江之学[3]出，更横拈圣言之近似者，摘一句一字以为要妙，窜入其禅宗，尤为无忌惮之至。读《五经》《四书》，但平平读去，涵泳中自有无穷之妙。心平则敬，气平则静，真如父母师保之临其上，而何敢侮之有！

注：

[1] 苏明允：苏洵，北宋散文家。与其子苏轼、苏辙合称"三苏"，均被列入"唐宋八大家"。字明允，号老泉。眉州眉山（今属四川）人。应试不举，经韩琦荐任秘书省校书郎、文安县主簿。长于散文，尤擅政论，议论明畅，笔势雄健。有《嘉祐集》。苏洵曾批注过《孟子》，今有《宋苏洵苏老泉批评孟子真本》两卷存世。

[2] 孙月峰：孙月峰（1543—1613），名矿，字文融，号月峰。以号行。余姚横河镇孙家境村（今属慈溪市）人。孙月峰用其毕生精力，批注百家，自成一言。如《评史记》《评史书》《评韩非子》《评公羊传》《评经》《今文选》及《朱订西厢记》等，均产生过很大影响，并有《孙月峰全集》12卷风行一时，并且流传至今。

[3] 姚江之学：亦称阳明学派，创始人为明代大儒王守仁，因其曾筑室于故乡阳明洞中，世称阳明先生，故称该学派为阳明学派。该学派提倡"心即理""知行合一""致良知"等学说，后分化为浙中王学、江右王学和泰州王学等七派。阳明学派是明朝中晚期思想学术领域中的一个著名流派，其学说是明朝中晚期的主流学说之一，后传于日本，对日本及东亚都有较大影响。

导读：

王船山强调读经书平平去读即可，不要标新立异，曲解原著。

陶渊明"读书但观大意"。盖自汉以后，注疏家琐琐训诂，为无益之长言，如昔人所诮"曰若稽古"四字释至万余言，如此者不得逐之以泛滥失归。陶公善于取舍，而当时小儒惊为迥异。乃此语流传，遂为慵惰疏狂者之口实。韩退之谓"《尔雅》注虫鱼"[1]，为非磊落人，而其讥荀、扬择不精、语不详，则自矜磊落者必至之病。读书者以对父母师保之心临之，一謦欬、一欠伸皆不敢忽，而加以视于无形、听于无声之情，将顺于意言之表，方可谓畏圣人之言。以疏慵之才而效陶公，自命为磊落，此之谓自暴。

注：

[1]《尔雅》注虫鱼：原语出苏轼《过文觉显公房》诗，原诗云：斓斑碎玉养菖蒲，一勺清泉满石盂。净几明窗书小楷，便同《尔雅》注虫鱼。

导读：

读书观大意不可，琐细读之亦不可，以道德践行之心读之才可。

"唯仁者能好人，能恶人。"苟仁未熟而欲孤行，其好恶也必僻，则必有所资以行吾好恶者。与君子处，则好君子之好，恶君子之恶。与小人处，则好小人之好，恶小人之恶。又下而与流俗顽鄙者[1]处，则亦随之以好恶矣。故友善士者，自乡国天下以及于古人，所谓"以友辅仁"也，谓引吾好恶之情而扩充吾善善恶恶之量也。

注：

[1] 顽鄙者：愚钝鄙陋的人。

导读：

与君子处才能行仁，才能有正确的好恶。

君子之怀刑[1]者，常设一圣王在上、良有司奉法惟谨之象于衰乱之世，则其所必不可为者见矣。乱世末俗之所谓不可为者，有可为者也，其所可为者，多不可为者也。出乎刑者入乎礼，岂惴惴然趋利避害之谓乎！

注：

[1] 君子之怀刑：语出《论语·里仁》，子曰："君子怀德，小人怀土；君子怀刑，小人怀惠。"

导读：

王船山强调不仅要畏刑罚而且要遵礼法，不是为了趋利避害。

"毋友不如己者"[1]，安所得必胜己者而友之！必求胜己，则友孤矣。恒人之病，乐友不如己者以自表暴，而忌胜己者不与之友，故切以为戒。人之气质，互有胜劣，动静敏迟，刚柔俭博，交相为胜。忌其相胜，则取近己之偏者而与友，近己之偏则固不如己矣。以其动振己之静，以其静节己之动，以其刚辅己之柔，以其柔抑己之刚，以其敏策己之迟，以其迟裁己之敏，以其俭约己之博，以其博益己之俭，则虽贤不如己而皆胜己者矣。凡见为如己者，皆不如己者也。从己之偏，己既有一偏之长矣，彼无能益而相奖以益偏，此之谓不如己。

注：

[1] 毋友不如己者：语出《论语·学而》，子曰："君子不重则不威，学则不固。主忠信。无友不如己者。过则勿惮改。"

导读：

王船山强调交友不一定要交那种胜过自己的人，比自己差的人也可以相交，要以彼之长补己之短。

守其所见而不为违心之行，亦可谓之信，忘乎己而一于理之谓诚，故曰："言不必信。"[1]一于理也。朱子谓："众人之信，只可唤作信，未可唤作诚。"[2]盖流俗之所谓诚者，皆不必之信。天下之物理无穷，己精而又有其精者，随时以变而皆不失其正，但信诸己而即执之，如何得当！况其所为信诸己者，又或因习气，或守一先生之言，渐渍而据为己心乎！

注：

[1] 言不必信：语出《孟子·离娄》，原文云："大人者，言不必信，行不必果，惟义所在。"

[2] 众人之信，只可唤作信，未可唤作诚：语出《朱子家训》，原文云："诚是自然的实，信是做人的实。故曰：'诚者，天之道。'这是圣人之信。若众人之信，只可唤作信，未可唤作诚。"

导读：

解释"信"与"诚"，强调要"一于理"。

人之所为，万变不齐，而志则必一，从无一人而两志者。志于彼又志于此，则不可名为志，而直谓之无志。天下之事，无不可行吾志者，如良医用药，温凉寒熟俱以攻病，必欲病之愈者，志也。志正则无不可用，志不持则无一可用。婞婞然[1]一往必伸者，介然之气也。气则有伸有屈，其既必迁。以此为志，终身不成。

注：

[1] 婞婞然：忿恨不平貌。

导读：

强调立志的重要。

学易而好难，行易而力难，耻易而知难。学之不好，行之不力，皆不知耻而耻其所不足耻者，乱之也。不学不行者有矣，人未有一无所耻者，乞人与有之。自恶衣恶食、宫室之不美、妻妾之不奉，所识穷乏者之不得我，至于流俗之毁誉，污世之好尚，皆足以动人之耻心。抑有为害最大而人不知者，师友之规谏，贤智之相形，不以欣然顺受企慕之心承之，而愤怍掩覆，若唯恐见之，唯恐闻之，此念一蒙，则虽学而非其好，虽行而必不力，乐与谗谄面谀之人交，而忌媢[1]毁谤，以陷溺于不肖之为，皆无所不至。故耻必知择，而后可谓之有耻。

注：
[1] 忌媢：妒忌。
导读：
强调知耻的重要性。

直而济之以慎，乃非证父攘羊之直。慎而用之于直，乃非容头过身之慎。道听之，途说之，闻善则誉之，闻不善则毁之，纵心纵口，无忌惮而为小人，直之贼也，惟不慎也。欲进而不敢进，欲退而不敢退，无取怨于人之道而犹畏人之怨己，无不可伸志之为而犹隐忍而不敢为，慎之贼也，唯不直也。一失足于流俗，则终身之耻不可洒，一得罪于清议，则百行不能掩其非，如之何不慎！慎者，慎吾之不直也。惟恐不直，则惟恐不慎。直而不慎，则为似忠信之乡原[1]。慎而不直，则为患得失之鄙夫[2]。将以免尤悔，幸而免焉，鬼神谪之，况其不能免乎！

注：
[1] 乡原："乡愿"。指乡里中言行不一、伪善欺世的人。引申为见识浅陋、胆小无能之人，今多作"伪君子"之代称。《论语·阳

货》："乡原，德之贼也。"

[2] 鄙夫：庸俗浅陋的人。《论语·子罕》："有鄙夫问于我，空空如也。"

导读：

王船山论述"直"与"慎"的关系。

忽然一念横发，或缘旧所爱憎，或驰逐于物之所攻取，皆习气暗中于心而不禁其发者。于此而欲遏抑之，诚难。如见人食梅，则涎流不能自禁，若从未尝食梅者，涎必不流。故天下之恶，以不闻为幸。闻之而知恶之，亦是误嚼乌喙，以药解之。特不速毙，未尝不染其毒。亲正人，远宵小，庶几免夫！若莅官听讼，不容已于闻人之恶，乃《易》曰"无留狱"[1]，曾子曰"勿喜"[2]，非止矜恤之，亦以天下千条万绪之恶不堪涵泳也。

注：

[1] 无留狱：语出《易经》，《象》曰：山上有火，旅。君子以明慎用刑，而不留狱。

[2] 曾子曰"勿喜"：典出《论语·子张》。原文云：孟氏使阳肤为士师，问于曾子。曾子曰："上失其道，民散久矣。如得其情，则哀矜而勿喜。"

导读：

染习气就会染人之恶。王夫之在《示侄孙生蕃》中说："俗气如糨糊，封令心窍闭。俗气如岚疟，寒往热又至。俗气如炎蒸，而往依坑厕。俗气如游蜂，痴迷投窗纸。"

末俗有习气[1]，无性气[2]。其见为必然而必为，见为不可而不为，以婞婞然自任者，何一而果其自好自恶者哉！昔习闻习见而据之，气遂为之使者也。习之中于气，如瘴之中人，中于所不及知，而其发也，血气皆为之懑涌。故气质之偏，可致曲也，嗜欲之动，可推以及人也，惟习气移人为不可复施斤削。呜呼！今之父教其子，兄教其弟，师友之互相教者，何一而非习气乎！苟于事已情定之际，思吾之此心此气，何自而生？见为不可已者，果不可已乎？见为可不顾者，果可不顾乎？假令从不闻此，从不见此，而吾必不可不如此乎？吾所见、所闻者，其人果可以千古、可以没世乎？则知害之所自中矣。吾性在气之中，气原以效性之用，而舍己以为天下用，是亦可以悔矣。如其不能自觉，则日与古人可诵之诗、可读之书相为浃洽，而潜移其气，自有见其本心之日昧者。不知者曰："吾之性气然也。"人亦责之曰："其性气偏也。"呜呼！吾安得性中之生气而与之乎！

注：

[1] 习气：习惯，习性。后多指逐渐形成的不良习惯或作风。宋代苏轼《再和潜师》："东坡习气除未尽，时复长篇书小草。"

[2] 性气：指性情脾气，亦指志气。宋人朱熹《总论为学之方》："不带性气底人，为僧不成，为道不了。"

导读：

要读古人之诗、书移自己之习气。王夫之在《示侄孙生蕃》中说："忘却人间事，始识书中字。识得书中字，自会人间事。"

"伯夷隘，柳下惠不恭。君子不由"，君子之所耻如此其大也。圣人之瑕，且耻由之矣。降而为天下之善士，有不足者，耻与之同；降而一国之善士，耻与之同其失；降而一乡之善士，耻与之同其失；止矣。若夫人之与我不同类，其卑陋颠倒之为，屑屑然以之为戒，则将以幸不为彼之为而自足。呜呼！吾之生也而仅异于彼乎！人之大小，自截然分为两途，如黑白之不相杂。舍其黑而求全于白之中,雪也,玉也,且于雪、玉有择焉,而但求白之异于黑乎!"三人行,择其不善而改之。"[1]圣人之大用,非尔所及也。

注:

[1] 三人行,择其不善而改之:语出《论语·述而》,子曰:"三人行,必有我师焉。择其善者而从之,其不善者而改之。"

导读:

人要择善而从。

法语之言[1]而从,巽与之言[2]而说,即不绎、不改之心也。法言而能说,巽言而能从,说而后改,从而后绎,闻教之下,移易其情则善矣。巽言而说者,好谀之心也。法言而从者,无耻之耻也。待言而生改过迁善之心,已末矣,况但以声音笑貌而易其情乎!

注:

[1] 法语之言:语出《论语·子罕》。子曰:"法语之言,能无从乎?改之为贵。巽与之言,能无说乎?绎之为贵。说而不绎,从而不改,吾末如之何也已矣。"法,指礼仪规则。这里指以礼法规则、正言规劝。

[2] 巽与之言:语出《论语·子罕》。子曰:"法语之言,能无从乎?改之为贵。巽与之言,能无说乎?绎之为贵。说而不绎,从而不改,吾末如之何也已矣。"巽,恭顺,谦逊。与,称许,赞许;这里指恭顺赞许的话。

导读:

改过迁善应出自人的本心。

孟子言性，孔子言习。性者天道，习者人道。《鲁论》[1]二十篇皆言习，故曰："性与天道不可得而闻也。"[2]已失之习而欲求之性，虽见性且不能救其习，况不能见乎！《易》言："蒙以养正，圣功也。"养其习于童蒙，则作圣之基立于此。人不幸而失教，陷入于恶习，耳所闻者非人之言，目所见者非人之事，日渐月渍于里巷村落之中，而有志者欲挽回于成人之后，非洗髓伐毛，必不能胜。恶他人之恶，不如恶在我。昔日之所知、所行、所闻、所见，高洋治乱丝，拔刀斩之，斯为直截。但于其中拣择可为、不可为，而欲姑存以便所熟习，终其身于下愚而已。

注：

[1] 鲁论：《鲁论语》。《论语》的汉代传本之一。相传为鲁人所传，是今本《论语》的来源之一。

[2] 性与天道不可得而闻也：《论语·公冶长》中所载子贡之语：夫子之文章，可得而闻也；夫子之言性与天道，不可得而闻也。

导读：

人要重视养其习于童蒙。

人之唯其意之所发而为不善者，或寡矣，即有之，亦以无所资藉、无所印证而不图其失已著，尚可革也。故唯其所发而为不善者，过也，非恶也。闻恶人之言，因而信之，则成乎恶而不可救。故君子于人之不善，矜其自为之过而望其改，其听恶人之言而效之，则深恶而痛绝之。臣岂敢杀其君，子岂忍杀其父，皆有导之者也，导之者，皆言之有故，行之有利者也。国有鄙夫，家有败类，以其利口强有力成人之恶，习焉安焉，遂成乎下愚不移，终不移于善矣。故圣人所以化成天下[1]者，习而已矣。

注：

[1] 化成天下：《易经》贲卦的象辞上讲："刚柔交错，天文也；文明以止，人文也。观乎天文以察时变，观乎人文以化成天下。"其意是说，天生有男有女，男刚女柔，刚柔交错，这是天文，即自然；人类据此而结成一对对夫妇，又从夫妇而化成家庭，而国家，而天下，这是人文，是文化。人文与天文相对，天文是指天道自然，人文是指社会人伦。治国家者必须观察天道自然的运行规律，以明耕作渔猎之时序；又必须把握现实社会中的人伦秩序，以明君臣、父子、夫妇、兄弟、朋友等的等级关系，使人们的行为合乎文明礼仪，并由此而推及天下，以成"大化"。

导读：

诱人为恶而成习气是最为有害，化成天下必须注重人们的习养。

做经生读书时，见古今之暴君污吏，怒之怨之，长言而詈诽之。即此一念，已知其出而居人上，毁廉耻，肆戕虐者，殆有甚焉。何也？其与流俗詈诽者，非果有恶恶之心，特以甚不利于己而怒怨之耳。有志者，其量亦远。伊尹当夏桀之世而乐，何屑与之争得失乎！且彼之为暴、为污者，惟其以利于己为心也。彼以利于己而为民贼，吾亦以不利于己而怨怒之，易地皆然，故曰出而居人上，殆有甚焉。恶人之得居人上而害及人，天也。晦蒙否塞[1]，气数之常也，安之而已。退而自思，吾虽贫贱，亦有居吾下者，亦有取于人者，亦有宜与人者，勿见可为而即为，见可欲而即欲，以求异于彼而不为风气所移，则孤月之明，炳于长夜，充之可以任天下。

注：

[1] 晦蒙否塞：隐晦模糊，闭塞不通。

导读：

在批评现实时不是出于公心，而是多从自己的角度考虑，处于末世要"以求异于彼而不为风气所移"。在此透露王夫之之志：退而自思，吾虽贫贱，亦有居吾下者，亦有取于人者，亦有宜与人者，勿见可为而即为，见可欲而即欲，以求异于彼而不为风气所移，则孤月之明，炳于长夜，充之可以任天下。

不得已而为资生之计，言者曰惟勤惟俭。俭尚矣，勤则吾不知也。勤所以不可者，非惰之谓。人之志气才力，与有涯之岁月，唯能胜一勤而不能胜二勤。吾自有吾之志气，勤于此则荒于彼。鸡鸣而起，孳孳为利，专心并气以趋一途，人理亡矣。若夫俭，则古人有言曰："俭，德之共也。侈，恶之大也。"[1]俭所以为德之共者，俭则事简，事简则心清，心清则中虚，而可以容无穷之理。而抑不至浮气逐物，以丧其所知所能之固有。彼言资生而以俭与勤并称者，非俭也，吝也。俭以自节，吝以成贪，其别久矣。吝而勤，充其所为，至不知君父，呜呼，危矣哉！天地授我以明聪，父母生我以肢体，何者为可以竭精疲神而不可惰？思之思之，尚知所以用吾勤乎！

注：

[1] 俭，德之共也。侈，恶之大也：语出《左传·庄公二十四年》，"俭，德之共也；侈，恶之大也"。

导读：

流俗所云"勤"，勤于利，人理亡；佥为吝，以成贪，充其所为，至不知君父。

总论：

王夫之《俟解》整篇论"流俗"之恶，提倡"豪杰"而"圣贤"

的价值观。

"流俗"为何物?"营营终日,生与死俱者何事?一人倡之,千百人和之,若将不及者何心?芳春昼永,燕飞莺语,见为佳丽。清秋之夕,猿啼蛩吟,见为孤清。乃其所以然者,求食、求匹偶、求安居,不则相斗已耳;不则畏死而震慑已耳。"这就是庶民的"流俗",即"庶民之终日营营,有不如此者乎?"这还是"贪者谋食而已"。流俗之恶:"食之外有陈红贯朽无用之物,以敛怨而积之,自战国始,至秦而烈,痴迷中于人心而不可复反矣。"俗儒所为亦是一种流俗:"而俗儒怠而欲速,为恶师友所锢蔽,曰何用如彼,谓之所学不杂。其惑乎异端者,少所见而多所怪,为绝圣弃智、不立文字之说以求冥解,谓之妙悟。以仁言之,且无言克复敬恕也。乃事其大夫之贤者,友其士之仁者,亦以骄惰夺其志气,谓之寡交。居处、执事、与人,皆以机巧丧其本心,谓之善于处世。以义言之,且无言精义入神也,以言恬,以不言恬,有能此者谓之伶俐。"表现之一为欲速成之病:"欲速成之病,始于识量之小。识量小,则谓天下之理、圣贤之学可以快捷方式疾取而计日有得。"表现之二为"惑乎异端":"语学而有云秘传密语者,不必更问而即知其为邪说。""密室传心之法,乃玄、禅两家自欺欺人事,学者未能拣别所闻之邪正且于此分晓,早已除一分邪惑矣。王龙溪、钱绪山天泉传道一事,乃模仿慧能、神秀而为之,其'无善无恶'四句,即'身是菩提树'四句转语。"表现之三为"今之读书者,以之为饥之食、寒之衣,是以圣贤之言为俗髡、妖巫之科仪符咒也"。表现之四为"自王守溪以弱肉强食之句为邱琼山所赏拔,而其所为呼应开合、裁剪整齐之法,群相奉为大家。不知天地间要此文字何为。士风日流于靡,盖此作之俑也"。表现之五为"侮圣人之言","自苏明允以斗筲之识,将孟子支分条合,附会其雕虫之技,孙月峰于《国风》《考工记》《檀弓》《公羊》《穀梁》效其尤,而以纤巧拈弄之；皆所谓侮圣人之言也。然侮其词，犹不敢侮其义。至姚江之学出，更横拈圣言之近似者，摘一句一字以为要妙，窜入其禅宗，尤为无忌惮之至"。

"能兴即谓之豪杰。"所谓"能兴"不仅只有哲学意义，应该是兴起复国反清之心，成就复我轩辕之丘的伟业。《黄书·大正第六》云："尽中区之智力，治轩辕之天下，族类强植，仁勇竞命，虽历百世而弱丧之祸消也。"《黄书·后序》云："悲憯穷愁，退论旃也。明明我后，狄播迁也。俟之方将，须永年也。"

第四章　王夫之"民主""科学"价值观之发现与确定

——兼论谭嗣同、梁启超民元之前王船山研究之意义

晚清，中国进入近代社会，由于湘军系人士的大力提倡，王船山之名传遍大江南北，船山学亦成一时之显学，但是，王夫之思想的现代价值并不是立时显现，而是经历了一个比较长的过程。其中，谭嗣同、梁启超的王船山研究对王夫之"民主""科学"价值观的开掘起了关键作用。

一

中国由1840年鸦片战争而进入近代社会，但中国的社会制度、意识形态在很长的时间里并未有太大的变化，因而此时人们对王船山思想价值的揭示主要还是揭示其传统意义一面。众所周知，王船山思想研究之风的兴起，与曾国藩刻印出版《船山遗书》是有莫大关系的。曾国藩为何要刻印《船山遗书》呢？学术界有许多不同意见。章太炎最早提出了"悔过"，然后自己觉得不妥，又说："王而农著书，壹意以攘胡为本。曾国藩为清爪牙，踣洪氏以致中兴，遽刻其遗书，

何也？衡湘间士大夫以为国藩悔过之举，余终不敢信。最后有为国藩解者曰：'夫国藩与秀全其志一而已矣，秀全急于攘满洲者，国藩缓于攘满洲者。自湘淮军兴，而驻防之威坠，满洲人亦不获执兵柄，虽有塔齐布、多伦阿辈伏匿其间，则固已为汉帅役属矣。'自尔五十年，房权日衰。李鸿章、刘坤一、张之洞之伦，时抗大命，乔然以桓文自居。巡防军衰，而后陆军继之，其卒徒皆汉帅也。于是武昌倡义，后四月而清命斩，夫其端实自国藩始。刻王氏遗书者，固以遂其志，非所谓悔过者也。"① 许多人不同意这一观点。冯友兰先生指出其真正目的，"曾国藩所保卫的中国传统文化，主要是宋明道学。他是一个道学家，但不是一个空头道学家。他的哲学思想的发展有两个阶段，其主要标志是由信奉程朱发展到信奉王夫之。……这时候更发现王夫之的《正蒙注》以及全部《船山遗书》正是他寻找的武器"②。有论者还做了进一步的引申，说："曾国藩刊印《船山遗书》之'志'，不仅是为了保卫中国传统文化，而且还在于把船山之学作为湘军的一面思想旗帜。前者是他的历史目标，后者是他的现实任务。要说湘军的崛起，不仅仅是军事的崛起，同时也是政治力量的崛起、文化力量的崛起。湘军之所以砥柱中流、力挽狂澜，不仅仅是他们能征善战，更重要的是他们是中国近代史第一支有思想的军队。"③ 尽管《船山遗书》刊刻的政治寓意有争议，但都肯定其他对于王船山学术思想传播的意义。许冠山在《船山学术思想生命年谱》中说："盖以当时正值湘军初复金陵，曾氏兄弟权倾一时，此书一出，天下书院，学署与书香世家，莫不争相购备。"④ 另有论者说："曾国藩刻印《船山遗书》，

---

① 章太炎：《太炎文录续篇》卷二《书曾刻船山遗书后》，转引自《船山全书》第十六册，岳麓书社1996年版，第795—796页。
② 冯友兰：《中国哲学史新编》第六册，《三松堂全集》第十卷，河南人民出版社2001年版，第359页。
③ 熊考核：《人文船山》，天马图书有限公司2002年版，第60页。
④ 许冠三：《王船山致知论》，香港中文大学出版社1981年版，第122页。

在客观上固然发扬了船山的民族精神，主观上恐怕未必没有借此发泄私怨的用意。"①

曾国藩刻印《船山遗书》，是与他对王夫之思想价值的认识密切相关。曾国藩从自己对顾学的重视，对仁、礼的重视来评价王船山，其观点在《船山遗书序》中表述是最全面完整的，他说：

> 昔仲尼好语求仁，而雅言执礼；孟氏亦仁、礼并称。盖圣王所以平物我之情，而息天下之争，内之莫外于仁，外之莫急于礼。……船山先生注《正蒙》数万言，幽以究民物之同原，显以纲维万事，弭世乱于未形，其于古者明体达用、盈科后进之旨，往往近之。……虽其著述太繁，醇驳互见，然固谓博文约礼、命世独立之君子已。②

曾国藩从三个层次来评价王夫之及其学术思想，一是学问，如云："先生殁后……或详考名物、训诂、音韵，正《诗集传》之疏；或修补《三礼》时享之仪，号为卓绝。先生皆已发之于前，与后贤若合符契。"二是人品，不求闻达，深隐，"旷百世不见知而无所悔"。前两点与前一个时期的"高风文学"的评价是相同的。三是指出王夫之能继承孔、孟、宋儒之统，穷究"仁""礼"，因而在日记中也重点对《正蒙注》《礼记章句》等进行明确的评论。他在致潘黻庭的信中也说："来示称王船山先生之学以汉儒为门户，以宋儒为堂奥，诚表微之定论。观其生平指趣，专宗洛、闽，而其考《礼》疏《诗》，辨别名物，乃适与汉学诸大家若合符契。特其自晦过深，名望稍逊顾、黄诸儒耳。"③ 曾国藩欲调和汉、宋，实际上是尊宋，所以也强调

---

① 许山河：《论曾国藩刊印〈船山遗书〉》，《船山学报》1988年增刊。
② （清）曾国藩：《船山遗书序》，《船山全书》第十六册，岳麓书社1996年版，第418页。
③ （清）曾国藩：《致潘黻庭》，《船山全书》第十六册，岳麓书社1996年版，第560页。

王船山"专宗洛、闽",深悟"尽性知命之旨",其功用在"弥世乱"。这就是曾国藩所揭示的王夫之思想之价值。无独有偶,郭嵩焘也持这样的观点,他说:"夫之为明举人,笃守程朱,任道甚勇","卓然一出于正,惟以扶世翼教为心"。① 极力主张王夫之从祀文庙。

二

如果说曾国藩面对内乱而以传统的理论和传统的方法加以平定之,但是随着外侮的日甚一日,传统的理论和方法都显得不堪一击。所以,思变的思潮风起,起先是办洋务,随后就有所谓变法维新的运动的发生。在这一时期,谭嗣同、梁启超对王夫之思想之现代价值的开掘尤引人注意。

谭嗣同,字复生,号壮飞,又号华相众生、东海褰冥氏、通眉生、寥天一阁主等,湖南浏阳人。生于1865年(同治四年),1898年(光绪二十四年)死于戊戌政变。对王船山学术思想的传播和研究来说,谭嗣同在其中起着两方面的作用:一是他自己深喜船山思想,通过认真学习和研究船山思想以及其他思想理论形成自己的思想理论体系;二是通过自己的宣传、影响使船山思想得到更广的传播和更大的影响。

谭嗣同何时在何地开始读王船山的著作,现在很难明确回答。因其时曾刻《船山遗书》已出,谭家为湖南有名的士绅之家,家中藏有《船山遗书》是在情理中的事,由此推知谭嗣同有可能比较早接触《船山遗书》。他在《报刘淞芙书》中说:

> 嗣同少禀昏惰,长益椎鲁,幸承家训,不即顽废。然而家更

---

① (清)郭嵩焘:《请以王夫之从祀文庙疏》,《船山全书》第十六册,岳麓书社1996年版,第582页。

第四章 王夫之"民主""科学"价值观之发现与确定

多难,弱涕坐零。身役四方,车轮无角。虽受读瓣疆大围之门,终暴弃于童蒙无知之日。东游江海,中郎之椽竹常携;西极天山,景宗之饿鸱不释。飞土逐肉,掉鞅从禽。目营浩罕之所屯,志驰伊吾以北。穹天泱漭,矢音敕勒之川;斗酒纵横,抵掌《游侠》之传。戊巳校尉,椎牛相迎;河西少年,擎拳识面。于时方为驰骋不羁之文,讲霸王经世之略。墨醋盾鼻,诡辩澜翻;米聚秦山,奇策纷出。狂瞽不思,言之腾笑。以为遂足以究天人之奥,据上游之势矣。既而薄上京师,请业蔚庐,始识永嘉之浅中弱植,睹横渠之深思果力,闻衡阳王子精义之学,缅乡贤朱先生暗然之致,又有王信余、陈曼秋、贝元徵发为友。[1]

将此处的经历自述与他的《三十自纪》对读可能会弄得更清楚些。《三十自纪》谓,嗣同于同治四年春二月己卯生于京师,光绪元年春随任北通州,犹往京师。三年冬归湖南,取道天津至烟台、上海等地……十五年春、夏两至京师,十九年夏又赴京师。据《上欧阳瓣姜师书序》,谭嗣同10岁就师从欧阳瓣姜。[2] 这个时间与谭嗣同自述光绪三年归湖南的经历有一点出入,相隔二年。从《报刘淞芙书》来看,似乎他是在至京师后才闻衡阳王子精义之学的。所称的"蔚庐"是指同县的刘艮生,即刘人熙,善琴。[3] 他的《三十自纪》中还专门介绍了自己的学习和著述情况,说:"五岁受书,即审四声,能属对。十五学诗,二十学文,今凡有《寥天一阁文》二卷,《莽苍苍斋诗》二卷,《远遗堂集外文初编》一卷,《续编》一卷,《石菊影庐笔识》

---

[1] (清)谭嗣同:《报刘淞芙书》,蔡尚思、方行编《谭嗣同全集》(增订本),中华书局1981年版,第9页。

[2] 参见(清)谭嗣同《上欧阳瓣姜师书序》,蔡尚思、方行编《谭嗣同全集》(增订本),中华书局1981年版,第534页。

[3] 参见(清)谭嗣同《论艺绝句六篇》,蔡尚思、方行编《谭嗣同全集》(增订本),中华书局1981年版,第77页。

二卷,《仲叔四书义》一卷,《谥考前编》二卷,《浏阳谭氏谱》四卷,都十五卷。又《纬学》,翼经也;《史例》,书法也;《谥考正编今编》,名典也;《张子正蒙参两篇补注》,天治也;《王志》,私淑船山也;《浏阳三先生弟子箸录》,欧阳、涂、刘也。"① 欲了解他的学习情况,还要读读他的《论艺绝句六篇》,文云:

> 万古人文会盛时,纷纷门户竟何为。祥鸾威凤兼鸡鹜,一遇承平尽羽仪(经学莫盛于国朝,不知史学、道学、经济、辞章以及金石、小学,无不超越前代。自王船山、黄梨洲诸大儒外,虽纯驳不齐,要各有所至,不可偏废,故尝论学亦今学而已)。
>
> 千年暗室任喧豗,汪(江都汪容甫中)、魏(邵阳魏默深源)、龚(仁和龚定庵自珍)、王(湘潭王壬秋闿运)始是才。万物昭苏天地曙,要凭南岳一声雷(文至唐已少替,宋后几绝。国朝王子,应五百之运,发斯道之光,出其绪余,犹当空绝千古)。
>
> 姜斋微意瓣姜(同县欧阳师)探,王(壬秋)邓(武冈邓弥之辅纶)翩翩靳共骖。更有长沙病齐已(湘潭诗僧寄禅),一时诗思落湖南。
>
> ……
>
> 旧曲新翻太古弦,《云门》高唱蔚庐同县刘师。传……(音律之说,家异人殊,今古苍茫,如堕烟雾。……刘艮生师著《琴旨申邱》,尽启其蕴)②

此处,谭嗣同评论了清朝的文、诗、新乐府、书法、音乐等,除点明了两业师的影响外,更透露了他对船山的崇拜,所谓"万物昭苏

---

① (清)谭嗣同:《三十自纪》,蔡尚思、方行编《谭嗣同全集》(增订本),中华书局1981年版,第55—56页。

② (清)谭嗣同:《论艺绝句六篇》,蔡尚思、方行编《谭嗣同全集》(增订本),中华书局1981年版,第77页。

第四章 王夫之"民主""科学"价值观之发现与确定

天地曙,要凭南岳一声雷"。前所引中有《王志》,谭嗣同自云"私淑船山也"。在《石菊影庐笔·思篇》中说:"迩为学专主船山遗书,辅以广览博取……"①

谭嗣同游踪甚广,也大量阅读了当时翻译的西方书籍,吸收了西方思想,因而常从王夫之思想中挖掘其符合西学之处。他说:"不生不灭有徵乎?曰:弥望皆是也。如向所言化学诸理,穷其学之所至,不过析数原质而使之分,与并数原质而使之合,用其已然而固然者,时其好恶,剂其盈虚,而以号其某物某物,如是而已……王船山之说《易》,谓'一卦有十二爻,半隐半见'。故《大易》不言有无,隐见而已。"② 如果深入研究,那么人们就知道自然科学中的原子、分子的化学反应,是王船山乃至中国古代哲学家绝少涉足的,但谭嗣同却将其与西方的自然科学联系起来。此种研究法在谭嗣同的著述中是比较多的,如他在《仁学》中说:"日新乌乎本?曰:以太之动机而已矣。独不见夫雷乎?虚空洞杳,都无一物,忽有云雨相值,则合两电,两则有正负,正负则有异有同,异则相攻,同则相取……王船山邃于《易》,于有雷之卦,说必加精,明而益微。"③ 除用西方的自然科学道理来比附船山学说,西方的政治学说也被用来研究王船山以及其他古代思想家的思想。他在《上欧阳中鹄十》中说:"更以论国初三大儒,惟船山先生纯是兴民权之微旨;次则黄梨洲《明夷待访录》,亦具此义;顾亭林之学,殆无足观。"且不论王船山有没有"兴民权之微旨",谭嗣同能从这一角度来研究评价,就说明他是以西学的一些观点来研究。这种"兴民权之旨"之说,在《仁学》中还有了进一

---

① (清)谭嗣同:《石菊影庐笔·思篇》,蔡尚思、方行编《谭嗣同全集》(增订本),中华书局1981年版,第138页。

② (清)谭嗣同:《仁学》,蔡尚思、方行编《谭嗣同全集》(增订本),中华书局1981年版,第306—308页。

③ 同上书,第319—320页。

步的阐述。他说:"君统盛而唐、虞后无可观之政矣,孔教亡而三代下无可读之书矣!乃若区玉检于尘编,拾火齐于瓦砾,以冀万一有当于孔教者,则黄梨洲《明夷待访录》其庶几乎!其次,为王船山之遗书。皆于君民之际有隐恫焉。……生民之初,本无所谓君臣,则皆民也。民不能相治,亦不暇治,于是共举一民为君。……君末也,民本也。天下无有因末而累及本者也。岂可因君而累及民哉?夫曰共举之,则且必可共废之。君也者,为民办事者也;臣也者,助办民事者也。赋税之取于民,所以为办民事之资也。如此而事犹不办,事不办而易其人,亦天下之通义也。"①由古代君轻民贵的思想而转换为西方的民主立宪的思想。在诠释西方思想的同时,寻找西方思想的中国渊源。西方思想中国式阐释,古人思想近代阐释。在这种转换中,王夫之思想之现代价值,即重视科学与民主的观念被发掘并加以放大,使其进入现代思想研究的中心位置。这是谭嗣同船山研究的重要意义。

梁启超是中国近代史上重要人物,他经历了维新变法、辛亥革命乃至北洋军阀当政,他一生多变,康有为很早就以"流质易变"相责,他自己也有自知之明,曾多次总结自己的变化,《三十自述》即记载了青少年治帖括、治训诂词章、拜师康有为、读东书四次变化。梁启超治帖括、训诂词章,甚至拜师康有为时期,从现有的资料来看,没有接触过王船山的著作,而他真正了解并对王船山著作感兴趣是在与谭嗣同结交后。他在光绪二十四年所写的《说动》之文中就直接引用谭嗣同之语。文云:"合声、光、热、电、风、云、雨、露、霜、雪摩激鼓宕而成地球,曰动力。……谭嗣同曰:日新乌乎本?曰:以太动机而已矣。王船山邃于《易》者也。于有雷之卦,说必加

---

① (清)谭嗣同:《仁学》,蔡尚思、方行编《谭嗣同全集》(增订本),中华书局1981年版,第338—339页。

精而微至焉……"①

戊戌变法失败之后,梁启超长期流亡海外,主要在日本侨居,这一段时期他读了大量的西方和日本的理论著作,虽不能直接参与国内的政治活动,但通过办报对国内乃至国际大事发表评论提出意见,因而此时期的著述非常丰富。在梁启超此一时期的著作中有三种著述论及王船山的思想理论。一是成于光绪二十八年(1903)的《新史学》。《新史学·论正统》云:"中国史家之谬,未有过于言正统者也。……宋之得天下也不正,推柴氏以为所自受,因而溯之,许朱温以代唐,而五代之名立焉。(以上采王船山说)"②此条至少可以证明梁启超此时阅读并采用王船山的关于历史方面的论述。更加全面地对王船山的研究和评价见于梁启超的另一部著作《论中国学术思想变迁之大势》。梁启超说:

> 船山《读通鉴论》《宋论》《黄书》《噩梦》诸作,痛叹于黄族文弱之病,其伤心如见也。
>
> ……
>
> 船山最崇拜横渠,谓:"其学如皎日丽天,无幽不烛,惜其门人未有殆庶者,又以布衣贞隐之故,当时巨公如文、富、司马,无繇资其羽翼,故其道之行,不逮周、邵。"吾今于船山之学,亦云然矣。《正蒙注》《思问录》两书,本隐之显,原始要终。浏阳谭氏谓五百年来学者,真能通天人之故者,船山一人,非过言也。《读通鉴论》《宋论》两编,史识卓绝千古,其价值至今日乃大显,无俟重赞。抑《黄书》亦《明夷待访》之亚也,其主张国民平等之势力,以裁抑专制,三致意焉。吾昔抄录《读

---

① 梁启超:《说动》,《饮冰室合集》第一册,中华书局1989年版,第38页。
② 梁启超:《新史学》,《饮冰室合集》第一册,中华书局1989年版,第20页。

通鉴论》《宋论》《黄书》中发民权之理者凡三四十条，文繁不备征。黄王之轩轾，吾盖难言之。乾嘉后汉学家之说经，往往有自矜创获而实皆船山诸经稗疏所已言者，故船山亦新学派之一导师也。①

梁启超在此时期对王船山学术思想的研究有以下几点值得注意。一是对王船山学术进行了全面的评价，于史学、经学、考据等都进行了评价。二是对王船山学术思想评价的重点仍在于改良、启蒙方面的作用。文中既云："痛叹于黄族文弱之病，其伤心于见"，"抑《黄书》亦《明夷待访》之亚也，其主张国民平等之势力，以裁抑专制，三致意焉"，又明言曾抄录《读通鉴论》《宋论》《黄书》中发民权之理者凡三四十条，而梁启超成于光绪三十一年（1905）的《德育鉴》之《立志》《存养》篇均抄录有王船山的著述。其抄录的目的，正如梁启超自言："有志之士，欲从事修养以成伟大之人格者，日置座右，可以当一良友。"是为了从事资产阶级改良运动的需要。三是从"时势"，实际上从时代发展的需要来研究王船山，将王氏归类为"新旧学派过渡者"。梁启超说：

> 梁启超曰：呜呼，吾论次中国学术史，见夫明末之可以变为清初，清初之可以变为乾嘉，乾嘉之可以变为今日，而叹时势之影响于人心者正巨且剧也，而又信乎人事与时势迭相左右也。自明中叶，姚江学派披靡天下，一代气节，蔚为史光，理想缤纷，度越前古。顾其敝也，撷拾口头禅，转相奖借，谈空说有，与实际应用益相远，横流恣肆，非直无益于国，而且蔑以自淑。逮晚明刘蕺山证人一派，已几于王学革命矣。及明之既亡，而学风亦

---

① 梁启超：《论中国学术思想变迁之大势》，《饮冰室合集》第一册，中华书局1989年版，第82页。

因以一变。

吾略以时代区分之，则自明永历即清顺治以讫康熙中叶，为近世第一期。于其间承旧学派之终者，得六人，曰孙夏峰、李二曲、陆桴亭、张蒿奄、杨园、吕晚村；为新旧学派之过渡者，得五人，曰顾亭林、黄梨洲、王船山、颜习斋、刘继庄；开新学派之始者，得五人，曰阎百诗、万充宗、季野、胡东樵、王寅旭。自余或传薪，或别起，皆附庸也，不足以当大师，凡为大师十有六人。其为学界蟊贼者得四人，曰徐昆山、汤睢州、毛西河、李安溪。今以次论之……①

四是梁启超开始以西方的科学实验为标准评价王船山。梁启超说："此其三，曰以科学实验为凭借相同也。亭林、梨洲、船山之著作等身，若地理，若历史，若音韵，若律历，皆有其所创见，夫人而知矣。"②

与谭嗣同相较，梁启超对王船山研究的意义，一方面体现在从学术史上揭示王夫之的地位，对王夫之思想意义从学理上进行阐述；另一方面，梁启超又以其在学术界的强大影响而确定王夫之思想和王夫之研究在现代学术史上的地位。

三

谭嗣同、梁启超的王夫之思想研究有其个人因素，亦有着社会因素的推动，正是两人的合力将王夫之思想研究予以光大。如前所论，因为谭嗣同是湖南人，其父与湘军系左宗棠也有联系，其师又深喜船山学说，所以谭嗣同对船山思想的研究与传播自然显示其个

---

① 梁启超：《论中国学术思想变迁之大势》，《饮冰室合集》第一册，中华书局1989年版，第77页。
② 同上书，第81页。

人的特点。谭嗣同在30岁以前比较保守，30岁以后有所变化，尤其是"自交梁启超后，其学一变"，"盛言大同，运动尤烈"。崇拜王船山，谭嗣同前后期都是一样的，但在后期因受梁启超的影响，显然有了新的认识和阐述。梁启超也承认自己"受夏、谭影响亦巨"①。正因为这样，谭嗣同的对王船山思想的崇拜也影响了梁启超和其他维新党人。梁启超在光绪二十八年（1902）作的《论中国学术思想变迁之大势·近世之学术（起明亡以迄今日）》之第一节"永历康熙间"中说："船山最崇拜横渠，谓'其学如皎日丽天，无幽不烛，异其门人未有殆庶者，又以布衣贞隐之故，当时巨公如文、富、司马，无繇资其羽翼，故其道之行，不逮周、邵'。吾今于船山之学，亦云然矣。《正蒙注》《思问录》两书，本隐之显，原始要终。浏阳谭氏谓五百年来学者，真能通天人之故者，船山一人，非过言也。"② 这里虽未明言他受谭嗣同的影响，但言外之意还是比较明显的。他在民国十二年至十三年（1923—1924）所作的《中国近三百年学术史》中就直接说："船山学术，二百多年没有传人，到咸同间，罗罗山泽南像稍为得著一点，后来我的畏友谭壮飞嗣同研究得很深。我读船山书，都是壮飞教我。"③ 梁启超在《儒家哲学》中将船山思想的影响讲得非常清楚，他说："船山在清初湮没不彰，咸同以后，因为刊行遗书，其学渐广，近世曾文正、胡文忠都受他的熏陶，最近的谭嗣同、黄兴，亦都受他影响。清末民初之际，智识阶级没有不知道王船山的人，并且有许多青年作很热烈的研究，亦可谓潜德幽光久而愈昌了。"④ 梁启超、谭嗣同二人是朋

---

① 梁启超：《清代学术概论》，《饮冰室合集》第八册，中华书局1989年版，第61页。
② 梁启超：《论中国学术思想变迁之大势》，《饮冰室合集》第一册，中华书局1989年版，第82页。
③ 梁启超：《中国近三百年学术史》，《饮冰室合集》第十册，中华书局1989年版，第81页。
④ 梁启超：《儒家哲学》，《饮冰室合集》第十二册，中华书局1989年版，第62页。

第四章 王夫之"民主""科学"价值观之发现与确定

友，而且还是倡导变法维新的同志，谭嗣同临死前将自己的书稿交给梁启超，要他保存整理，而梁启超也未辜负谭嗣同的嘱托，致力于谭嗣同的学说、船山思想的研究和传播。

还要强调的是，王夫之思想研究因应中国近现代社会变革的需要才有可能凸显王夫之思想的现代价值。

谭嗣同所处的时代为"风景不殊，山河顿异；城郭犹是，人民复非"，与船山所处的时代有相同之处，因此，他对船山学术思想的学习和利用是与时事紧密相连的。如他说："然今之世变，视衡阳王子所处，不无少异，则学必征诸实事，以期可起行而无窒碍，若徒著立说，搬弄昌平阙里之大门面，而不右施行于今，则何贵有此学耶？闻曾发变法之论，伏望先小试于一县，邀集绅士讲明今日之时势与救败之道，设立算学格致馆，招集聪颖子弟肄业其中。此日之衔石填海，他日未必不收人材蔚起之效，上下可以辅翼朝廷，次之亦足供河西、吴越之用。即令付诸衡阳王子《噩梦》，而万无可为之时，斯益有一息尚存之责。纵然春蚕到死，犹复捣麝成鹿。谚曰：'巧妇不能做无米之炊。'"① 正因为他认为自己所处之时代与王夫之所处之时代有相同的地方，所以特别学习王夫之的学以致用，要"变法"，要明"救败"之道。他认为船山在评史时也注重实用，他说："王船山尝恨两汉史官昧于政体，时承大乱之后，归降动至百数十万人，其用兵之数，当不止此，皆不农不末，无业游民也，一旦归休，如何劳来，还定安集之，又操何术，使有执业，足自给而不为乱，当时至大至艰之事，宁有过于此者？而史官一字不及，真可谓无识焉耳。"② 甚至引用王船山观点批驳反对变法维新者。他说："来语：'将讲洋务之术尚未

---

① （清）谭嗣同：《报贝元徵》，蔡尚思、方行编《谭嗣同全集》（增订本），中华书局1981年版，第227页。
② （清）谭嗣同：《仁学》，蔡尚思、方行编《谭嗣同全集》（增订本），中华书局1981年版，第366页。

精，必变法以图治欤？抑中国圣人之道固有未可尽弃者欤？'衡阳王子申其义曰：'道者器之道，器者不可谓之道之器也。无其道则无其器……'器既变，道安得独不变？变而仍为器，则天下之为器亦大矣。器既变，道安得独不变？变而仍为器，亦仍不离乎道，人自不能弃器，又何以弃道哉？"①

在变法改良的政治活动中，梁启超常常以船山或船山之说为思想武器加以运用。如他在光绪二十二年所写的《变法通议》中说："故今日欲储人才，必以通习六经经世之义、历代掌故之迹，知其所以然之故，而参合之于西政，以求致用者为第一等，求之古人，则有若汉之长沙、子政、武侯，秦之景略，后周之王朴，宋之荆公、夹漈、永嘉，元之贵与，明之姚江，国朝之船山、梨洲、亭林、默深，庶几近之……"②他又在清光绪二十三年（1897）《南学会叙》中说："湖南天下之中而人才之渊薮也。其学者有畏斋、船山之遗风；其任侠尚气与日本萨摩、长门藩士相仿佛；其乡先辈若魏默深、郭筠仙、曾劼刚诸先生，为中土言西学才所自出焉。两岁以来，官与绅一气，士与民一心，百废俱举，异于他日，其可以强天下而保中国者，莫湘人若也。"③梁启超此种言论表明他是湖湘文化的首倡者。梁启超在光绪二十四年（1898）撰《读春秋界说》，直接指称王船山等人也行过改制之事来证明改良古已有据。④关于这一点，专门研究中国古代思想如何过渡到现代的美国学者张灏有比较深的认识，他说："如果梁与严的友谊主要是思想上的，那么他与谭嗣同的关系则是亲密的，既基于相同的思想兴趣，也基于相同的政治观点。……梁后来认为，和《长

---

① （清）谭嗣同：《报贝元征》，蔡尚思、方行编《谭嗣同全集》，岳麓书社2012年版，第208—209页。
② 梁启超：《变法通议》，《饮冰室合集》第一册，中华书局1989年版，第63页。
③ 梁启超：《南学会叙》，《饮冰室合集》第一册，中华书局1989年版，第66页。
④ 参见梁启超《读春秋界说》，《饮冰室合集》第一册，中华书局1989年版，第15页。

兴学记》一样，《仁学》在他的思想形成中是最有影响著作之一。"①张灏还说："在讨论1898年前两年中梁的思想演变时，必须记住，梁的思想经过康有为这一中介，成了晚清'经世'传统的转折点。……梁启超在《读春秋界说》中坚持认为《春秋》在儒家经典中最重要，指出'春秋为孔子改定制度以教万世之书'，还说'经世'不只是一种古代的理想，而且还在中国历史上形成了一个悠久的思想传统。他将黄宗羲、王夫之和冯桂芬视为试图通过改制实现儒家经世理想的杰出的儒家学者。"② 这一时期，准确地说，从改良的需要出发，梁启超吸取的是王船山等人的经世传统和用于支持改制的理论工具。而于新思想"民权"及"种族革命"也有所吸收。梁启超在光绪二十四年所写的文章《论湖南应办之事》中明确提出"今之策中国者，必曰兴民权"③。日后在不同的著述和演讲中都多次提及当时亦倡"民权""种族""革命"等。梁启超在民国元年所做的《初归国演说辞·鄙人对于言论界之过去及将来》之演说中说："盖当时吾之所以与诸生语者，非徒心醉民权，抑且于种族之感言之未尝有讳也。"④ 梁氏在《辛亥革命之意义与十年双十节之乐观》中论辛亥革命的意义时说："第一觉得凡不是中国人都没有权来管中国的事。第二觉得凡是中国人都有权来管中国的事。第一件叫作民族精神的自觉。第二件叫作民主精神的自觉。这两种精神原是中国人所固有。……所以晚明遗老像顾亭林、黄梨洲、王船山、张苍水这一班人，把一种极深刻的民族观

---

① ［美］张灏：《梁启超与中国思想的过渡（1897—1907）》，崔志海、葛夫平译，江苏人民出版社1993年版，第46页。
② 同上。
③ 梁启超：《论湖南应办之事》，《饮冰室合集》第一册，中华书局1989年版，第40页。
④ 梁启超：《鄙人对于言论界之过去及将来》，《饮冰室合集》第四册，中华书局1989年版，第2页。

念，传给后辈。二百年来未曾断绝。"① 由此可知，梁启超此时主要看重王船山的政治思想。

谭嗣同、梁启超二人对于现代船山学的贡献就是他们发掘了王夫之思想的现代价值，确定了王夫之研究的基调。

由前所论，我们知道，谭嗣同、梁启超的王船山研究注意揭示王夫之思想中科学与民主思想。众所周知，科学与民主思想的高扬正是五四新文化运动的主题，也是20世纪中国学术思想的主流价值观。从这一点说，谭嗣同、梁启超的船山研究正是确定了此后船山研究的基调。

对于谭嗣同、梁启超的船山研究，在当代学界有一种观点认为谭、梁二人的船山研究中有对船山思想的误读。从宏观角度来看，任何历史研究都不可能是百分之百的还原，都有一定的研究者的主观成分在内，谭嗣同、梁启超也不会例外。但要强调的是，他们不是有意打扮他们的研究对象，而是有其内在的逻辑。谭嗣同喜言科学思想，一时兴起。谭嗣同自己对西方科学知识有比较广的了解，如他说："西人分舆地为文、质、政三家。……故西学子目虽繁，而要皆从舆地入门。不明文家之理，即不能通天算、历法、气学、电学、水学、火学、光学、声学、航海绘图、动重、静重诸学；不明质家之理，即不能通化学、矿学、形学、金石学、动植物诸学；不明政家之理，即不能通政学、史学、文学、兵学、法律学、商学、农学、使务、界务、税务、制造诸学。"② 他自己对算学、对格致学都做过探讨。谭嗣同还认为中国有一个科学传统。他说："三代学者，亦皆有所专习，切近而平实。自秦变去古法，学术亦与之俱变，渐无复所谓实学，而

---

① 梁启超：《辛亥革命之意义与十年双十节之乐观》，《饮冰室合集》第四册，中华书局1989年版，第2—3页。
② （清）谭嗣同：《报贝元徵》，蔡尚思、方行编《谭嗣同全集》，岳麓书社2012年版，第233页。

第四章 王夫之"民主""科学"价值观之发现与确定

今滋甚。即如算学为中国最实之学，中国往往以虚妄乱之……格致之理，杂见周、秦诸子……"① 这里说中国自古有所谓"实学"，这种"实学"指的就是科学。谭嗣同这种说法并没有错，谁也不能否认中国古代有科学，因此英国李约瑟作了一部巨著《中国科学史》。既然中国自古有科学，王夫之有科学思想就完全符合逻辑的。正因为谭嗣重视科学，有时候对王夫之亦有所批判。他说："嗣同夙愤末世之诬妄，惑于神怪杂谶，使民矍矍乎事业，坐为异邦隶役，读衡阳王子辟五行卦气诸说，慨焉慕之。独怪乎《河图》《洛书》《太极图》等，何复津津乐道。"② 提倡科学，反对迷信，是谭嗣同鲜明的主张，他崇敬王夫之，也崇敬王夫之的科学思想。

谭嗣同对民主思想的认识亦是如此。首先他认为民主思想是古亦有之。他说："即如君臣一伦，人人知其有，不待言矣。而有所谓民主者，尤为大公至正，彬彬唐、虞揖让之风，视中国秦以后尊君卑臣，以隔绝不通气为握固之愚计，相去奚止霄壤。"③ 关于这一问题，他在《仁学》中阐述得更为清楚。他说："孔学衍为两大支：一为曾子传子思而至孟子，孟故畅宣民主之理，以竟孔之志；一由子夏传田子方而至庄子，庄故痛诋君主，自尧、舜以上，莫或免焉。"④ 对民主的肯定，还否定伦常。他说："方孔之初立教，黜古学，改今制，废君统，倡民主，变不平等为平等，亦汲汲然动矣。岂谓为荀学者，乃尽亡其精意，而泥其粗迹，反授君主以莫大无限之权，使得挟一孔教以制天下！彼为荀学者，必以伦常二字，诬为孔教之精诣，不悟其为

---

① （清）谭嗣同：《报贝元徵》，蔡尚思、方行编《谭嗣同全集》，岳麓书社 2012 年版，第 231—232 页。
② （清）谭嗣同：《思纬壹 台短书·叙》，蔡尚思、方行编《谭嗣同全集》，岳麓书社 2012 年版，第 207 页。
③ 同上书，第 210 页。
④ （清）谭嗣同：《仁学》，蔡尚思、方行编《谭嗣同全集》，岳麓书社 2012 年版，第 357 页。

据乱世之法也。且即以据乱之世而论,言伦常而不临之以天,已为偏而不全,其积重之弊,将不可计矣;况又妄益之以三纲,明创不平等之法,轩轾凿枘,以苦父天母地之人。无惑乎西人辄诋中国君权太重,父权太重,而亟劝其称天以挽救之,至目孔教为偏畸不行之教也。由是二千年来君臣一伦,尤为黑暗否塞,无复人理,沿及今兹,方愈剧矣。"[1] 对伦常,对三纲都进行抨击,甚至提出要"别开一种冲决网罗之学"[2],这已经是五四运动的号角。由此看来,谭嗣同认为王夫之倡"民权"完全不奇怪了。

或许谭、梁的船山研究意义不仅仅在于他们揭橥了王夫之思想中有所谓科学、民主思想,更在于他们将王夫之思想与中国人的救国、强国理想紧紧相连的示范,因而使王夫之思想研究总是与中国近现代的变革运动有着必然联系。

综上所述,王夫之思想中关于科学、民主等现代价值的揭示与确定,是有其特殊原因的:或因是同乡之人,或因是同志关系,但不可否认的是,在中国近现代的社会发展中,王夫之著作的出版与传播恰逢其会,成了改良、启蒙的重要思想武器,因谭、梁的传播而影响日大。

---

[1] (清)谭嗣同:《仁学》,蔡尚思、方行编《谭嗣同全集》,岳麓书社2012年版,第359页。

[2] (清)谭嗣同:《至唐才常》,蔡尚思、方行编《谭嗣同全集》,岳麓书社2012年版,第573页。

第五章 "民本"思想、"群众路线"与价值观

　　价值观的内涵是什么呢？价值观是一种处理事情判断对错、做选择时取舍的标准，价值观也可以说是一种深藏于内心的准绳，在面临抉择时的一项依据。价值观会指引一个人去从事某些行为。例如，某人若有"诚信"的价值观，会使某人坦承面对困境及对别人说明事情的真相，提升别人对他的信任度。某人若有"纪律"的价值观，会使某人依规定行事，产生执行力。若某人有"关怀"的价值观，会使某人关心别人，了解别人的困境，让别人有同情心。不同的价值观会产生不同的行为模式，进而产生不同的社会文化。具有强烈的"自我"的价值观的人，会使人形成"自我中心"。中国共产党提出的群众路线与价值观有什么关系呢？中国古代对于群众路线有些什么论述？又是怎样认识的呢？中国共产党提出的群众路线与中国古代的民本思想有什么关系呢？这些问题值得我们认真研究。

　　在探讨中国共产党的"群众路线"之前，我们有必要了解中国古代对于民众的认识。首先我们先了解几个与民众相关的名词：群众、人民、民、百姓、黎民。"群众"一词，意指居民的大多数。《荀子·

劝学》云:"群众不能移也。"① 《史记·礼书》云:"太史公曰:洋洋美德乎! 宰制万物,役使群众,岂人办也哉?"② "人民"意指人生。《管子·七法》云:"人民鸟兽草木之生物。"③ 也指平民、庶民、百姓,《周礼》称大司徒为:"掌建邦之生地之图与其人民之数,以佐王安抚邦国。"④《诗·大雅·抑》云:"质尔人民,谨尔侯度,用戒不虞。"⑤《水浒传》第二回云:"府尹把高俅断了二十脊杖,迭配出界发放。东京城里人民不许容他在家宿食。"⑥ 明代冯梦龙《东周列国志》第五十五回云:"庄王搜得身边文书,看毕谓曰:'如此,则宋人绝望,必然出降,省得两国人民屠戮之惨。'"⑦ "民"这一字从尸从氏。《说文》云:"民,众萌也。从古文之象。"⑧《广雅》云:"民,氓也。"⑨ 土著者曰民,外来者曰氓。《穀梁传·成公元年》云:"古者有四民:有士民,有商民,有农民,有工民。"⑩《左传·桓公六年》云:"夫民神之主也。""百姓"一词有二义。一义是对贵族的统称。《书·尧典》云:"平章百姓,百姓昭明。"孔传:"百姓百官。"郑注:"百姓,群臣之父子兄弟。"⑪《诗经·雅·天保》云:"群黎百姓。"郑玄笺:"百姓,百官族姓也。"⑫ 泛指众人,但其义仍不指普通平民。《论语·颜渊》云:"对曰:'百姓足,君孰与不足? 百姓不足,君孰与足?'"⑬ 另一义指普通平民。宋人孔平仲《孔氏谈苑·元

---

① (清)王先谦:《荀子集解》,《诸子集成》第二册,中华书局2006年版,第11页。
② (汉)司马迁:《史记》卷二十三《礼书》,中华书局1959年版,第1157页。
③ (清)戴望:《管子校正》,《诸子集成》第五册,中华书局2006年版,第28页。
④ 《周礼·仪礼·礼记》,岳麓书社1989年版,第27页。
⑤ 《诗经》,三秦出版社1996年版,第305页。
⑥ 《水浒传》,中华书局1997年版,第12页。
⑦ 《东周列国志》(下),北京燕山出版社1995年版,第475页。
⑧ 《说文解字》,中华书局1998年版,第265页。
⑨ (清)王念孙:《广雅疏证》,中华书局1983年版,第156页。
⑩ 傅隶朴:《春秋三传比义》中册,中国友谊出版公司1984年版,第255页。
⑪ 《十三经注疏》(一),中华书局2009年版,第250页。
⑫ 同上书,第881页。
⑬ (宋)朱熹:《四书章句集注》,中华书局1983年版,第135页。

第五章 "民本"思想、"群众路线"与价值观

旦占候》云:"又云:'芒种雨,百姓苦。'盖芒种须晴明也。"① 张养浩《山坡羊·潼关怀古》云:"兴,百姓苦;亡,百姓苦。"②"黎民":黎,古通"黧",黑色,又指古国名;民,民众,百姓。《书·尧典》云:"黎民于变时雍。"孔传:"黎,众。"③《尔雅》:"黎,众也。"《孟子·梁惠王上》:"黎民不饥不寒,然而不王者,未之有也。"④

以上都是与"群众"一词相近的词语,在古人的论述中经常会用到。纵览古代关于群众的论述可以分为三个阶段:一是春秋时期关于"民"的论述;二是战国以及后代的"民本"思想;三是明清之际的"民本"思想。在《左传》中我们可以找到关于"民"重要性的论述;《左传》桓公六年记季梁所说:"夫民,神之主也。是以圣王先成民而后致力于神。"⑤ 当时人们还认为只听于神而不听于民将导致亡国。《左传》庄公三十二年记载有神降于莘,虢公使祝应、宗区、史嚚享之,而史嚚竟说:"虢其亡乎!吾闻之,国将兴,听于民;将亡,听于神……"⑥ 此处虽然强调了"民"的重要性,但着眼点是在人与神的区别上:听人的或者说关注人事远比听神的重要。基于此,孔子提出了"敬鬼神而远之"⑦,"未能事人,焉能事鬼"⑧。虽然关于孔子的"民可使由之,不可使知之"之语存在一些争论,但是此时的孔子肯定是将民置于比较从属的地位,是"教"的对象。

关于群众作用论述的第二个阶段是以孟子之言为代表。在《孟

---

① 《孔氏谈苑》,《四库全书》本。
② 《全元曲》下,中州古籍出版社1996年版,第2613页。
③ 《十三经注疏》(一),中华书局2009年版,第250页。
④ (宋)朱熹:《四书章句集注》,中华书局1983年版,第204页。
⑤ 杨伯峻:《春秋左传注》(修订本)(一),中华书局1990年第2版,第111页。
⑥ 同上书,第252页。
⑦ 程树德:《论语集释·雍也》,中华书局1990年版。
⑧ 程树德:《论语集释·先进》,中华书局1990年版。

子》一书关于"民"的论述是非常多的。《孟子·梁惠王上》云：

曰："不违农时，谷不可胜食也；数罟不入洿池，鱼鳖不可胜食也；斧斤以时入山林，材木不可胜用也。谷与鱼鳖不可胜食，林木不可胜用，是使民养生丧死无憾也。养生丧死无憾，王道之始也。五亩之宅，树之以桑，五十者可以衣帛矣。鸡豚狗彘之畜，无失其时，七十者可以食肉矣。百亩之田，勿夺其时，数口之家可以无饥矣。谨庠序之教，申之以孝悌之养，斑白者不负戴于道路矣。七十者衣帛食肉，黎民不饥不寒，然而不王者，未之有也。狗彘食人食而不知检，涂有饿莩而不知发。人死，则曰：'非我也，岁也。'是何异于刺人而杀之，曰：'非我也，兵也。'王无罪岁，斯天下之民至焉。"①

《孟子·梁惠王上》又云：

曰："庖有肥肉，厩有肥马，民有饥色，野有饿莩。此率兽而食人也！兽相食，且人恶之；为民父母，行政不免于率兽而食人，恶在其为民父母也？"②

《孟子·梁惠王下》又云：

齐宣王问曰："汤放桀，武王伐纣，有诸？"孟子对曰："于传有之。"曰："臣弑其君，可乎？"曰："贼仁者谓之贼，贼义者谓之残，残贼之人，谓之一夫。闻诛一夫纣矣，未闻弑君也。"③

---

① （宋）朱熹：《四书章句集注》，中华书局1983年版，第203—204页。
② 同上书，第205页。
③ 同上书，第221页。

第五章 "民本"思想、"群众路线"与价值观

《孟子·离娄上》云：

> 孟子曰："桀纣之失天下也，失其民也；失其民者，失其心也。得天下有道：得其民，斯得天下矣；得其民有道：得其心，斯得民矣；得心有道：所欲与之聚之，所恶勿施尔也。民之归仁也，犹水之就下、兽之走圹也。故为渊驱鱼者，獭也；为丛驱爵者，鹯也；为汤武驱民者，桀与纣也。"①

《孟子·尽心下》云：

> 孟子曰："民为贵，社稷次之，君为轻。是故得乎丘民而为天子，得乎天子为诸侯，得乎诸侯为大夫。诸侯危社稷，则变置。牺牲既成，粢盛既洁，祭祀以时，然而旱干水溢，则变置社稷。"②

上所引第一、第二则是说关注民生就会得天下，否则就会得到谴责。第三则是说君如果贼仁贼义将会被诛。第四则指出"得其民，斯得天下矣"。第五则提出："民为贵，社稷次之，君为轻。"由此可见，孟子系统地提出了"民本"思想亦即"重民"的价值观。这种观念被后代许多有识的当政者所沿用。如在《贞观政要》中载有李世民在魏徵的引导下认识到"君为舟，民为水，水可载舟，亦可覆舟"的道理。有人说这是袭用荀子的观点。《荀子·哀公》云：

> 鲁哀公问于孔子曰："寡人生于深宫之中，长于妇人之手，寡人未尝知哀也，未尝知忧也，未尝知劳也，未尝知惧也，未尝知危也。"孔子曰："君之所问，圣君之问也，丘、小人也，何足

---

① （宋）朱熹：《四书章句集注》，中华书局1983年版，第280—281页。
② 同上书，第367页。

以知之？"曰："非吾子无所闻之也。"孔子曰："君入庙门而右，登自阼阶，仰视榱栋，俯见几筵，其器存，其人亡，君以此思哀，则哀将焉而不至矣。君昧爽而栉冠，平明而听朝，一物不应，乱之端也，君以此思忧，则忧将焉而不至矣。君平明而听朝，日昃而退，诸侯之子孙必有在君之末庭者，君以思劳，则劳将焉而不至矣。君出鲁之四门，以望鲁四郊亡国之虚则必有数盖焉，君以此思惧，则惧将焉而不至矣。且丘闻之，君者舟也，庶人者水也，水则载舟，水则覆舟，君以此思危，则危将焉而不至矣。"①

论其本质，与孟子所言无大异，说是孟子一系"民本"思想的发展亦未尝不可。

明清之际，是中国古代"民本"思想发展的重要阶段，甚至有人称这个时代为中国的启蒙时代。这一时期的代表人物有所谓明末清初三大启蒙思想家：顾炎武、黄宗羲、王夫之。黄宗羲在其名著《明夷待访录·原君》中云：

有生之初，人各自私也，人各自利也；天下有公利而莫或兴之，有公害而莫或除之。有人者出，不以一己之利为利，而使天下受其利，不以一己之害为害，而使天下释其害；此其人之勤劳必千万于天下之人。夫以千万倍之勤劳而己又不享其利，必非天下之人情所欲居也。故古之人君，去之而不欲入者，许由、务光是也，入而又去之者，尧、舜是也；初不欲入而不得去者，禹是也。岂古之人有所异哉？好逸恶劳，亦犹夫人之情也。

后之为人君者不然。以为天下利害之权皆出于我，我以天下

---

① （清）王先谦：《荀子集解》，《诸子集成》第二册，中华书局2006年版，第356—357页。

第五章 "民本"思想、"群众路线"与价值观

之利尽归于己，以天下之害尽归于人，亦无不可；使天下之人不敢自私，不敢自利，以我之大私为天下之大公。始而惭焉，久而安焉，视天下为莫大之产业，传之子孙，受享无穷；汉高帝所谓"某业所就，孰与仲多"者，其逐利之情不觉溢之于辞矣。此无他，古者以天下为主，君为客，凡君之所毕世而经营者，为天下也。今也以君为主，天下为客，凡天下之无地而得安宁者，为君也。是以其未得之也，荼毒天下之肝脑，离散天下之子女，以博我一人之产业，曾不惨然。曰："我固为子孙创业也。"其既得之也，敲剥天下之骨髓，离散天下之子女，以奉我一人之淫乐，视为当然。曰："此我产业之花息也。"然则为天下之大害者，君而已矣。向使无君，人各得自私也，人各得自利也。呜呼！岂设君之道固如是乎？

古者天下之人爱戴其君，比之如父，拟之如天，诚不为过也。今也天下之人怨恶其君，视之如寇仇，名之为独夫，固其所也。而小儒规规焉以君臣之义无所逃于天地之间，至桀、纣之暴，犹谓汤、武不当诛之，而妄传伯夷、叔齐无稽之事，乃兆人万姓崩溃之血肉，曾不异夫腐鼠。岂天地之大，于兆人万姓之中，独私其一人一姓乎！是故武王圣人也，孟子之言圣人之言也；后世之君，欲以如父如天之空名禁人之窥伺者，皆不便于其言，至废孟子而不立，非导源于小儒乎！

虽然，使后之为君者果能保此产业，传之无穷，亦无怪乎其私之也。既以产业视之，人之欲得产业，谁不如我摄缄縢，固扃鐍，一人之智力不能胜天下欲得之者之众，远者数世，近者及身，其血肉之崩溃在其子孙矣。昔人愿世世无生帝王家，而毅宗之语公主，亦曰："若何为生我家！"痛哉斯言！回思创业时，其欲得天下之心，有不废然摧沮者乎！是故明乎为君之职分，则

唐、虞之世，人人能让，许由、务光非绝尘也；不明乎为君之职分，则市井之间，人人可欲，许由、务光所以旷后世而不闻也。然君之职分难明，以俄顷淫乐不易无穷之悲，虽愚者亦明之矣。①

此文首先论述了君主是如何产生的：君主是为兴公利、除公害而产生的，其次论述了后世君主以天下为私产成了天下之大害。这种观点在王夫之的著作中同样可见。王船山说："以在上之仁而言之，则一姓之兴亡，私也，而生民之生死，公也。"②"生民之生死"是"公"亦即"通义"。王船山又说："天下者，非一姓之私也，兴亡之修短有恒数，苟易姓而无原野流血之惨，则轻授他人而民不病。魏之授晋，上虽逆而下固安，无乃不可乎！"③相对于一时之义来说，魏之授晋是为"逆"，但"民不病""无乃不可乎"。为此，王船山甚至指责帝王以仁义为桎梏天下之具，说："限也者，均也；均也者，公也。天子无大公之德以立于人上，独灭裂小民而使之公，是仁义中正为帝王桎梏天下之具，而躬行藏恕为迂远之过计矣。"④从黄宗羲《原君》一文来看，他的思想是直接来源于孟子，但是相对孟子的原始"民本"思想而言，黄宗羲、王夫之的"民本"思想已有了很大的发展，那就是在"民贵君轻"基本含义之上君主为"兴利除害"而设。正因为这样，谭嗣同在《上欧阳中鹄》十中说："更以论国初三大儒，惟船山先生纯是兴民权之微旨；次则黄梨洲《明夷待访录》，亦具此义；顾亭林之学，殆无足观。"⑤

至于"群众路线"这一共产党人的价值观，不能简单地说是中国古代"民本"观念的自然发展，但也不能否认，作为中国古代思想遗

---

① （清）黄宗羲：《明夷待访录》，中华书局1981年版，第1—3页。
② （清）王夫之：《读通鉴论》，《船山全书》第十册，岳麓书社1996年版，第669页。
③ 同上书，第416页。
④ 同上书，第194页。
⑤ （清）王夫之：《船山全书》第十六册，岳麓书社1996年版，第724页。

产，它对"群众路线"观念产生过应有的影响。如果说西方在很长的一段时期内为摆脱神的影响而艰难努力，中国却有着重视人、重视民的悠久传统，为中国特色的"群众路线"价值观形成提供有力的支撑。

"群众路线"应该说在中国共产党诞生之日起就已产生，因为中国共产党是受马克思主义、列宁主义影响而产生的政党，在马克思主义理论中就强调了共产党要为无产阶级服务，要为全人类的解放服务，也就是说中国共产党的立党宗旨就决定群众路线在中国共产党建党理论中占有重要位置。然而，早期的中国共产党对群众路线的认识并不十分深刻。只有通过革命斗争及血与火的锻炼，只有通过一个又一个挫折的考验，只有通过不断的总结，群众路线才成为中国共产党人取得胜利的法宝，才成为中国共产党人的价值观之一。

群众路线这一价值观的形成，毛泽东同志在其中做出了重要的贡献。早在第一次国内革命战争时期，毛泽东同志通过大量的调查，写出了《湖南农民运动考察报告》，肯定了农民运动的重要性，农民群众的重要性。还通过广泛而深入的调查，毛泽东同志对中国各社会阶级进行了分析，明确了谁是中国共产党的敌人，谁是中国共产党的朋友，最广大的人民群众又指的是谁。在抗日战争时期，毛泽东同志在《论联合政府》中说：

> 应该使每个同志明了，共产党人的一切言论行动，必须以合乎最广大人民群众的最大利益，为最广大人民群众所拥护为最高标准。①

这就明确指出最广大人民群众所拥护为最高标准，也就是说群众

---

① 《论群众路线——重要论述摘编》，党建读物出版社、中央文献出版社2013年版，第29页。

路线铁定成了中国共产党人的价值观。

群众路线是中国共产党人的价值观之一,这在中国共产党第一代领导集体中形成了广泛的共识。邓小平同志有关这一方面的论述是典型代表。邓小平同志在《当前西南工作的五个问题》中说:

> 我们所做的一切事情,都必须符合人民的利益,对于损害人民群众利益的事情就应该加以反对,加以纠正;对于人民群众的困难就必须毫不犹豫地采取办法,有步骤、有方法地加以解决。①

这是邓小平同志在新中国成立初期,其岗位还在中共西南局第一书记的位置上时所讲的话。后来,邓小平同志进入中国共产党中央工作,担任总书记,他在《关于修改党的章程的报告》中说:

> 共产党——这是工人阶级和劳动人民中先进分子的集合体,它对于人民群众的伟大的领导作用,是不容置疑的。但是,它之所以成为先进部队,它之所以能够领导人民群众,正因为,而且仅仅因为,它是人民群众的全心全意的服务者,它反映人民群众的利益和意志,并且努力帮助人民群众组织起来,为自己的利益和意志而斗争。确认这个关于党的观念,就是确认党没有超乎人民群众之上的权力,就是确认党没有向人民群众实行恩赐、包办、强迫命令的权力,就是确认党没有在人民群众头上称王称霸的权力。②

由于邓小平同志长期在中央领导岗位上工作,因此关于这方面的论述就特别多。邓小平同志在《马列主义要与中国的实际情况相结

---

① 《论群众路线——重要论述摘编》,党建读物出版社、中央文献出版社2013年版,第43页。

② 同上书,第44页。

合》中说：

> 中国共产党党员的含意或任务，如果用概括的语言来说，只有两句话：全心全意为人民服务，一切以人民利益作为每一个党员的最高准绳。①

"一切以人民利益作为每一个党员的最高准绳"，更为明确地指出以群众路线作为价值观的重要性。或许时间长了，有些人对什么叫群众路线有所淡忘，或者说只是表现在口头上而不是在行动上，因而邓小平在《提倡深入细致的工作》中说：

> 党的正确的路线、政策是从群众中来的，是反映群众的要求的，是合乎群众的实际的，是实事求是的，是能够为群众所接受、能够动员起群众的，同时又是过来领导群众的，这就叫群众路线。②

邓小平在《贯彻调整方针，保证安定团结》中又说：

> 群众是我们力量的源泉，群众路线和群众观点是我们的传家宝。党的组织、党员和党的干部，必须同群众打成一片，绝对不能同群众相对立。如果哪个党组织脱离群众而不能坚决改正，那就丧失了力量的源泉，就一定失败，就会被人民抛弃。全党同志，各级干部，特别是领导干部，必须经常记住这一点，经常用这个标准检查自己的一切言行。③

---

① 《论群众路线——重要论述摘编》，党建读物出版社、中央文献出版社2013年版，第47页。
② 同上书，第49页。
③ 同上书，第60页。

中国共产党第三代领导集体,继承了群众路线这一重要价值观,并在新的实践中加以丰富。江泽民同志在《以人民群众为本》中说:

> 各级干部一定要牢记,联系群众,宣传群众,组织群众,团结群众为实现自己的利益而奋斗,这是我们党的根本力量和优势所在,也是我们各项工作的取胜之道。①

"根本力量和优势所在",不正是价值衡量的标准吗?随着工作经验的丰富和认识的深入,江泽民同志提出了群众路线这一价值观的更通俗和更清晰的表述,他在《深入进行群众观点和群众路线的教育》中说:

> 我们想事情,做工作,想得对不对,做得好不好,要有一个根本的衡量尺度,这就是人民拥护不拥护,人民赞成不赞成,人民高兴不高兴,人民答应不答应。②

"一个根本的衡量尺度",不是价值观又是什么呢?概括得更简明而通俗,那就是:人民拥护不拥护,人民赞成不赞成,人民高兴不高兴,人民答应不答应。这样的论述,江泽民同志在不同的场合、不同的会议上反复强调。江泽民同志在《高中级干部要意识到肩负的重大历史责任》中说:

> 政治问题,从根本上说,就是对人民群众的态度问题和同人民群众的关系问题。中央反复强调领导干部要保持清醒头脑,其中一个基本要求,就是要时刻摆正自己同人民群众的位置,时刻

---

① 《论群众路线——重要论述摘编》,党建读物出版社、中央文献出版社2013年版,第69页。
② 同上书,第74页。

第五章 "民本"思想、"群众路线"与价值观

牢记为人民服务的宗旨，时刻警惕脱离群众的倾向。①

江泽民在《全面建设小康社会，开创中国特色社会主义事业新局面》中又说：

> 我们党的最大政治优势是密切联系群众，党执政后的最大危险是脱离群众。在任何时候任何情况下，都必须坚持党的群众路线，坚持全心全意为人民服务的宗旨，把实现人民群众的利益作为一切工作的出发点和归宿。②

胡锦涛同志结合中国共产党是执政党这一情况，将群众路线融进了"立党为公，执政为民"的理念，并形成了"权为民所用""情为民所系""利为民所谋"的价值观。这实际上是群众路线在价值观这一理论表述中的进一步深化。胡锦涛同志在《在新进中央委员会的委员、候补委员学习"三个代表"重要思想和贯彻十六大精神研讨班结业时的讲话》中说：

> 必须使立党为公、执政为民深深扎根在全党同志特别是领导干部的思想中，全面落实在全党同志特别是领导干部的行动上。关键是要坚持做到权为民所用、情为民所系、利为民所谋。做到权为民所用，就必须正确看待和运用手中的权力，始终以党和人民的事业为重，为人民掌好权、用好权，用人民赋予的权力服务于人民、造福于人民，绝不以权谋私。做到情为民所系，就必须坚持与人民群众心连心，始终把人民群众的安危冷暖挂在心上，倾听群众呼声，关心群众疾苦，切实帮助群众解决实际困难，绝

---

① 《论群众路线——重要论述摘编》，党建读物出版社、中央文献出版社2013年版，第77页。

② 同上书，第91页。

不脱离群众。利为民所谋，就必须时刻把群众利益放在首位，始终把维护好、实现好、发展好最广大人民的根本利益作为全部工作的出发点和落脚点，坚持一切为了群众、一切依靠群众，立志为人民做实事、做好事，绝不与民争利。①

无论用权、情感取向、利益导向均指向"民"，即群众，这不是以群众路线为衡量工作成败的标准，又是什么呢？关于这一点，胡锦涛同志在《第十七届中央纪律检查委员会第二次全体会议上的讲话》中说：

> 群众利益无小事，是因为全心全意为人民服务是我们党的根本宗旨，人民群众也往往是从党和政府如何对待他们的切身利益来判断党和政府工作的、来决定他们对党和政府的态度的。②

胡锦涛同志还将群众路线与科学发展观相联系，使群众路线有了新的拓展。胡锦涛同志在《在全党深入学习实践科学发展观活动动员大会暨省部级主要领导干部专题研讨班上的讲话》中说：

> 人民群众是推动科学发展的主体。科学发展取得了多大的成效、是否真正实现了，人民群众感受最真切、判断最准确。推动科学发展，必须紧紧依靠人民群众，做到谋划发展思路向人民群众问计，查找发展中问题听人民群众意见，改进发展措施向人民群众请教，落实发展任务靠人民群众努力，衡量发展成效由人民群众评判。③

---

① 《论群众路线——重要论述摘编》，党建读物出版社、中央文献出版社2013年版，第92—93页。
② 同上书，第103页。
③ 同上书，第104页。

第五章 "民本"思想、"群众路线"与价值观

胡锦涛同志还通过对中国共产党九十年历程的分析，强调群众路线的重要，他在《在庆祝中国共产党成立九十周年大会上的讲话》中说：

> 九十年来党的发展历程告诉我们，来自人民、植根人民、服务人民，是我们党永远立于不败之地的根本。以人为本、执政为民是我们党的性质和全心全意为人民服务根本宗旨的集中体现，是指引、评价、检验我们党一切执政活动的最高标准。①

习近平同志作为中国共产党中央领导人，他坚定不移地继承了中国共产党的思想理论武器，毫不动摇地确定了群众路线在中国共产党人思想中的价值观的地位，他在《全面贯彻落实党的十八大精神要突出抓好六个方面的工作》中说：

> 检验我们一切工作的成效，最终都要看人民是否真正得到了实惠，人民生活是否真正得到了改善，这是坚持立党为公、执政为民的本质要求，是党和人民事业不断发展的重要保证。②

习近平同志不仅在理论上提倡，更通过群众路线教育实践活动使全体党员都牢固树立为人民服务的观念，换句话说，就是将群众路线这一中国共产党人的特殊价值观深入每一位中国共产党党员的灵魂，成为行动的指针。

总之，由中国古代"民本"思想认为君主应该是为民"兴利除害"而产生的观念，到中国共产党人的为人民谋幸福、为人民反帝反封建的新价值观；由重生民生死的"大义"观，到以人民的利益得到保障为最高衡量标准，是一种质的飞跃，但不可否认的是，"群众路线"价值观是在"民本"思想上的发展。

---

① 《论群众路线——重要论述摘编》，党建读物出版社、中央文献出版社2013年版，第113页。

② 同上书，第117页。

第六章 尚义之道

——王船山尚义思想展开的四个逻辑层次

船山学术思想大抵属于宋明理学的范畴,因此,其学术思想也属于新儒学的基本范畴。基于此,船山思想中蕴含丰富的道义思想,特别是船山崇尚道义的思想。船山尚义思想中包含尚义之理、尚义原则、尚义典策、尚义旨归四个逻辑层次。本章将围绕船山尚义思想的四个逻辑层次而展开。

一 尚义之理:天理之公与人不可昧

船山作为宋明理学的殿军、总结者与开新者,他尚义,推崇道义。船山的尚义思想是从尚义之理开始的,易言之,船山尚义的重要理由是什么,这是展开尚义思想的前提与基础。船山尚义之理可从如下五个层面展开:义乃天理之公,义乃人心之制,义乃人之所以立,义乃人群居和一之道,义乃天下之大道。

首先,尚义之理在于义乃天理之公。正因为义乃天理之公,因此尚义也是遵从天理之事,义则"以克人欲存天理为事"[1]。如此,尚

---

[1] (宋)黎靖德:《朱子语类》第三册,中华书局1986年版,第783页。

义之理的首要理由在于义乃天理之公而人欲之不可昧。船山多次表达了这一思想。船山认为，义是天理在人世间的实践的最合宜的表现，是与人欲相对待的。船山言曰："'义'者，天理之所宜。"① 船山从天理的角度阐释了尚义的不可违抗，因为义乃天理在人世间的表现，在道德实践中是不能违背的。其实，这种思想的产生并非船山首创，陈淳在《北溪字义》中已经表明了这一思想："自文义言，义者，天理之所宜……天理所宜是公，人情所欲是私。"② 可见，船山尚义之理，即关于义乃天理之公的思想与陈淳同出一辙。船山说："义者天理之公，利者人欲之私。"③ 船山将"义"升级为天理之公。尚义之理在于"义"乃天理，而天理是最高的道德原则，是不可违背的。可见，船山借鉴了宋明理学关于天理乃最高哲学范畴的基本说法，阐释了尚义之理，因为义乃天理之公，尚义成为可能。

船山尚义的基础性理由在于义乃天理之公而人之不可昧，不可昧又源自于人之内心世界对"义"之信仰，在人心"钳制"之下，使尚义由他律转而化为自律。船山表达了这一思想。船山曰：

"义"者，人心之裁制。④

"义"者，人心之宜。⑤

"义"者，心之制，事之宜也。⑥

---

① （清）王夫之：《四书训义·里仁第四》，《船山全书》第七册，岳麓书社1990年版，第381页。
② （明）陈淳：《北溪字义》，中华书局1983年版，第53页。
③ （清）王夫之：《四书训义·里仁第四》，《船山全书》第七册，岳麓书社1990年版，第382页。
④ （清）王夫之：《四书训义·公孙丑上》，《船山全书》第八册，岳麓书社1990年版，第175页。
⑤ （清）王夫之：《礼记章句·礼运》，《船山全书》第四册，岳麓书社1991年版，第570—571页。
⑥ （清）王夫之：《四书训义·梁惠王上》，《船山全书》第八册，岳麓书社1990年版，第25页。

受心之制以裁成乎物，义也。①

义者心之制，非一念之为定制也；义者事之宜，而事协时会以为宜，非一端之为咸宜也。②

天下固有之理谓之道，吾心所以宰制乎天下者谓之义。道自在天地之间，人且合将去，义则正所以合者也。均自人而言之，则现成之理，因事物而著于心者道也；事之至前，其道隐而不可见，乃以吾心之制，裁度以求道之中者，义也。③

船山尚义的重要理由在于义乃天下人心之规约使然，即是说，船山之尚义思想，主要源自于人心之"制"，人心之规约使然。基于人心对义之裁制，在人之内心世界能分清义利之间的关系，判定人之行为是否合宜；人心权衡之下，尚义思想则油然而生。船山曰："义者，是之主；利者，非之门也。义不系于物之重轻，而在心之安否。名可安焉，实可安焉，义协于心，而成乎天下之至是。"④尚义之理的基础性理由在于人之内心世界对义的信仰与尊崇。尚义思想离不开人之内心世界的尊崇，基于此，人之内心世界如若有着浓厚的尚义之情结，则人必然在尚义思想的推崇之下而得以立。人心之规约，是尚义思想得以确立的最基本的理由。故此，人心规约，可导致尚义思想之升华，而尚义思想之升华，必将导致人在为人处世过程中得以和立。人心规约乃尚义，人若能尚义，则必然能使人在整个社会中得以安身立命，安道成性。易言之，人之尚义，还源

---

① （清）王夫之：《四书训义·告子上》，《船山全书》第八册，岳麓书社1990年版，第742页。

② （清）王夫之：《四书训义·离娄下》，《船山全书》第八册，岳麓书社1990年版，第500页。

③ （清）王夫之：《四书训义·公孙丑上》，《船山全书》第八册，岳麓书社1991年版，第929页。

④ （清）王夫之：《四书训义·公孙丑下》，《船山全书》第八册，岳麓书社1990年版，第249—250页。

第六章　尚义之道

自于尚义是人之所以为人的根本性原因。人禽、夷夏之辨的主要原因是人能尚礼，尚礼的前提条件是尚义，可见，尚义是人得以立的直接原因。易言之，人得以立亦需要尚义。船山曰："义者天地利物之理，而人得以宜；礼者天地秩物之文，而人得以立。"① 可见，人之所以得以立是尚义之理的第二个重要理由。再次，尚义的重要理由在于义乃处理人与人之间关系的"试金石"，"人与人为群，必相合以相资，有义存焉"②。可见，人能群，原因在于义。因此，人之"群居和一"，需要"义分则和"，因此群居乃是人之尚义的另一重要理由。因为"'义'，睦邻定乱之道也"③。"义"能使人群，义能定睦邻之乱，因此，人世间须尚义。人之能群，不能简单地脱离尚义思想。正是因为义能使人定乱，能使人与人之间达到群，那么更为可贵的是义能使天下之人自立。"义者，吾性之不容已，即天下之所自立。"④

从义乃天理之公，经由义乃人心之制，义乃人之所以立，义乃人群居和一之道，船山说明人世间必然要尚义。也正是因为如此，船山认为"大道，义也"⑤。因为义乃人间之大道，因此人必须尚义，如此方能实现人世间的和谐与稳定。可以肯定地说，义乃人世间和谐与稳定之路，和谐与稳定的指明灯，因为"义为直行而不可曲之常经，犹人之路也"⑥。可见，我们必须尚义，因为"义有成制，考道者可

---

① （清）王夫之：《读四书大全》第二十章，《船山全书》第六册，岳麓书社1991年版，第518页。
② （清）王夫之：《四书训义·万章下》，《船山全书》第八册，岳麓书社1990年版，第639页。
③ （清）王夫之：《礼记章句·檀弓下》，《船山全书》第四册，岳麓书社1991年版，第229页。
④ （清）王夫之：《四书训义·季氏第十六》，《船山全书》第七册，岳麓书社1990年版，第893页。
⑤ （清）王夫之：《四书训义·滕文公下》，《船山全书》第八册，岳麓书社1990年版，第358页。
⑥ （清）王夫之：《四书训义·万章下》，《船山全书》第八册，岳麓书社1990年版，第666页。

以不失"①。重视道义之人，可以使人"和生、和处、和立、和达、和爱"②，正因为如此，我们必须尚义，义乃人世间不可或缺的正能量。人世间欲达到和谐，必然尚义，因为"人之所不可昧者，义也"③，尚义不可或缺。

二 尚义原则：义在事宜与立义皆称

船山尚义，不仅仅有着重要的尚义之理，同时还有重要的尚义之原则。讲求道义，必然有其基本的尚义原则，因为无规矩不成方圆。因此船山尚义原则至少包含如下几个层面：

船山尚义原则主要表现为：义在事方有义之原则；事之所宜然者之原则；义以执其必执之宜之原则；立义皆称之原则。

在船山看来，欲尚义，则必然把握最基本的尚义之原则。尚义首要原则彰显为义在事方有义。"义在事，则谓之宜；方其未有事，则亦未有所宜。"④ 尚义原则彰显在为人处世、处事等层面方能凸显出来。船山尚义原则的彰显，不是停留在心性修养层面，抑或是我们所说的空想之层面，尚义要通过具体的事或者物才能真正彰显出来。易言之，船山尚义思想彰显为与外物的接触与交往的过程中，方能有尚义的彰显。义只有在具体事物之上，方能彰显出义。即是说，只有在具体的运用过程中，方能彰显义。因为"'义'之体，敬也；其用，

---

① （清）王夫之：《礼记章句·表记》，《船山全书》第四册，岳麓书社1991年版，第1328页。
② 张立文：《和合文化导论》，中共中央党校出版社2001年版，第281页。
③ （清）王夫之：《四书训义·告子上》，《船山全书》第八册，岳麓书社1990年版，第721页。
④ （清）王夫之：《读四书大全·卫灵公》，《船山全书》第六册，岳麓书社1991年版，第831页。

宜也"①。"义资以知制之宜。"② 可见，尚义的首要原则为义在事方有义，进而彰显船山尚义原则的实学特质。尚义原则的义在事，在一定层面上则凸显于实践中彰显"义"的必要条件。

尚义原则是义在事，那么自然就推论出船山尚义思想的第二个层面：事之所宜然者之原则，因为人生活在这个世界，人有交往的需要，有实践的需要。在交往、实践的过程中则必然会有为人处世、处事的合宜，即是处世尚义原则的第二个层面。就交往实践而言，人必然要有行动，船山认为"行焉而各适其宜之谓'义'"③。人的行为要合乎人之理性的要求，在船山这里，人之行为要合乎中庸之道，在日常生活中做到"非礼勿视、勿听、勿言、勿动者，一取则于礼定其非。则克己以复礼，而实秉礼以克己也，不辨之己而辨之礼"④。因为"义者天地利物之理，而人得以宜；礼者天地秩物之文，而人得以立"⑤。人得以立则的深层次原因就在于人之有义，唯其有义，则能使人之行为合乎中道，各得其宜。针对尚义原则的第二个层面，船山在文中多有阐释：

> 处事得宜曰"义"。⑥
>
> 事之所宜然者曰义；义者，一定不易之矩则也。乃万事之变迁，皆不逾于当然之定理，而一事之当前，则一因其所固然

---

① （清）王夫之：《礼记章句·表记》，《船山全书》第四册，岳麓书社1991年版，第1333页。
② （清）王夫之：《周易外传·乾》，《船山全书》第一册，岳麓书社1988年版，第824页。
③ （清）王夫之：《礼记章句·祭统》，《船山全书》第四册，岳麓书社1991年版，第1164页。
④ （清）王夫之：《读四书大全·宪问》，《船山全书》第六册，岳麓书社1991年版，第799页。
⑤ （清）王夫之：《读四书大全》第二十章，《船山全书》第六册，岳麓书社1991年版，第518页。
⑥ （清）王夫之：《礼记章句·礼器》，《船山全书》第四册，岳麓书社1991年版，第581—582页。

之准则。①

事之所宜然者曰义。②

尚义原则接地气，表现为义在事，义在事则又体现为合宜，又体现出尚义的合宜原则。故此，在体现尚义原则之时，处世、处事合宜，则能真正实现合宜之原则。事之所宜然者为尚义的第二原则。在合乎这个原则的基础之上，船山认为尚义原则还要体现义的具体情况与具体分析的原则，即船山所说的义在事，"因乎时位者也"。船山曰："义者，一事有一事之宜，因乎时位者也。"③ 尚义的第二原则虽然表现为处事得宜，但处事得宜的标准也是不断发生变化，也有着经权方面的影响。尚义之经即是我们所说的尚义合宜之意，尚义之权则是根据具体的时间、位置等进行具体的调整。明末清初以降，儒学仍然是占据主流地位的意识形态，在这种意识形态之下，儒家所讲求的纲常伦理依旧存在，对人的影响也是不可低估的。基于此，尚义思想仍然受儒家名教思想的影响。船山尚义原则的提出，也因名教而有异。国有国之尚义原则，家有家之尚义原则。即便是个人，他所说的尚义亦有所不同。特别是船山所处的明末清初的历史时代，清朝夺取了大明王朝政权，此乃"大逆不道"之事。故此，船山认为，对国家的忠诚，亦是依靠道义来维系的。但依靠不义维系的是国家的正义，清朝"盗取"大明政权在先，因而出现了船山关于尚义原则的"因乎时位"的提法。但不管时态如何变化，船山还是主张尚义事之所宜为最佳，此乃尚义之底线原则。尚义虽然随着时间与空间的变化而变化，但必须以宜为标准与尺度。船山曰："知此事之所宜者在此，彼

---

① （清）王夫之：《四书训义·里仁第四》，《船山全书》第七册，岳麓书社1990年版，第371页。
② 同上。
③ （清）王夫之：《张子正蒙注·中正》，《船山全书》第十二册，岳麓书社1992年版，第172页。

事之所宜者在彼，义初其常而守其常，义当其变而随其变，与义相依，无之问焉耳已。"① 待人接物，尚义之原则是不能轻易改变的，但是随着时代的变化而变化，唯其如此，尚义原则既保持着其经，同时又保持着其权，尚义之原则中的事之所宜才具有实质的原则性含义。尚义原则为义在事与事之所宜为尚义的最基本原则，虽然在事之所宜层面有经权之辨，但在船山看来，尚义最终还得遵照"立义而求其称"。船山曰："立义有五，而及其行之适乎事理之用，则皆称而已矣。"② 船山尚义原则的讨论，既讲求尚义思想的原则性，同时也讲求尚义的灵活性，体现的是原则性与灵活性的统一。

船山尚义的原则性与灵活性，最终体现出的是尚义原则执行的坚定性。船山所界定的尚义原则——尚义在事与事之所宜，体现了船山关于尚义原则的连贯性。但尚义的具体推行，还应该遵守"义以执其所必执之宜"③的原则，这也是船山尚义原则的第三个层面。船山尚义思想中，推行义，则必然要以强力的方式推行，故此，义以执其所必执之宜，凸显出船山推行义方面的坚定决心，或者是推行义的不可逆性。船山说："义制于天，而行之在我。义惟不可废，而得行则行，达其所以尽善者于人道之公，达其所以处不善者于道一之化，皆吾义也。"④ 尚义原则执行不可偏废，唯其如此，才能实现尚义。尚义原则的执行，为尚义之策的落实奠定了基础。

---

① （清）王夫之：《四书训义·里仁第四》，《船山全书》第七册，岳麓书社1990年版，第371页。
② （清）王夫之：《礼记章句·礼器》，《船山全书》第四册，岳麓书社1991年版，第586页。
③ （清）王夫之：《读四书大全》第二十九章，《船山全书》第六册，岳麓书社1991年版，第571页。
④ （清）王夫之：《四书训义·季氏第十六》，《船山全书》第七册，岳麓书社1990年版，第893页。

三 尚义之策：言必以义与行必以礼

尚义原则的落实，根本目标是为了尚义。尚义原则为尚义典策提供了依据，在此层面上说，尚义原则是前提，尚义策略是方法与路径，二者为尚义之逻辑哲学体系的重要组成部分。

船山尚义策略的发掘主要通过义利之辨的区分得以彰显。义利问题是中国哲学的核心问题之一，有关义利关系的讨论一直是中国哲学的核心话语体系。[1] 先秦以降，中国哲学史上的"义利之辨""理欲之辨"从未停止过，"天下之争，唯义利而已"[2]。朱熹认为："义利之说乃儒者第一义。"[3] 船山尚义策略的彰显，亦是通过义利关系的彰显而体现出来的。尚义策略表现为见利而思其可否以勉趋乎义。在如何对待尚义的问题上，船山通过义利之辨，主张重义轻利的基本理路实现尚义。在船山看来，义与利是相互对待的。他说：

> 要而论之，义之与利，其途相反，而推之于天理之公，则固合也。义者，正此利所行者也。事得其宜，则推之天下而可行，何不利之有哉？但在政教衰乱之世，则有义而不利者矣。乃义或有不利，而利为有能利者也。……义者天理之公，利者人欲之私。欲为之而即谋之也，斯为小人而已矣。[4]

船山认为义利之间虽然相互对待，但如若重义轻利，则有助于推行道义，因此，船山认为尚义必然要不谋其利，不计其功，如此才能推行

---

[1] 参见陈力祥《王船山义利观辨正》，《江淮论坛》2006年第6期，第143页。
[2] （宋）程颐、程颢：《二程集》，中华书局2004年版，第114页。
[3] （宋）朱熹：《朱子语类》，上海古籍出版社1983年版，第24页。
[4] （清）王夫之：《四书训义·里仁第四》，《船山全书》第七册，岳麓书社1990年版，第382页。

道义。儒家哲人尚义轻利，主张"以克人欲存天理为事"①。当然此处所说的"欲"即是超越人之正常消费能力之外的过多的欲望，而不是人的正常之吃喝拉撒睡等欲望。故此，面对义利之间的矛盾与冲突，言必以义，如此才能更好地尚义，天下之事将无不行也。正因为如此，船山曰："君子则酌乎事之所宜，而裁以其心之制，不谋利，不计功，执其当然而不可扰，惟义而已矣。所主者义，则无不可行矣。"② 义行天下，则事无不顺，礼无不行，则天下礼宜乐和的和谐社会可至。

那么面对义利之间的矛盾与冲突，应持何种态度，船山从正面表达了自己的看法，他说："见道义之重则外物为轻，故铢视轩冕，尘视金玉。"③ 现实中的欲望对人的诱惑很多，但只要正确平衡自己的心态，做到见义忘利，尚义是可能的。这是个人面对义利之间的矛盾与冲突所做出的选择。那么作为有担当的人君来说，不仅自己要做到言必以义，见利思义，还必然要有以义化成天下之担当，如此，方能实现义漫天下之目标。船山曰："人君躬行仁义而无求利之心，则其下化之，自亲戴于己也。"④ 义以为上，以义为先之尚义能更好地实现社会的稳定与和谐。有德之人在尚义层面率先垂范，身先士卒，如此则能更好地实现德治天下、礼主刑辅的德治社会。"人君以义制天下，必先自修其义于上，故天子、诸侯各尽敬于所尊以为民极，而非徒立法制以坊民也。"⑤ 人君率先垂范，做到非义勿动，非义勿视，非义勿言，非义勿听，则必将获得义益天下之美誉，徒法又何益哉！

---

① （宋）黎靖德：《朱子语类》第三册，中华书局1986年版，第783页。
② （清）王夫之：《四书训义·卫灵公第十五》，《船山全书》第七册，岳麓书社1990年版，第847页。
③ （清）王夫之：《思问录内篇》，《船山全书》第十二册，岳麓书社1992年版，第409页。
④ （清）王夫之：《四书训义·梁惠王上》，《船山全书》第八册，岳麓书社1990年版，第26页。
⑤ （清）王夫之：《礼记章句·表记》，《船山全书》第四册，岳麓书社1991年版，第1333页。

在义利之间，船山谈及了如何对待义的问题，事实上也表明了如何对待利的态度，因为义利之间是相互对待的。船山肯定了言必以利，义道先行。如何对待利的问题，船山也提出了自己的看法，他说："天下之利，以义裁之，则各有其制；以利计之，则利安有穷哉？"① 即是说，针对具体的利，必然以义衡量，裁定利是否合乎理（礼），在义之关照之下，才能使利逐渐合乎义，使利趋近义。船山曰："以制其中正者，义也，异于禽兽一往之气也；而大仁讫乎四海，至义著于万几，性焉，安焉，自顺乎仁义以行，而非遇物而始发其恻隐，以勉致于仁，见利而始思其可否，以勉趋乎义。"② 可见，面对纷繁复杂的利益的熏染，以义制利，使"利用而合于义也"③，义益天下，无处不宜也。

在对待义利之间的关系问题之时，言必以利，天下之利，以义裁之，则能很好地实现义益天下的美好愿景；反之，天下罕言义，只言利，则天下必将大乱，此时礼必将出现。荀子曰：

> 礼起于何也？曰：人生而有欲，欲而不得，则不能无求；求而无度量分界，则不能不争；争则乱，乱则穷。先王恶其乱也，故制礼义以分之，以养人之欲，给人之求，使欲必不穷乎物，物必不屈于欲，两者相持而长，是礼之所起也。④

荀子此言，说明了天下唯利之情形，在天下唯利的情形之下，天下必争。此情此景，以礼定分，义分则和，继而实现荀子所说的群居

---

① （清）王夫之：《四书训义·梁惠王上》，《船山全书》第八册，岳麓书社1990年版，第29页。
② （清）王夫之：《四书训义·离娄下》，《船山全书》第八册，岳麓书社1990年版，第512页。
③ （清）王夫之：《张子正蒙注·大易》，《船山全书》第十二册，岳麓书社1992年版，第309页。
④ （清）王先谦：《荀子集解》下册，中华书局1988年版，第346页。

和一之道。荀子曰："夫贵为天子，富有天下，是人情之所同欲也。然则从人之欲则执不能容，物不能赡也。故先王案为之制礼义以分之，使有贵贱之等，长幼之差，知愚、能不能之分，皆使人载其事而各得其宜。然后使谷禄多少厚薄之称，是夫群居和一之道也。"① 此处所说的义分即是"礼"分，也即"理"分之意。因之，尚义问题，在此已经演变为义与礼之间的关系问题。因此，尚义之策可从义礼之间的关系问题来阐释。

从义礼之间的关系可以比较清晰地理出尚义之策的问题，即行必以礼，则必能尚义。缘何因礼尚义，船山提出了自己的看法。他说："义以礼而始著其必然之则也。"② 义是内在的德性，那么如何将内在德性之义凸显出来，船山认为必然通过礼以彰显其尚义。在船山看来："'礼'者，义之文；'义'者，礼之干。"③ 义为内在德性，礼在外，系内在德性的彰显，也即船山所说的义乃礼之表现形式，义乃主要组成部分。可见，船山之尚义，即可以礼而管窥人是否尚义，因为礼乃义之外显使然也。船山多有阐释：

"义"者，礼之所自立也。④

礼者义之实，修礼而义达矣。⑤

礼为义之实，而礼抑缘义以起，义礼合一而不可离，故必陈义以为种也。⑥

---

① （清）王先谦：《荀子集解》上册，中华书局1988年版，第70—71页。
② （清）王夫之：《四书训义·卫灵公第十五》，《船山全书》第七册，岳麓书社1990年版，第847页。
③ （清）王夫之：《礼记章句·冠义》，《船山全书》第四册，岳麓书社1991年版，第1505—1506页。
④ （清）王夫之：《礼记章句·祭义》，《船山全书》第四册，岳麓书社1991年版，第1101页。
⑤ （清）王夫之：《礼记章句·礼运》，《船山全书》第四册，岳麓书社1991年版，第577页。
⑥ 同上书，第572页。

礼之所自出，义之当然也，精之，则尽变矣。①

船山之尚义思想主要于礼而得以彰显，因为义乃礼之基，礼之根，礼之源。内在之义可通过外在之礼而彰显出来。故此，尚义的体现，只有通过外在之礼才能彰显出来，可见，礼乃义之实、义之枝、义之花。礼乃义之外显，由礼之行，则能观其尚义。义乃隐，义乃礼之种，礼乃义之显。因之，尚义思想的展开，在很大层面上规约为礼之践行。因为义为隐，礼为义显。尚义思想必然要通过践行礼而展开。因义以显礼，故此，有礼则能更好地彰显其义。为此，船山曰："'礼义'者，因义制礼，而礼各有义也。"② 可见，洞察人是否尚义，可由人践行礼体悟出来。尚义之道德彰显，归根结底均由遵礼之道而得以彰显。船山在多处有类似阐释：

礼由义起，义根于心，而礼行焉。③
义立而礼行矣。④
仁不昧而后义生，礼以行义者也。⑤

由礼之践行，可彰显船山尚义思想。船山尚义思想的显现，在很大层面上得益于礼之践行。外在的礼之践行，本质上所凸显的却是尚义思想。由遵礼思想，则可知其尚义思想。只有遵礼之人才能尚义。义乃内在的德性，属德性伦理之范畴；而礼乃外在德性，隶属于规范

---

① （清）王夫之：《张子正蒙注》三十篇，《船山全书》第十二册，岳麓书社1992年版，第231页。
② （清）王夫之：《礼记章句·礼运》，《船山全书》第四册，岳麓书社1991年版，第565页。
③ （清）王夫之：《四书训义·告子下》，《船山全书》第八册，岳麓书社1990年版，第754页。
④ （清）王夫之：《礼记章句·曲礼上》，《船山全书》第四册，岳麓书社1991年版，第13页。
⑤ （清）王夫之：《礼记章句·郊特牲》，《船山全书》第四册，岳麓书社1991年版，第657页。

伦理之范囿。德性伦理在内，只有通过外在的规范伦理才能得以彰显。因之，船山尚义策略的彰显，在一定意义上得益于礼之践行。因为"义以礼伸，而有礼则无伤于义也"①。在船山看来，尚义思想的彰显，有赖于礼之践行；礼之践行则是尚义之彰显。可见，合乎礼的言、动、视、听等行为，即是尚义的基本表现，即"行焉而各适其宜之谓'义'"②是也。尚义与遵礼的产生，呈现出一体两面之现象，一体指的是人之德性的增长，两面则指的是尚义与遵礼，二者是相互联系、相互影响、相互制约的关系。正如船山所言："'义'者，人心之宜，礼之所自建者也。存于中则为义，天之则也；施于行则为礼，动之文也。"③船山精当地由礼之践行而导出了尚义策略的可能性与现实性。在船山看来，欲尚义，则必然以遵礼为贵。因为贵礼才能更好地实现尚义。"先王示其所贵尚，使勇敢有行义者皆必以礼为贵，则恃力袭义而矜独行者，无不变化气质以勉于礼矣。"④可见，船山之尚义，贵礼尤其关键。

综上所述，在船山看来，尚义思想的推行，首先需要把握的是义利之间的关系，以义为上，义先利后，则能尚义；同时，尚义之策的推行，不能脱离具体的礼之践行，礼在世俗的社会生活中的践行，更是尚义思想之外显而已。总之，船山之尚义思想的推行，必然要从两个层面得以回应：在义利之辨、义礼之辨的逻辑辩证中，才能更好地推行尚义。诚如船山所言："夫言必以义，行必以礼，所与者必正，

---

① （清）王夫之：《四书训义·滕文公下》，《船山全书》第八册，岳麓书社1990年版，第382页。
② （清）王夫之：《礼记章句·祭统》，《船山全书》第四册，岳麓书社1991年版，第1164页。
③ （清）王夫之：《礼记章句·礼运》，《船山全书》第四册，岳麓书社1991年版，第570—571页。
④ （清）王夫之：《礼记章句·聘义》，《船山全书》第四册，岳麓书社1991年版，第1553页。

乃君子立身之道。"① 君子立身,"守义礼为法,裁而行之,乃以成正而无缺"②,如是则尚义可行。

从正面辩证义利、以礼推义可推行尚义。事实上,在日常生活中往往有人不能准确对待义利关系,不能遵礼,故而导致尚义行为的"坎陷",即尚义失策。尚义失策是尚义思想得以继续的路障,因之,欲推行尚义,必然要纠尚义失策之方。

尚义失策的第一种"出义入利"。不讲求道义,唯利是图,以致道义坎陷,尚义不可行也。船山曰:"立人之道曰义,生人之用曰利。出义入利,人道不立;出利入害,人用不生。"③ 利先于义,则人类社会将陷于争利之困境,争利则会导致人之失礼,失礼则必将失去人道,失去人道也即失义,尚义不可行也。可见,尚义则必然是义先于利,有义而后有利,如此才能真正推行尚义。如若"或养之而不善焉,趋利而弃义,而害且伏,纵欲而违理,而生且丧"④。义利相砥,如若以利为上,则必将导致失义,尚义不可行。缘何先利不能尚义,船山曰:"如其不能正其身也,以私而背公,以利而弃义,以惛淫敖慢而自恣,则争于廷,令于野,而欲以正人,反顾己躬,先自愧矣。"⑤ 如若先利后义,则争乱起,争乱起,则人与人、人与社会之间的关系必将处于矛盾与冲突之中,尚义无从谈起。

总之,船山之尚义思想,是以辩证义利关系为根基,以礼之践行

---

① (清)王夫之:《四书训义·学而第一》,《船山全书》第七册,岳麓书社1990年版,第270页。
② (清)王夫之:《读四书大全·尽心下》,《船山全书》第六册,岳麓书社1991年版,第1144页。
③ (清)王夫之:《尚书引义·禹贡》,《船山全书》第二册,岳麓书社1988年版,第277页。
④ (清)王夫之:《四书训义·告子上》,《船山全书》第八册,岳麓书社1990年版,第733页。
⑤ (清)王夫之:《四书训义·子路第十三》,《船山全书》第七册,岳麓书社1990年版,第743页。

而彰显其尚义思想的。轻利、遵礼则尚义可行；反之，重利而悖礼则义不可行也。

四　尚义旨归：义以裁之而德业日隆

船山尚义思想的显现，依赖于尚义之理、尚义原则、尚义典策。尚义之理、原则及策略构筑了尚义思想完整的逻辑，其价值指向规约为尚义旨归。在船山之哲学视域中，尚义旨归规约为德业日隆。尚礼旨归，因尚礼而使人心得所安，居正有常，进而能使人之事无不安，情无不顺；使人能仁熟义精，而德业日崇。可见，船山之尚义旨归，简而言之，可净化人之心灵，可使人之行为居正。以尚义为基本前提，并将利欲攻心与义相比较，比较利是否与义相合，以义为对照之尺度，"利合于义，则心得所安"①。义利和合，则人之内心和谐，义利虽砥砺，但义与利相协和，成就了人之内心世界的宁静与和谐。人之内心世界宁静与和谐，则能使人之外在行为合宜，即我们通常所说的身心和谐。船山表达了这一观点。他说："外利内养，身心率徇乎义，逮其熟也，物不能迁，形不能累，唯神与理合而与天为一矣。"②由人之内心世界的和谐，外化为人之行为的和谐，进而凸显人之身心和谐。不管是人之内心世界的和谐，抑或是人之身心和谐，其源头活水在于尚义。尚义，既是身心和谐的基础，又是德性的内在要求，船山曰："时有否泰而身安，恒一于义，而心日广、德日润矣。"③ 如若尚义，就个人而言，不论处于逆境还是处于顺境，均能使自身获得更

---

① （清）王夫之：《张子正蒙注·大易》，《船山全书》第十二册，岳麓书社1992年版，第285页。
② （清）王夫之：《张子正蒙注·神化》，《船山全书》第十二册，岳麓书社1992年版，第90页。
③ 同上书，第89页。

大的慰藉，心宽体胖是也。同时也能敦促自身在物欲横流的社会保持自身的德性，德性日进，尚义使然也。

尚义之价值旨归，不仅仅可提升人之德性，完善人之内心世界的稳定与和谐，从而促进人之身心和谐。在身心和谐的背后，是让人能更好地实现居正有常，易言之，尚义之价值旨归能让人更好地化解人与人之间、人与社会之间的矛盾与冲突，从而更好地实现人与人之间、人与社会之间的和谐，最终为儒家所既定的齐家、治国、平天下之终极价值目标而奠定基础。因之，尚义之价值旨归不是简单地规约为人之内心世界的和谐、人际和谐以及人际和谐、人与社会之间的和谐、整个社会的稳定与和谐。尚义，能有效促使人之行为的居正有常，船山曰："义者，居正有常而不易之谓。"① 尚义，能有效敦促人之行为走上正义之轨道。尚义，使人之行为更合乎礼，使人之行为能做到"非礼勿视，非礼勿听，非礼勿言，非礼勿动"②。简而言之，尚义则能使人之行为做到合宜，因为"好义则事合宜"③。可见，尚义，以义为出发点，诸事皆合宜，尚义乃为人、处世、处事的"试金石"，唯有尚义，"循义以行，不枉道以速获也"④。尚义，能使人少走弯道，能更为有效地获得更大的收获，因此，尚义之旨归：规约为诸事合宜，包括人之内心和谐之合宜，人与人关系的和谐、人与社会关系的和谐，一言以蔽之，诸事合宜是也。唯有尚义，才能使人之行为不偏离正义之轨道，以尚义为旨归与价值目标，在处理各种关系之时，才能化险为夷，化不义为道义，即船山所说的"义者，因时大正

---

① （清）王夫之：《张子正蒙注·太和》，《船山全书》第十二册，岳麓书社1992年版，第37—38页。
② 《十三经注疏》，中华书局1980年版，第2502页。
③ （清）王夫之：《四书训义·子路第十三》，《船山全书》第七册，岳麓书社1990年版，第733页。
④ （清）王夫之：《礼记章句·少仪》，《船山全书》第四册，岳麓书社1991年版，第849页。

之谓；终起义，历险而成乎易也"①。义以为上的尚义，能有效化解人之行为的矛盾与冲突，能更为有效地实现"事无不安，情无不顺"，尚义使然也。能将尚义推而广之，必将成为放之四海皆准的一个最基本的原则。船山曰："夫所谓义者，唯推而广之，通人己、大小、常变以酌其所宜，然则于事无不安，情无不顺。"② 尚义之推广，以义为标尺而衡量天下之物、天下之事，则天下均能尚义，推己及人，推而广之，最终则能有效实现天下尚义。船山曰："义者，吾性之不容已，即天下之所自立。"③ 天下之所自立，是以何自立，以尚义为自立之本也。人缘何能以尚义自立，这主要源自于阳明所说的"天下之人同此心，同此性，同此达道"④。尚义是天下之人的普遍性的追求，是人之本心、本性使然也。

尚义，能有效促使人之内心世界的宁静与和谐，同时也促使人与人、人与社会之间的和谐，促使诸事皆宜。尚义，其终极价值则在于实现治国平天下之大业。儒家文化的特色，即以伦理道德为基本特色，希求通过内圣而开出外王。因之，船山希图通过尚义以实现其平治天下之目标。尚义的终极价值在于"仁熟义精，而德业日崇"⑤，即通过尚义而实现其目标。德业双修，其前提条件在于尚义。无义，则无道；无道，则无标尺；无标尺，则事不能成，德不能修，德不能修，则人不能和，人不能和，则社会不能和，国无以立。故此，尚义

---

① （清）王夫之：《张子正蒙注·大易》，《船山全书》第十二册，岳麓书社1992年版，第295页。
② （清）王夫之：《四书训义·里仁第四》，《船山全书》第七册，岳麓书社1990年版，第382页。
③ （清）王夫之：《四书训义·季氏第十六》，《船山全书》第七册，岳麓书社1990年版，第893页。
④ 王阳明：《重修山阴县学记》，《王阳明全集》上册，上海古籍出版社2006年版，第257页。
⑤ （清）王夫之：《四书训义·告子上》，《船山全书》第八册，岳麓书社1990年版，第714页。

旨归为平治天下之伟业。一切以义裁定，则天下之和"礼以养之，义以裁之，不期然而自然"①。尚义旨归规约为平治天下，也是最高的价值目标。尚义，则可德业日隆，实现儒家王道之政。唯有尚义，则能以义坊民，则民易教也。"义以裁之，而尤敦报施之义以达人情而使获为善之利，斯王道之所以易从而教无不行也。"② 尚义，极致为平治天下之目标，目标之实现，王道之教简易矣。

总之，船山尚义旨归规约为义以裁之而德业日隆。尚义达到德业日隆的目标，则需要实现尚义、隆义以实现人之内心世界、人与人、人与社会之间的和谐，以提高人之德性为基本要求，最终实现义以裁之而德业日隆之目标。

五 结语

船山尚义思想，经历四个逻辑层次：尚义之理：天理之公与人不可昧；尚义原则：义在事宜与立义皆称；尚义之策：言必以义与行必以礼；尚义旨归：义以裁之而德业日隆。船山尚义思想四个层次的展开，分别彰显了船山尚义之缘由、尚义之基本原则、尚义之基本策略、尚义之价值旨归的问题。船山尚义思想四个逻辑层次，共同构筑了船山尚义思想完整的逻辑体系，实现了传统儒学尚义思想的返本与价值开新。

---

① （清）王夫之：《四书训义·子路第十三》，《船山全书》第七册，岳麓书社1990年版，第751页。
② （清）王夫之：《礼记章句·表记》，《船山全书》第四册，岳麓书社1991年版，第1322页。

第七章 从《诗广传》看船山思想与社会主义核心价值观

　　《诗广传》是王船山读《诗经》后写下的一些杂感性文字。他从个人的哲学、历史、政治、伦理和文学的观点出发，对《诗经》各篇加以引申发挥，所以叫作"广传"。全书共分五卷，第一、二卷论二《南》和十三《国风》，第三卷论《小雅》，第四卷论《大雅》，第五卷论《周颂》《鲁颂》和《商颂》。全书共有 237 篇或长或短的文章。① 该书透过对历史和社会重大事件的思考，联系现实人生，抒发了作者对国计民生的深沉思考，蕴含极为深刻的见解，体现出王船山的思想和人格。时至今日，在积极倡导和践行社会主义核心价值观的时代旋律中，我们细读《诗广传》，不难发现，船山思想和精神与社会主义核心价值观有诸多契合之处。

　　2012 年 11 月 8 日，党的十八大报告强调指出："倡导富强、民主、文明、和谐，倡导自由、平等、公正、法治，倡导爱国、敬业、诚信、友善，积极培育和践行社会主义核心价值观。"这一论述明确

---

① 参见（清）王夫之《诗广传》，《船山全书》第三册，岳麓书社 1996 年版，第 517 页。

了社会主义核心价值观的基本理念和具体内容，指出了社会主义核心价值体系建设的现实着力点，是对社会主义核心价值体系建设的新部署、新要求，标志着社会主义核心价值观的正式提出。社会主义核心价值观并非空穴来风，也不是中国特色社会主义的独有产物，而是千百年来中华民族价值理念的浓缩，是中华传统文化和民族精神的高度积淀，有着深厚的思想基础。从其历史传承来看，我们可以说，社会主义核心价值观正是扎根于以王船山思想为代表的民族精神的丰厚土壤里，因而具有蓬勃的生命力。船山精神也正是依靠社会主义核心价值观才能在当前得以彰显和弘扬。社会主义核心价值观是新的船山精神的表达，船山精神也因为社会主义核心价值观而得以新生。

一 "先王以裕民之衣食，必以廉耻之心裕之；调国之财用，必以礼乐之情调之"——弘扬社会主义核心价值观是国家富裕强盛之根本

20世纪80年代以来，在社会主义市场经济的改革大潮中，物质文明和精神文明的关系被扭曲。不少人认为，市场经济的基本法则是一切以赢利为目的和实行等价交换，因此，只讲物质享受，不讲思想情操；只讲个人利益，不讲国家和集体利益；只讲报酬，不讲奉献；只讲实现个人价值，不讲承担社会责任。由于国际、国内环境的变化，部分人的世界观、人生观、价值观发生扭曲，争名逐利，不择手段，理想信仰缺失，法治观念淡薄，精神道德沦丧。正是在这样的时代背景下，重构中华民众的精神家园，弘扬社会主义核心价值观成为当今时代的主旋律。而身处300多年前的王船山，面对纷繁动荡的时局，对于物质文明与精神文明建设的关系，在《诗广传》中表达了鲜明的立场。

第七章 从《诗广传》看船山思想与社会主义核心价值观

王船山承认，在上古时期，物质发展是精神文明的基础，人类的精神文明是伴随着物质生产的发展而建立的："燧、农以前，君无适主，妇无适匹，父子、兄弟、朋友不必相信而亲……九州之野有不粒不火矣，毛血之气燥，而性为之不平。……皇帝、尧、舜垂衣裳而天下治。食之气静，衣之用乃可以文。烝民之德治，后稷立之也。……故帝贻来牟，丰饱贻矣，性情贻矣，天下可垂裳而治，性情足用也。"[1] 远古时期，由于物质条件的限制，君臣、父子、兄弟、夫妇人伦关系不亲，人们茹毛饮血，性格暴烈。其后，在先帝们的治理下，人们有衣有食，性情平和，方有德治。也就是说，在物质匮乏的蛮荒年代，第一要务是确保人民的温饱，解决基本民生之后方能论及精神道德。但是随着时代的进步，人类摆脱了野蛮，进入文明时代，这种观点就不合时宜了。因此，王船山对管仲所说"衣食足而后礼义兴"的论调进行了反驳："衣食足而后礼义兴，管仲之言也，而仲尼固曰：管仲之器小也。"[2] 他借用孔子的话，指出管仲器量狭窄，缺乏远见。他还在《论鱼丽》中开门见山地批驳了时人的错误观点："衣食足而后廉耻兴，财物阜而后礼乐作"，这种做法"是执末以求其本也。执末以求其本，非即忘本也，而遗本趋末者托词"[3]。接下来他做了详尽论述："夫末者，以资本之用者也，而非待末而后有本也。待其足而后有廉耻，待其阜而后有礼乐，则先乎此者无有矣。无有之，姑且置之，可以得利者无不为也。于是廉耻刓而礼乐之实丧。……仁不至，义不立，和不浃，道不备，操足之心而不足，操不足之心而愈不足矣……先王以裕民之衣食，必以廉耻之心裕之；以调国之财用，必以礼乐之情调之。……呜呼！此先王之以廉耻礼乐之情为生物理财之本也，奚

---

[1] （清）王夫之：《诗广传》，《船山全书》第三册，岳麓书社1996年版，第491—492页。
[2] 同上书，第494页。
[3] 同上书，第394页。

待物之盛多而后有备礼之心哉！"① 王船山认为，追求衣食财物的富足之后，再来谈论礼乐廉耻是舍本逐末。如果人们执末求本，物欲横流，就会导致礼义廉耻尽失。继而引发出自己的观点，强调道德建设是发展物质文明的根本，国家统治者要做到国富民强必须先抓根本，物质富裕的同时要讲道德廉耻，国力强盛的同时要有礼义情操，从而充分肯定了道德文化建设对物质文明的积极指导作用。王船山这一论断在今天仍闪耀着智慧的光芒！一个国家和社会的发展，除了为其国民提供繁荣发达的经济基础之外，还要为国民树立和弘扬积极、健康、科学的价值观。今天的中国，改革开放引发的经济建设大潮，以及改革开放带来的深刻的社会变革，导致物质文明与精神文明发展失衡，不少人价值观扭曲，拜金主义风气盛行，奢靡享乐主义盛行；诚信缺失，社会道德滑坡等诸多问题层出不穷。党中央在全社会倡导"富强、民主、文明、和谐、自由、平等、公正、法治、爱国、敬业、诚信、友善"的社会主义核心价值观，正是为了构建与和谐中国相适应的思想道德文明体系，以此凝聚全国人民的共同价值追求，实现中华民族伟大复兴的中国梦！

二 "安民、裕国"与国富民强

社会主义核心价值观是建立在历史唯物主义坚实基础上的科学产物。历史唯物主义最重视生产力问题，重视国家的经济基础和人民生活水平的提高。"富强"既关乎国家的发展和繁荣，又关乎社会的建设和进步，还关乎每一个公民个体的权利与价值实现。"国富""民强"是密不可分的，所谓"国富则民强，民强则国富"。一个国家只

---

① （清）王夫之：《诗广传》，《船山全书》第三册，岳麓书社1996年版，第395页。

有财力雄厚，国力强盛，政治强大，才能屹立于世界之林发出自己的声音，而这个国家的公民的权利才能得到保障，精神素质才能提高，生活才能有品质、有尊严、有价值！

王船山身居乱世，际遇坎坷。国破家亡的他，尤其盼望国家强盛，人民富足，国富民安。面对明末清初的时代沧桑巨变，他以学术的眼光来反思背后的真实原因，民心向背与天下得失也成为《诗广传》探讨的重要内容。

王船山认为，民心关系国家的盛衰存亡，他说："君之亡，非君自亡，民亡之也。"① "失士者亡，失民者溃……士相离，则廷无与协谋；民相离，则野无与协守。"② 他说，统治者的灭亡不是自身原因，是民众导致的。士大夫与统治者离心离德，朝廷就失去了赖以谋划的能人贤士；而民心离丧，则朝野也无人协力守护。他还举例说："昔者厉王之亡，非有戎狄寇盗之侵也，非有彊侯僭逼之患也，民散焉耳。"③ 周厉王的灭亡，并非外族入侵，也没有诸侯进逼的忧患，完全在于民心散失。因此，王船山特别提醒统治者，作为一国之君，要吸取教训，关心民生，这样才能长治久安。基于上述立场观点，王夫之深深同情广大民众备受熬煎的苦难，无情揭露历代统治者对老百姓的巧取豪夺，为之痛惜不已。他感叹："诵《硕鼠》而知封建之仁天下无已也……呜呼，秦并天下，守令浮处其上、而民非其民。君淫于上，执政秉铁者乾没于廷，以法为课最，吏无不法者矣，以赇为羔雁，吏无不赇者矣。草食露处，质子鬻妻，圈土经年而偶一逸，无所往也。且出疆，吏符夕至，稍有逸者，亦莫与授田，而且为豪右之强食矣。将奚往哉！一月未死，一日寄命于硕鼠也。汉之小康，二帝而

---

① （清）王夫之：《诗广传》，《船山全书》第三册，岳麓书社1996年版，第342页。
② 同上书，第408页。
③ 同上书，第406页。

已。宋之小康，六十年而已。过此以往，二千年之间，一游羿之彀中，听其张弛，而又申以胡亥、石虎、高洋、宇文赟、杨广、朱温、辛真、蒙古之饕餮，天地之生，几无余矣，不亦痛乎！"① 这段话中，他以秦亡为例，指出秦朝吞并天下之后，律法严苛，官吏凭借律法而贪污受贿，盘剥民众，使得民不聊生，最终也导致了秦朝的短命。"草食露处，质子鬻妻，圈土经年而偶一逸，无所往也……天地之生，几无余矣"，揭示了平民百姓餐风饮露、典卖妻儿、苦苦挣扎的生活惨状，"饕餮"一词更表达了他对无德暴君、贪官污吏的切齿痛恨。

从历史事实来看，明代皇帝和贪官污吏不顾百姓死活，对民众巧取豪夺，苛捐杂税名目繁多，广大民众的生活极不安定，非常贫困。民众不堪重负而导致官逼民反，使得明朝在农民起义大潮中灭亡。王船山非常清醒地看到了这一点，指出："竭民力，绝民性，僭民心，迄乎役繁而尽矣。"② 作为我国早期的启蒙思想家，王船山一生谋求反清复明，深刻反思了明朝颠覆的历史教训，将"安民""裕国"同批判封建制度紧密联系起来，提到政治纲领的高度。其中最可贵的地方就在于正视当时的现实并用严肃的态度揭露封建制度给民众带来的苦难。这种揭露尽管是初步的，甚至是与他的主观愿望不很协调的，却使其民本思想带有批判封建主义的民主色彩而获得了新的意义，是我国古代政治思想中一份珍贵遗产。③

在批判吃人的封建制度时，王夫之向统治者开出"恤生民之生死，体百姓之疾苦"的良方："要善取而不可穷取。"他说：

> 善取民者，视民之丰，勿视国之急。民之所丰，国虽弗急，取也；虽国之急，民之弗丰，勿取也。不善取民者反是，情奔其

---

① （清）王夫之：《诗广传》，《船山全书》第三册，岳麓书社1996年版，第362页。
② 同上书，第341页。
③ 参见谷方《论王夫之的民本思想》，《江汉论坛》1982年第11期，第28页。

所急，而不恤民之非丰；苟丰所急，虽民可取，缓也；苟其所急，虽无可取，急也。故知"取勿取之数者，乃可与虑民，乃可与虑国，不穷于取矣"。①

意谓官府取之于民应以民众的丰歉与否而非国之急缓如何为原则。就是说，假若民众丰裕，即使国家急需，也应征取；假若民众歉收，即使国家急需，亦应缓征。治国者只有懂得取与勿取之术，才能"虑民""虑国"。王船山充分认识到只有百姓生活安定，国家才能丰足，才能长治久安。他多次呼吁统治者要关心民生疾苦、体恤民众艰难，不仅体现出他的人文主义关怀，更是寄托了他"国家强盛、民族复兴"的梦想。

王船山"安民、裕国"的思想在社会主义核心价值观中再次得到了弘扬。富强即国富民强，是社会主义现代化国家经济建设的必然状态，是中华民族梦寐以求的美好夙愿，也是国家繁荣昌盛、人民幸福安康的物质基础。"富"是民之本，"强"是国之基。富强，即实现国家富强、人民富裕，是中国特色社会主义核心价值观的首要实现目标。一个国家只有实行利民惠民政策，把民生大计放在首位，才能得到民众的拥护，奠定稳定的政治根基，这是国家强盛的基本前提。只有稳定才能发展，只有发展才能强盛，只有国家富裕，人民的物质、精神世界才能强大。由此看来，王船山所倡导的"安民""裕国""恤生民之生死，体百姓之疾苦，要善取而不可穷取"的民本思想对建设社会主义强国仍有借鉴意义。

---

① （清）王夫之：《诗广传》，《船山全书》第三册，岳麓书社1996年版，第420—421页。

三 "均天下"思想与体现平等、公正的共同富裕一脉相承

改革开放进入 21 世纪以后,与少数先富群体相比,广大普通群众的一系列民生问题突出起来,人民对美好生活的向往日益向共同富裕聚焦。习近平总书记指出:"人民对美好生活的向往,就是我们的奋斗目标","我们的责任,就是要团结带领全党全国各族人民,继续解放思想,坚持改革开放,不断解放和发展社会生产力,努力解决群众的生产生活困难,坚定不移走共同富裕的道路"。共同富裕是社会主义的本质要求和改革开放的成败标准,是中国特色社会主义的根本原则。党的十八大强调,坚持走共同富裕道路,是夺取中国特色社会主义新胜利的基本要求。平等公正是实现共同富裕的必要条件。国家应提倡宣扬一种自由、平等、博爱、包容、理性的人文精神,社会主义核心价值观倡导"平等、公正"正是顺应了时代要求。

关于共同富裕的问题,王船山也有所认识。他认为明朝灭亡的关键原因是当权者的横征暴敛以及社会贫富两极的极度分化而导致的农民起义,由此提出了均天下的理念:"两间之气常均,均故无不盈也……所聚者盈溢,而所损者空矣。空而俟其复生,则未生方生之顷,有腐空焉,故山下有风为蛊,腐空之所酿也。……土满而荒,人满而馁,枵虚而怨,得方生之气而摇。是以一夫揭竿而天下响应,贪人败类聚敛以败国而国为之腐,虫乃生焉。虽欲弭之,其将能乎?故平天下者,均天下而已。均,物之理,所以叙天之气也。"[①] 王夫之以自然之"气"引申到人类社会,认为"均"乃自然之常态,气之常理,若出现盈亏两极不均,则因贪腐而导致蠹虫频生,贫困者揭竿而

---

① (清)王夫之:《诗广传》,《船山全书》第三册,岳麓书社 1996 年版,第 472 页。

起而民众响应。执政者要平定天下，维持社会的长治久安，则必定要"均天下"。

王船山均天下的思想与社会主义核心价值观的平等、公正的"共同富裕"观念是高度契合的。共同富裕就是要从根本上解决地区之间、城乡之间发展差距不断拉大这一问题。可以说，共同富裕本身就蕴含了平等、公正的要求。共同富裕与公平正义是对社会主义尤其是中国特色社会主义本质的体现，其本身就是中国特色社会主义的目标，同时也是社会主义本质所蕴含的精神价值核心之一。同时，社会公平正义是社会和谐的基本条件，只有立足于公平正义，才能保持社会的稳定发展和井然有序，提升全社会的整合能力。[①]

四 "以天下兴亡为己任，以民族复兴为目标"的民族爱国精神

爱国是一个公民应有的道德，也是中华民族的优良传统。爱国主义是中华民族精神的核心。弘扬民族精神，最重要的就是坚持和发扬中华民族的爱国主义传统。五千年中华民族创造的以爱国主义为核心的精神品格是维护中华民族独立和统一的精神脊梁和精神财富。

王夫之自称"南岳遗民""亡国孤臣"，南明政权灭亡后，王夫之对民族沦亡痛心疾首。他积极地投入当时如火如荼的抗清活动中，与管嗣裘一起在衡山举兴抗清，失败以后，他又投入南明政权继续斗争，以求复兴，但当时的南明统治者已经腐朽不堪。内部钩心斗角，不以国事为重。王夫之大失所望，特别是南明政权败亡后，一部分过去坚决抗清的士大夫和知识分子，面对清政府的血腥屠杀，意志消

[①] 参见钟明华、黄荟《社会主义核心价值观内涵解析》，《山东社会科学》2009年第12期，第17页。

沉，很多人逃避政治，出家当了和尚。1671年他的好友方以智也多次劝他逃禅，他坚决不应，勇敢地面对现实，接受现实政治对他的挑战，他批判那些不以复兴民族为重而逃禅的人，他说：

> 魏无忌之饮酒近内也，阮嗣宗之驱车恸哭也，王孝伯之痛饮读《离骚》也，桓于野之闻清歌唤奈何也，无可如何而姑遣之，则岂非智之穷也乎？智穷于穷途，而旁出于歌哭醉吟以自遂，虽欲自谓共智之给也而不得，然则虽欲谓之不愚也，而抑不得一也。
>
> 夫智者进而用天下，如用其身焉耳；退而理其身，如理天下焉矣。……夫数子者，皆思进而有为于天下矣，履迷乱沦胥之世，涂穷而不逞，一往之意折而困于反，唯其不知反也，是以穷也。……彼数子者，全躯保妻子之心有以乱之也。[1]

王船山在这段文字中，以魏无忌、阮嗣宗、王孝伯等古代名士为例，实际上是对现实中方以智等人的批评。他义正词严地指出：一个人应以天下兴亡为己任，不能遇到困难，受到挫折就以歌哭醉吟来麻痹自己的神经，不能只想到保全自己的身躯和妻儿子女而不顾民族的存亡。[2] 王船山在民族危亡之际，不是跟随前明士人纷纷逃避，而是逆流而上，以天下兴亡为己任，以民族复兴为目标，知难而进，矢志不渝，其赤胆忠心的民族爱国精神天地可鉴。

王船山这种"思进而有为于天下——以天下兴亡为己任，以民族复兴为目标的强烈的民族爱国精神"与社会主义核心价值观所提倡的"爱国"是一脉相通的。爱国是基于个人对自己祖国依赖关系的深厚

---

[1] （清）王夫之：《诗广传》，《船山全书》第三册，岳麓书社1996年版，第466页。
[2] 参见余明光《王夫之的民族爱国思想》，《湘潭大学学报》1982年第4期，第28页。

情感，也是调节个人与祖国关系的行为准则。我们要继续传承王船山的民族爱国思想，以振兴中华为己任，促进民族团结，维护祖国统一，自觉报效祖国。

五 "仁、义、礼、智、信"的道德修养观，其精神内核是友善、公正、文明、诚信

中国传统文化非常注重道德修养，以孔子为代表的儒家学派所倡导的"仁、义、礼、智、信"集中反映了中华民族传统价值观的精髓。王船山以儒学为正统，非常重视世人的道德修养，认为只有洁身自爱者才值得他人亲近和尊重："德教者，行乎自爱者也，亲之而人不容疏，尊之而人不容慢。"① 一个人若能不断增广自身道德修养，可以历经千难万险，面对变故而从容不迫、安之若素："益，德之裕也。夫能裕其德者，约如泰，穷如通，险如夷，亦岂因履变而加厉哉！如其素而已。"② 具体而言，他所提倡的道德修养观是以"仁、义、礼、智、信"为核心要素的传统伦理规范。他认为，"仁、义、礼、智"是世人道德修养的根本："今夫天之德，元亨利贞也；人之德，仁义礼智也。"③ 他进一步发挥了"天人合一"的观点，认为仁、义、礼、智能相辅相成，构建"德信"，成为社会成员共同遵守的规范、准则而一统天下："诚之者，人之道也。犹言诚者天之道也……仁义礼智参互以成德信，以其大同而协于克一，然后君子之于命，无乎不谌之有实矣，举一统百而百皆不废也。"④ 他还进一步论证了仁义礼智的关系，认为"智"为根本："唯不智，故不仁；唯不智，故弃义；唯不

---

① （清）王夫之：《诗广传》，《船山全书》第三册，岳麓书社1996年版，第301页。
② 同上书，第320页。
③ 同上书，第481页。
④ 同上书，第465页。

智，故蔑礼。何也？仁、义、礼皆顺道也，履乎顺，自天祐之，吉无不利。"① 并举秦朝灭亡为例来说明"仁、义、礼"的作用，再次强调"智"为根本："仁而天下归之，义而天下服之，礼而天下敬之，不世之功，非常之业，无取必之势，而坐获之不爽，非智者孰能知此哉！……天下怨秦之不仁，恶秦之不义，贱秦之无礼，而孰知其一于不智也。"②

如何完善自己的道德修养呢？王船山也自有方法。他说："学以聚之，思以通之，智以达之，礼以荣之，集义以昌其气，居敬以保其神，备物以通其理，天下皆仁，而吾心皆天下矣。"③ 这段的大意可以归结为：通过学习使自己做到学识广博，通过思考来贯通，通过才智来理解，通过礼教使之成为荣耀，通过"集义、居敬、备物"使之昌盛、得到保护并通达，这样天下都成仁，而自己也就心怀天下，达到了最高境界。

此外，王船山对民众的"诚信"也高度重视，认为："自古皆有死，民无信不立。"④ 诚实守信，是为人处世的基本准则，也是中华民族的传统道德。历史证明：不讲信誉的人是没有前途的人，不讲信誉的民族是堕落的民族，不讲信誉的社会是混乱的社会，不讲信誉的国家是没有希望的国家。

综上所述，王船山倡导的"仁、义、礼、智、信"思想与社会主义核心价值观的"友善、公正、文明、诚信"是高度契合的。"仁"即友善，强调公民之间应互相尊重、互相关心、互相帮助、和睦友好，努力形成社会主义的新型人际关系。信即诚信，是公民基本道德规范，是人类社会千百年传承下来的道德传统，也是社会主义道德建

---

① （清）王夫之：《诗广传》，《船山全书》第三册，岳麓书社1996年版，第370页。
② 同上书，第371页。
③ 同上书，第501页。
④ 同上书，第494页。

设的重点内容，它强调诚实劳动、信守承诺、诚恳待人。"义"是区分善恶、美丑、荣辱的基础，与"利"相对。完善社会主义市场经济、构建社会主义和谐社会，应强调"义利统一"，积极倡导公平、正义的价值理念；"礼"是一个国家社会文明程度、道德风尚和生活习俗的反映；对个人而言，礼仪是一个人的思想道德水平和文化修养的外在表现。我们应针对不同场合，对自己的社会角色进行准确的定位，始终保持谦让恭敬之心，遵守各种礼节礼仪。① "诚信"作为社会主义核心价值观强调的重要内容，就是要求大众诚实劳动、信守承诺、诚恳待人。可见，王船山的道德修养论对于弘扬社会主义核心价值观有着极为深远的影响。正如习近平总书记指出："中华文明绵延数千年，有其独特的价值体系。中华优秀传统文化已经成为中华民族的基因，根植在中国人内心，潜移默化影响着中国人的思想方式和行为方式。今天，我们提倡和弘扬社会主义核心价值观，必须从中汲取丰富营养，否则就不会有生命力和影响力。"②

六　和谐观

和谐是中国传统文化的基本理念，基本含义包括：（1）"和而不同"、事物的对立统一，即具有差异性的不同事物的结合、统一共存。（2）政治和谐，一种社会政治安定状态。（3）遵循事物发展客观规律，追求人与自然的和谐。

王船山追求人与自然的和谐："天不靳以其风日而为人和，物不靳以其情态而为人赏……王适然而游，鹿适然而伏，鱼适然而跃，相

---

① 参见尹强《仁义礼智信与社会主义核心价值观》，《南京政治学院学报》2014年第6期，第49—50页。
② 中共中央宣传部：《习近平总书记系列重要讲话读本》，学习出版社、人民出版社2014年版，第96页。

・145・

取相得，未有违者。"① 他在《诗广传》中多次提到的"适然"是一种人与自然之间以及自然万物之间和谐依存关系；是人类顺适自然、回归本性、洒脱无羁的生存方式，一种"天""人"之间"相取相得"的安宁和谐。②

王船山追求的政治和谐则是天下相亲、人人得以乐其身、乐其家："合天下而有君，天下离，则可以无君矣。何也？聚散之势然也。聚故合同而自求其所宗，如枝叶条茎之共为一本也。一池之萍，密茂如一，然而无所奉以宗焉者，生死去留之不相系焉耳。故王者弗急天下之亲己，而急使天下之相亲，君道存也。"③ 天下相亲则民众安居乐业、治国伟业水到渠成："使人乐有其身，而后吾之身安，使人乐有其家，而后吾之家固，使人乐用其情，而后以情向我也不浅，进而导之以道则王，即此而用之则霸。"④

社会主义核心价值观所倡导的和谐是关于人与人、人与自然之间的合理关系的规定和要求。和谐社会则是指一种美好的社会状态和一种美好的社会理想，即形成全体人们各尽其能、各得其所而又和谐相处的社会。王船山的"和谐"理念与此也是高度契合的。

七 "经天纬地、建功立业"的豪杰精神与"爱国、敬业"

爱国是人们对于祖国的一种深厚的依恋、爱护，以及与此相应的实际行动。敬业是公民的重要价值准则，也是最基本的职业道德。一个敬业的人，会拥有强烈的责任感，明确认识到自己承担的特定职

---

① （清）王夫之：《诗广传》，《船山全书》第三册，岳麓书社1996年版，第450页。
② 参见许定国《灵泛洒脱美：船山美学湖湘文化基因互补现象解读》，《船山学刊》2009年第4期，第15页。
③ （清）王夫之：《诗广传》，《船山全书》第三册，岳麓书社1996年版，第408页。
④ 同上书，第367页。

第七章 从《诗广传》看船山思想与社会主义核心价值观

责，无怨无悔地付出；会对自己从事的职业具有献身精神，将自己的一生与其联系起来，在事业发展中实现人生价值。王船山的一生以民族复兴为己任，以建功立业为人生目标，为我们树立了爱国敬业的典范。

君子作圣之功，集豪杰与圣贤于一体，君臣一体，报国立功是古代社会的士人理想。作为明清士人的杰出代表，王船山强调："有豪杰而不圣贤者矣，未有圣贤而不豪杰者也。"他认为，一个人只有先成为豪杰，而后才能成圣贤。也就是说，只有具有豪杰精神，堪称真豪杰的人才能成为圣贤。圣贤必须是豪杰，没有豪杰精神的人是不能称为圣贤的。

什么是豪杰呢？王夫之认为："能兴即谓之豪杰。"豪杰能卓然兴起，有非凡的气概，有独立的人格，与庸人不同。庸人拖沓委顺，随顺流俗，谄媚权势，为知跟风走，而豪杰则能自拔于流俗之中，卓然独立。庸人唯知终日为稻粱谋，为富贵谋，为子孙谋；而具有独立之人格、非凡之气概和不徇流俗自由之精神的豪杰，则有远大四方之志，意气风发，志气豪迈，以天下为己任，"救人道于乱世"[①]。在《诗广传》中，王夫之表达了"君子作圣之功"的追求，体现了身任天下的豪杰精神。他评论《小宛》说："竹柏不畏凛冬而欲其徂，君子不戚贱贫而冀以死谢之，道存焉耳。人之迫我以险阻也，可以贞胜者也。天之俾我以日月也，不以险阻而贱者也。……如《小宛》者，而后君子作圣之功得矣，不仅以寡过而免于祸也。"夫之以"竹柏不畏凛冬、君子不戚贱贫"的精神自励，面对艰难险阻不自轻自贱，在乱世危局之际也不消极厌世、自暴自弃，而是有着"不以死为息肩、

---

① 萧萐父、许苏民：《星星之火可以燎原：论王夫之身任天下的豪杰精神》（http：//www.zhchsh.net/a/chuanshanguli/chuanshanzhuanti/2011/0801/4728.html）。

不丧其可爱"的"君子作圣之功"的精神和顽强不息的追求。①

王夫之的豪杰精神还体现在他高瞻远瞩,深谋远虑,考虑细致,对民族复兴的形势有着清醒的认识。他认为在迷乱之世,要完成反清复明大计必须作长久打算,切忌谋之不远、忧之不深,"铢两之计、穴罅之智"是成不了大事的。他说:"孰有当迷乱之世,上不获君,下不获民,志勿为之荼,皇然念四国之训乎?隆然谋四国之顺乎?谋唯恐其不许,而不忧其大而不容乎?犹唯恐其不远,而不忧其深而逢忌乎!能此,然后一旦举六宇以任之,目昭心旷,习于光大,而铢两之计、穴罅之智、不足以动其心而成其大业,退不见有生之乐也,进不见天下之利也。故君子之视察察之智、放达之识,如盎缶而已矣。"② 他借王良、造父善御的典故来引申发挥,说明谋事成事必须掌握要领,细致谋划,成败兴亡方在指掌之间:"'讦谟定命,远犹辰告。'……谟之大,犹之长,命之豫,告之以时,所谓良马轻车,修涂平易,而王良,造父持其疾徐之节,是乐而已矣。……展履之细,生死成败之大,皆其适也。芥穗而适于远,四海万年,兴亡得丧,而如指掌之间也。"③

王夫之还对《采薇》一诗进行了引申和发挥,就如何抵御外来侵略提出了"知时而战"的谋略:"故善御夷者,知时而已矣。时战则战,时守则守。时战,则欺之而不为不信,殄之而不为不仁,夺之而不为不义。时守,则几若可乘,不乘而不为不智;力若可用,不用而不为不勇。《采薇》之诗,迭言战收而无成命,斯可以为御夷上策矣。"④

---

① 参见曾玲先《王船山〈诗广传〉的文化感及其他》,《衡阳师范学院学报》2001年第4期,第113页。
② (清)王夫之:《诗广传》,《船山全书》第十六册,岳麓书社1996年版,第467页。
③ 同上书,第468页。
④ 同上书,第392页。

为了实现自己的理想,他于1651年,即永历五年(清顺治八年)隐退山林,专门从事理论斗争。他研究的范围极广,著述极多,可以归纳为一点,那就是他一心一意为了民族的复兴而贡献了自己的一生。

"经天纬地、建功立业"的豪杰精神贯穿了王船山的一生,使之在平凡中铸就非凡。他的前半生为了反清复明而颠沛流离,忠贞不渝;他的后半生为了弘扬六经大义而隐姓埋名,著书立说,为后人留下了宝贵的精神文化遗产。我们作为一个平凡人,要学习他为了理想,为了毕生事业而矢志不渝的爱国精神,以实际行动报效祖国和人民。

八 结语

总之,王船山"是一位虽与灰俱寒而不灭其星星之火,虽与烟俱散而不荡其馥馥之馨的真豪杰。……其人格,其思想,皆如'孤月之明,炳于长夜',令今日一切有知的知识分子生无限敬仰之情"[①]。晚清重臣曾国藩极为推崇王船山及其著作,表彰他的人格,推崇他强调仁、义、礼、智的伦理道德思想,借以巩固清王朝的统治;陈天华等辛亥革命志士则发挥了他的民族爱国思想掀起了尊皇排满思潮;谭嗣同等人更是推崇他的民族主义而成为维新志士。历史演变到今天,他在《诗广传》里所体现的"以天下兴亡为己任,以民族复兴为目标"的民族爱国精神,"君子作圣之功、经天纬地、建功立业"的豪杰精神对于构建公民"爱国、敬业"价值理念是具有引领作用的;而他追求儒家风范的理想人格,强调"仁、义、礼、智、信"的道德修养

---

① 萧萐父、许苏民:《王夫之评传》,南京大学出版社2002年版,第377—378页。

观，其精神内核就是"友善、公正、文明、诚信"，与社会主义核心价值观高度契合；他所提倡的"均天下"、追求天下相亲的和谐政治理念，与社会主义核心价值观一脉相承，对于我们更深刻地把握社会主义核心价值观的丰富内涵，实现伟大民族复兴的中国梦仍有积极意义。

第八章 王夫之理想人格论及其当代启示

理想人格是一定道德的完美典型，是某种道德体系认定的各种善的集合，是现实人格的理性认定和全面弘扬，表征着人们对做人之道的深彻体悟以及自己希图超越现实存在以求完善的内在倾向性。王船山全面继承和发展了中国历史上君子人格论的精华，并结合时代和社会发展的实际及其要求，在《四书训义》《读四书大全说》《张子正蒙注》《俟解》《周易内经》《周易大象解》《续春秋左氏传博议》《尚书引义》《诗广传》等著作中对君子人格进行了阐述，建立了他别开生面的理想人格论。特别值得注意的是，王夫之不但在相关著作中论述了他的理想人格论，而且以自己的实际行动践行了他的理想人格思想。

当前，工业社会的迅速发展导致人的本质异化和人格危机，重温船山理想人格论，探讨船山理想人格论的当代启示，对当代核心价值观的建立具有重大意义。

一 王夫之对理想人格论的建构

我们知道，船山理想人格论作为其伦理思想的重要内容，在他人生各个时期的著作中都有阐述。其中主要在《四书训义》《读四书大全说》《张子正蒙注》《俟解》《周易内经》《周易大象解》《续春秋左氏传博议》《尚书引义》《诗广传》等著作中对理想人格进行了系统阐述。

王船山所描画的君子人格，就是他自己一直思考和追索的理想人格，具有知情意和衷共济、德才学全面发展的韵味和特质，是道德人格、意志人格和智慧人格的辩证统一。

首先，道德人格是君子人格的重要因素。王船山认为德之大亦与天载而同其实，德为万化之本原。而君子是道德的楷模，以体道行德为职志，关心和考虑的是自己的道德行为是否合乎中道，道德情怀是否高远明达，道德境界是否大公无私。"故君子静有存焉，动有察焉，瞬息不忘，而一乎天理也，虽终日无违也。从容而养之，此心此理而已。"[1] 王船山认为君子必须仁、智、勇"三达德"必须兼备，强调"义以生勇，勇以成义，无勇者不可与立业，犹无义者不可与语勇也"[2]，把能否见义而为当作判断勇与非勇的标准。同时，王船山认为，君子这种理想人格的本质特征是通过君子小人之辨表现出来的。王夫之在儒家道德观念、道德氛围中体悟理想道德人格的真正内涵，培养了自己的人格，并使之着上了一层浓厚的传统色彩。因此，从本质上讲，其道德人格是属于以仁为核心，以修身、齐家、治国、平天下为内容的道德范畴。

其次，智慧人格也是君子人格不可或缺的因素。王船山认为，智者知之明，阳之健，是与天配德的优秀品质。"君子以所贵于智者，自知也，知人也，知天也。至于知天而难矣，然而非知天则不足以知人，非知人则不足以自知。"[3] "是故夫智，仁资之以知爱之真，礼资

---

[1] （清）王夫之：《四书训义》，《船山全书》第七册，岳麓书社1996年版，第364页。
[2] （清）王夫之：《读通鉴论》，《船山全书》第十册，岳麓书社1996年版，第666页。
[3] 同上书，第540页。

之以知敬之节，义资之以知事之宜，信资之以知诚之实，故行乎四德之中，而彻乎六位之终始……是智通四德，而遍历其位，故曰：时成。各因其时而借以成，智亦尊矣。"① 君子是学而不厌、诲人不倦的智者，他善于用自己的感官观审事物的形象原委，善于用自己的心思去探明和发现天道人事的真谛与规律。故能进退自如，动静有方，"进而用天下，如用其身焉耳，退而理其身，如理天下焉矣。恢恢乎其有余也，便便乎其不见难也。天下不见难，则智不穷于进，身有余，则智不穷于退"②。

意志人格也是君子人格的构成要素。君子是意志坚强、顶天立地的大丈夫。能"以阳刚至健之理气役使万物，宰制群动"③，志行高洁，气魄宏大，操守贞严，有浩然之气可以率天，有坚贞之气可以配道，因此他富贵不能淫，贫贱不能移，威武不能屈。君子即令处逆乱垂亡之世，亦能"憔悴枯槁，以行乎忧患，而保其忠厚"。"若其权不自我，势不可回，身可辱，生可损，国可亡，而志不可夺。"④ 在严峻的生活考验面前，君子能够"保初终之素"，坚守自己的德操，保持自己的人格尊严。

船山以道德修养和事业成就来衡量人的价值，把程朱理学的先验人性还原到人的生命之中，还原到现实的社会生活之中。他指出从"天道"方面来说，人仅仅具有仁、智、勇之本性而已，如果不通过人的好学、力行、知耻等感性实践环节，"仁、智、勇"就不能真正表现为人的现实品性。只有通过对知识的好学、力行、知耻等感性实践才能达到对天德的领悟，从而逐步实现仁、智、勇的完整人性。王夫之还在《龙舟会》中运用杂剧的形式，对其理想人格论进行了形象

---

① （清）王夫之：《周易外传》，《船山全书》第一册，岳麓书社1996年版，第824页。
② （清）王夫之：《诗广传》，《船山全书》第三册，岳麓书社1996年版，第466页。
③ （清）王夫之：《四书训义》，《船山全书》第八册，岳麓书社1996年版，第360页。
④ （清）王夫之：《姜斋文集》，《船山全书》第十五册，岳麓书社1996年版，第145页。

生动的诠释。①

二 王夫之对理想人格论的践行

王夫之出身书香门第，从小深受儒家思想熏陶。儒家推崇人格修养，注重"君子""小人"之辨。船山一生都在思考、追寻、践履君子人格。他高尚人格的重要表现就是于国大忠，于家大孝。为了忠孝，他曾经仇视过李自成领导的风起云涌的农民起义运动，对被农民起义军"拉下马"而吊死于景山的崇祯皇帝充满爱怜和悲伤，以致"数日不食，作《悲愤诗》一百韵，吟已辄哭"②；对张献忠攻陷衡州充满敌意，以致"匿南岳双髻峰"以示不满；后其父为张献忠所挟持，为救父，"自刺身作重创，傅以毒药，舁至贼所"③，从思想言行上，将传统道德所提倡的"仁之于父子，义之于君臣"发挥到了极致。同时表现出高超的智慧。他以自己的血肉之躯投入当时如火如荼的抗清扶明斗争中去。他组织发动了武装抗清。后又同管嗣裘重赴肇庆，历尽艰险，来到永历朝廷，做了翰林庶吉士，成为朝廷中的一员。永历王朝，"纪纲大坏，骄帅外讧，宦侍内恣，视宏隆朝之亡辙而更甚"④。王夫之明知不可为而极力扶持之，或走诉朝廷重臣，为那些敢于直言直谏、振刷弊政的正直官员伸张正义；或上疏皇帝，揭露奸臣误国；或从大局出发，对那些欲清君侧者进行劝阻，⑤ 想以自己

---

① 参见伍光辉《〈龙舟会〉：理想人格的颂歌》，《衡阳师范学院学报》2011年第4期。
② （清）王敔：《大行府君行述》，《船山全书》第十六册，岳麓书社1996年版，第71页。
③ 同上。
④ 杨昌济：《达化斋日记》，《船山全书》第十六册，岳麓书社1996年版，第809页。
⑤ 参见（清）王敔《大行府君行述》，《船山全书》第十六册，岳麓书社1996年版，第72页。

卑微之位、绵薄之力挽狂澜于既倒，表现出与朝廷同患难、共存亡、不怕流血牺牲的献身精神。王夫之肇庆扶明未遂，再加上母亲病危，他便离开了这个小朝廷，回到了衡山。从此之后，他"决计于林泉以没齿"①，不再将精力投到正面的抗清斗争上，也不愿出山求仕，效力清廷，即使有朋友来札相劝，他也委婉拒绝，说："某虽冗散微臣，无足重轻，业已出身事主，不得更忘所事。茹荼饮蘗，吾自安之，不安者不忍出也。"② 表现了他的民族大义和效忠明王朝的遗民情结。王夫之潜隐之后，将全部心血集中在对古代文化思想学问的研究上，以期通过古籍的探微掘幽来总结民族兴亡的历史和教训，来唤醒人们的民族复兴的良知，从理论上将自己的民族主义主张提升到了一个更深更高的层面。这种大义和情结至死不渝，他自题其墓云："明遗民王夫之之墓。"自铭云："抱刘越石之孤忠而命无从致，希张横渠之正学而力不能及，幸全归于兹丘，固衔恤以永世。"③ 表现出崇高的道德情操。

王夫之"中年时期投身激流，历尽患难"。民族主义思想固然支配他走完了这一历程，但若没有艰苦奋斗、坚忍不拔的毅力和精神，其行为恐怕不能持久。王夫之的坚贞之节，坚忍不拔的意志人格，至壮、晚年犹善，壮、晚年是他潜伏深山荒丘、誓不与清廷合作的时期。先前，为了避免清廷的侦缉追捕，他东躲西藏，或潜伏瑶山为瑶人，或流亡异乡为异客，人身的安全得不到保障，衣食住行亦常无着落，间得友人之资助才免于饿死。其后，吴三桂起兵反清，攻入湖南，"一时伪将招延"，夫之却"坚避不出，或泛舟渌、湘间，访故人以避之"。及吴三桂于衡州僭号称帝，请他写劝进表，他严词拒绝，

---

① （清）王敔：《大行府君行述》，《船山全书》第十六册，岳麓书社1996年版，第75页。
② 同上书，第76页。
③ （清）王夫之：《自题墓石》，《船山全书》第十五册，岳麓书社1996年版，第228页。

说"某先朝遗臣,誓不出仕,素不畏死,今用不祥之人,发不祥之语耶?"① 这时,只要他稍加变更,接受招延,或替吴三桂写劝进表,其荣华富贵便会接踵而至。然而他却没有这样做,宁愿受饥寒之煎熬,也不屈志求荣。王夫之以坚守正道的精神、顽强的意志,用自己超人的智慧完善了自己的实学理论,用自己的"启瓮牖,秉孤灯,读十三经、二十一史乃朱、张遗书"②的实际努力充实了实学内容,修炼和提升了自己的纯实之操,最终成为一个著名的学者和思想家。船山就是这样全面继承和发展了中国历史上诸种理想人格论的精华,并结合时代和社会发展的实际及其要求,建立了他别开生面的理想人格理论,实践了君子人格理想。

三 王夫之理想人格论的当代启示

理想人格论作为船山伦理思想的重要内容,不但在他人生各个时期的著作中都有阐述,而且他一直在思考理想人格的内涵、践履着他所追求的君子人格。

王夫之的理想人格论虽然从阶级属性上讲,"是地主阶级改革派人生理想和做人标准的反映,但它同时也在一定程度上反映着或表达着广大劳动人民自我完善的心声与要求,具有较多的人民性和相对的超阶级性"③。船山理想人格论曾经影响了一代又一代中华儿女,特别是对近代湖湘人才辈出的局面影响巨大。王夫之的理想人格论对当代核心价值观的建立也具有重大意义。

---

① (清)王敔:《大行府君行述》,《船山全书》第十六册,岳麓书社1996年版,第75页。
② 同上书,第76页。
③ 王泽应:《王夫之的理想人格论》,《船山学刊》1992年第12期,第80页。

（一）理想人格的标准应与时代要求相符合，与时俱进

先秦时期的理想人格是诸子将尧、舜、禹、汤、周公等理想化的产物，影响深远。《尚书·尧典》的理想人格是："直而温、宽而栗、刚而无虐、简而无傲。"《周易》中的理想人格是自强不息、贞定不懈、德合天地、妙赞化育的"大人"特质。先秦百家争鸣时期，各家的理想人格争长竞短，其中尤以儒、道、墨三家为重。儒家的人格有层次之分，如孔子将人分为五类：庸人、士人、君子、贤人和圣人，而圣人能与天地合德，与大道同行，与兼爱同施，是他的理想人格。道家的理想人格是至人、真人、神人。即逍遥无待，与物同一，德合天地，道济天下，乘天地之正，而御元气之辨，以游于无穷者。其精神写照则是形随俗而志清高，身处世而逍遥。墨家的理想人格是"博大完人"，具有兼相爱、交相利、爱无差、不避新疏的意蕴，富有思辨的头脑，奋斗的韧性，爱和牺牲的精神，反对艺术的生活，是其人格特质。到了宋明时期，理学家在儒、道、释合流的基础上，将理想人格学说系统化，构筑起了空前的理想人格理论。张载、二程、朱熹的理想人格的共同特点是寡欲，甚或至于灭欲，这种理想人格是宋明时期的社会现实的产物。

王夫之站在总结哲学家成就的高度上，在克服各派理想人格理论不足的基础上，继承并发展了儒家的理想人格理论，他的理想人格论没有先秦以前的那种超理想性和神秘性，也不是道家那种"隳肢体、去聪明"的至人论。

在他看来，理想人格可以通过诗歌等艺术活动来陶冶和培养，以区别于墨家的"完人"。王夫之的理想人格具有实实在在的人的躯体，集天理、人欲于一身，是任何人只要努力都可以达到的"君

子"。王夫之借用理学家所使用的范畴"君子"来表达他的理想人格。"唯恃此絜矩之道，以整齐其好恶而平施之，则天下之理得，而君子之心无不安矣"① 等。王夫之超脱了"灭人欲"的陷阱，赋予"君子"以崭新的内涵。他的理想人格虽也要求达到"昭然天理之不昧"②，但它是一种形色欲望与天理德行的协调发展。王夫之认为理想人格是智慧人格、道德人格和意志人格的有机统一。具有理想人格的人自强不息，厚德载物，是身成与性成的高度结合与统一。他的理想人格理论，继承并发扬了儒家君子人格论，与清初故国沧桑、中原板荡，舆图更版的社会现实对理想人格的要求是完全相符合的。

我们在建立当代核心价值观，确定理想人格标准时，既不能照搬前人的理想人格论，也不能完全割裂历史，而应该与时俱进。

（二）理想人格是多种品格的统一，不可偏废

具有理想人格的人区别于以往诸种理想人格之处，不仅表现于他在心理因素、精神状态、能力素质、道德品格方面得到了自由、和谐、全面的发展，而且也表现在他的身体健康、形体机能、生理感官等方面也得到了正常的、均衡的发展，是身成与性成的高度结合与统一。

王夫之所追求的理想人格"既是极深研几、格物穷理、明伦察物并多才多艺的智者，又是以天下为己任，哀民生之多艰并能仁民爱物的仁人，还是为天地立心，建一代规模，'历乎无穷之险阻而皆不丧

---

① （清）王敔：《大行府君行述》，《船山全书》第十六册，岳麓书社1996年版，第75页。
② 同上书，第76页。

其所依'的志士"[1]。

王夫之公开提出了贵智论的思想。他认为,"智统四德而遍历其位""是故夫智,仁资以知爱之真,礼资以知敬之节,义资以知制之宜,信资以知诚之实,故行乎四德之中,而彻乎六位之终始。终非智则不知终,始非智则不知始。……是智统四德,而遍历其位,故曰'时成'。各因其时而借以成,智亦尊矣"[2],因此,"唯不智故不仁,唯不智故弃义,唯不智故蔑礼"[3]。由于"行之无度,出之不知,则于伦物之缺陷既多,而纳之于士君子之林,则耳自荧而手足不适,未得满于人之心,即其有歉于人之理也"[4],所以"罪莫大于不智"[5]。

同时,王夫之也十分重视道德人格。他认为,"盖仁者,无私欲也,欲乱之则不能守……仁者,无私意也,私意惑其所见则不能守……仁者,固执其所择者也,执之不固则怠乘之而不能守……去私欲,屏私意,固执其知之所及而不怠,此三者足以言仁矣"[6]。

王夫之特别看重意志人格。在他看来,"若其权不自我,势不可回,身可辱,生可损,国可亡,而志不可夺"[7]。他认为,"始之立其志,勿自隘也,必求尽乎道也。继之贞其志,勿自乱也,必允合乎道也。终之遂其志,勿自任也,不可逾乎道也"[8]。"志之所至而气以凝,求仁得仁,而丧亦仁矣"[9]。因此,在《示子侄》一文中,王夫之以极其形象的语言,满腔热情地描绘了他所向往的理想人格,"潇

---

[1] 王泽应:《王夫之的理想人格论》,《船山学刊》1992年第12期,第69页。
[2] (清)王夫之:《周易外传》,《船山全书》第一册,岳麓书社1996年版,第824页。
[3] (清)王夫之:《诗广传》,《船山全书》第三册,岳麓书社1996年版,第370页。
[4] (清)王夫之:《读四书大全说》,《船山全书》第六册,岳麓书社1996年版,第438页。
[5] 同上。
[6] 同上书,第834页。
[7] (清)王夫之:《春秋家说》,《船山全书》第五册,岳麓书社1996年版,第145页。
[8] (清)王夫之:《四书训义》,《船山全书》第七册,岳麓书社1996年版,第484页。
[9] (清)王夫之:《尚书引义》,《船山全书》第二册,岳麓书社1996年版,第404页。

洒安康，天君无系。亭亭鼎鼎，风光月霁。以之读书，得古人意。以之立身，踞豪杰地。以之事亲，所养惟志。以之交友，所合惟义，惟其超越，是以和、易。光芒烛天，芳菲匝地"[①]。处世态度和品质上则是自强不息精神、厚德载物情怀的辩证结合。

科学意义上的理想人格由人的智慧力量、道德力量、情感力量、意志力量和审美力量所构成。智慧因素（力量）包括获取加工信息的能力、判断能力、批判能力、实践能力、创造能力。追求人格的智慧发达，是理想人格的内在要求。意志因素（力量）指人自觉地确定目的，并且支配行动以实现预期目的的心理过程，以及克服人的内心障碍的自制力和坚韧性。理想人格的意志力量是具有异乎寻常的挫折超越力，富于锐意进取和创新精神，独立自主、奋发向上的精神，坚定信念、始终不渝的精神。意志因素是理想人格的支柱和内在品质。道德因素（力量）、情感因素（力量）。道德因素是理想人格的灵魂，它是个体对自己、他人、人类、自然及存在本身的某种真诚态度和倾向性，以及关于这种真诚态度的体验能力和表达能力，是决定人格发展的重要因素。情感因素是指人们对一定社会阶级的道德标准和原则的强烈的爱憎分明的情绪反映和情感态度，它是确定人格发展方向的重要因素。在理想人格中，美来源于真和善，真善是美的内在价值，美是真善的外在表现。理想人格是一种完满的美、愉悦的美和崇高的美。

（三）以身任天下是理想人格最重要的特性

王夫之认为，理想人格应有维护民族独立与自身人格之大节，面对强敌，不投降，不屈服，虽死不辱。他说："取义蹈仁者，虽死而

[①] （清）王夫之：《姜斋文集》，《船山全书》第十五册，岳麓书社1996年版，第145页。

不辱。……存亡者天也；死生者命也，宠不惊而辱不屈者，君子之贞也。"① 王夫之十分看重民族大义，在反清复明无望之后，王夫之埋头著述，"六经责我开生面，七尺从天乞活埋"，这反映出了他的学风和志趣，也表现了他的民族气节。

如果我们没有以身任天下的情怀与抱负，如果人人只想着个人的恩怨得失，中华民族必失去凝聚力向心力，进而走向衰落。有史为鉴，北宋之所以在经济繁荣、科技发达的情况下国君被掳到五国城，清朝所以在"盛世"之时把中国带向衰落，出现民族百年屈辱，很重要的是精神失落，有肉无骨。中国在经济飞速发展，成为全球第二大经济体的情况下避免逆转，必须认清一些基本道理。大国崛起于精神，没有精神的崛起也便没有国家民族的崛起。而"以身任天下"的理想人格是我们民族精神的突出表现。

理想社会的实现需要"以身任天下"的理想人格来推动。在长期的革命斗争实践中，我们党不仅重视发挥人的革命精神的作用，重视人的思想政治工作，而且培养了一大批无产阶级先锋战士，他们具有无比的革命精神和道德品格，具有远大的共产主义理想和坚定的共产主义信念，具有实事求是、大公无私和全心全意为人民服务的精神，具有压倒一切敌人、压倒一切困难、去争取胜利的革命英雄主义的精神。这些革命精神和崇高品质，尽管是在革命战争的特殊时代和特殊环境中生成，但是，其精神和品格，理想人格及其典范，是我们取得了新民主主义革命胜利、实现社会主义理想社会的重要保证。革命的理想人格及其崇高精神和高尚品质，也是建设新社会的一笔宝贵的精神财富。社会主义"三大改造"的实现是所有制改造和人的改造的创造性结合的体现，其功绩之一在于通过制度的改造实现了人的改造，

---

① （清）王夫之：《尚书引义》，《船山全书》第二册，岳麓书社1996年版，第436页。

使人的精神、人格发生质的变化和飞跃，为建设社会主义理想社会准备了人格的条件，使人们进入追求人的全面自由发展本质的新时代。

建设富裕发达的社会主义需要培养社会主义理想人格。在当前，发展社会主义市场经济、建设和谐社会与培养社会主义理想人格在本质上是相通的，社会主义市场经济的建立和发展为社会主义理想人格的培养创造了优越的条件和平台，社会主义理想人格的培养又有力地促进了社会主义市场经济的健康发展。在社会主义市场经济条件下，我们提出了"有理想、有道德、有文化、有纪律"的社会主义"四有"新人的理想人格标准，同时加强人格教育，弘扬社会新风，树立理想人格典范，发挥榜样的教育作用，通过教化改善人格结构，促进人格健康发展。

王夫之的理想人格理论给笔者的启示是深刻的。今天我们站在人类命运和未来走向的大背景下重新审视王夫之的思想时，他培养全面发展的自由和谐人格，使人达到审美化的人生境界的思想，让我们不得不思考现代化的终极意义和人类共同利益的终极价值所在，思考并提升出一种深刻的人类共同的生命意识和一种深邃的人类共通精神。

第九章　王夫之的家庭伦理观及其当代价值

家庭是社会共同体最古老的形式之一，是作为人们从事生产、征服自然和繁衍子孙的社会细胞而存在。人类学家米德曾经这样说："就我们所找到的人类最早期活动的记录来看，我们的祖先总是以家庭为生活据点的。我们从未发现过任何民族在毁坏家庭并以别的方式取代它之后能够持久兴盛。尽管有人一次又一次地倡导改革并且付诸实践，人类社会却仍旧肯定非依靠家庭为人类生活的基本单元不可，即由父亲、母亲与子女所组成的家庭。"[①] 家庭作为各种社会共同体的基础，家庭的和谐稳定与否，对于社会而言，影响巨大——尤其是对于一家一户小农经济为基础的封建宗法社会。在封建宗法社会结构中，家庭是社会最重要的组成部分，它是个体生命的摇篮，不仅完成个体肉体生命的生产，而且要承担着对个体进行人格和精神上的熏陶，所以这就不难理解，宗法社会的浓重氛围可以对个体生命造成遮蔽，因为没有家庭就没有个人；同时，家庭也是社会的基石，它是社

[①] ［美］米德：《家庭》，转引自潘允康《家庭社会学》，中国社会科学出版社2002年版，第77—78页。

会完成三种生产，即物质资料的生产、人口的生产、伦理道德等精神文化的生产的基本单位。推崇"家国同构"的中国儒家文化历来重视家庭问题——"齐家"："欲治其国者，先齐其家"①；"四体既正，肤革充盈，人之肥也；父子笃，兄弟睦，夫妇和，家之肥也；大臣法，小臣廉，官职相序，君臣相正，国之肥也"②；"人有恒言，皆曰'天下国家'，天下之本在国，国之本在家"③……作为明末清初三大儒之一的王夫之也不例外，他同样十分看重、推崇"齐家"："夫君子之齐家，以化及天下也"④；"新民者，以孝、弟、慈齐家而成教于国"⑤；"齐家之教，要于老老、长长、恤孤，而可推此以教国矣"⑥；"正己齐家而忧社稷"⑦；"圣人之于其家也，以天下治之，故其道高明；于天下也，以家治之，故其道敦厚"⑧……在流传至今的王夫之百余种、数百万字的著述中与"齐家"有关的材料不少，笔者不揣冒昧，以之请教方家。

一 父慈子孝、家教从严及其当代价值

传统社会是父权制社会，父子关系是家庭关系的核心和主轴。尽管有夫妇才有父子，但夫妇之间只讲"义"，可以离异；父子之间才是"亲"，不能割断。而且从"亲亲"上说，有了父子，才能上承祖先，下及子孙，旁及兄弟，联合宗族。君臣是父子关系在政治上的推

---

① （宋）朱熹：《四书集注》，岳麓书社2004年版，第6页。
② 《礼记正义·礼运》，北京大学出版社1999年版，第711页。
③ 《孟子·离娄上》，《新编诸子集成》第一辑，中华书局1983年版，第278页。
④ （清）王夫之：《宋论》，《船山全书》第十一册，岳麓书社1996年版，第63页。
⑤ （清）王夫之：《读四书大全说》，《船山全书》第六册，岳麓书社1996年版，第397页。
⑥ 同上书，第435页。
⑦ （清）王夫之：《读通鉴论》，《船山全书》第十册，岳麓书社1996年版，第190页。
⑧ （清）王夫之：《诗广传》，《船山全书》第三册，岳麓书社1996年版，第381页。

演，朋友是兄弟关系在社会上的延伸，这都是从父子关系这一核心而来的。因此，中国人非常重视父（母）子（女）人伦。传统父（母）子（女）人伦的基本规范就是慈孝，慈是对父母而言的，孝是对子女而言的。《荀子·君道》明确规定："请问为人父？曰：宽惠而有礼。请问为人子？曰：敬爱而致文。"① 对于父（母）与子（女）的关系，王夫之十分推崇父（母）慈子（女）孝："古人云，读书须要识字。一字为万字之本，识得此字，六经总括在内。一字者何？孝是也。如木有根，万紫千红，迎风笑日；骀荡春光，累垂秋实，都从此发去。怡情下气，培植德本，愿吾宗英勉之。"②

《管子·形势解》中载："慈者，父母之高行也。……孝者，子妇之高行也。……父母慈而不解（懈）则子妇顺……子妇孝而不解（懈）则美名附。……父母者，子妇之所受孝也，能慈仁教训而不失理，则子妇孝。……子妇者，亲之所以安也，能孝弟（悌）顺亲则当于亲。故渊涸而无水则沈玉不至，主苛而无厚则万民不附，父母暴而无恩则子妇不亲……子妇不安亲则祸忧至。"③ 这段话，对父慈子孝的内涵进行了阐述：慈为父母的最高德行，孝为子女的最高德行。在家庭中"父慈"具体包括两方面的要求：一是养，二是教，使子女健康成长、成家立业。因此，王夫之对自己父母之慈赞誉有加："至于先子，仁慈天笃，始于吾兄弟冠昏以后，夏楚不施，诃斥不数，数焉"④；"先君子以宏慈行德威，抑且至性简靖，尚不言之教。不孝兄弟之奉教也，不以其不可默喻之顽愚，而多所提命，每有颠覆违道之行，但正容不语。倚立旬日，不垂眄睐。乃不孝兄弟顽愚实甚伥罔，

---

① （清）王先谦：《荀子集解》，中华书局1998年版，第233页。
② （清）王夫之：《示侄我文》，《船山全书》第十五册，岳麓书社1996年版，第146页。
③ （清）黎翔凤：《管子校注》，中华书局2004年版，第1166页。
④ （清）王夫之：《〈耐园家训〉跋》，《船山全书》第十五册，岳麓书社1996年版，第139页。

莫知所自获咎，刊心欲改，而抑不知所从。太孺人乃探先君子之志，而戒不孝兄弟以意之未先，志之未承也；详谪其动之即咎，善之终迷，申之以长傲从欲之，不可发不孝兄弟之愿于隐微，而述先君子之素履，以昭涤其瞖智，既危责之，抑涕泗将之，然后终之以笑语而慰藉之"①；"教子妇以宽……诃叱绝于口，荆笞绝于手，而自然整肃，莫敢亵越"②。

孔子说："夫孝，德之本也，教之所由去也。……身体发肤，受之父母，不敢毁伤，孝之始也。立身之道，扬名于后世，以显父母，孝之终也。"③ 孟子认为不孝有五种表现："惰其四支，不顾父母之养，一不孝也；博弈好饮酒，不顾父母之养，二不孝也；好货财，私妻子，不顾父母之养，三不孝也；从耳目之欲，以为父母戮，四不孝也；好勇斗狠，以危父母，五不孝也。"④ 子女的孝开始于保护好自己的身体不让受伤，最低要求是作为子女一定要在从物质生活上能够保障老人的生活，包括赡养和关心其身体健康。其次，作为子女不辱其亲。也就是自己的言谈举止都要做到小心谨慎，时时刻刻听从父母的教导和良苦用心，无论是在家庭还是社会上，最起码的宗旨是让自己的父母保持精神愉悦，不能让自己的父母蒙受侮辱。最好的孝是使父母得到众人的尊重。因此，王夫之对自己父兄之孝十分崇尚："少峰公（王夫之的祖父）严威，一笑不假，小不惬意，（王夫之的父亲）则长跽终日，颜不霁不敢起。每烧灯独酌，令先君子（王夫之的父亲）隅座吮笔作文字，中夜夔夔无怠色。晨昏问起居，凝立户外，不敢逾梱限，倾耳听謦欬平善，愉色蹜足而退，率以为恒"；"先姊有心

---

① （清）王夫之：《谭太孺人行状》，《船山全书》第十五册，岳麓书社1996年版，第119页。
② （清）王夫之：《显妣谭太孺人行状》，《船山全书》第十五册，岳麓书社1996年版，第117页。
③ 《孝经注疏》卷一，北京大学出版社2000年版，第3页。
④ （清）焦循：《孟子正义》，中华书局1998年版，第599页。

痛疾，举发则弥旬不瘳，夫之既羸且惰，仲兄（王夫之的大哥）亦多病，扶掖按摩，寒暑昼夜局曲于床褥间，十余夕不寐，两三日粒米不入口以为恒"①。对此，王夫之认为，"礼之本无他，爱与敬而已矣。亲亲者，爱至矣，而何以益之？以敬。夫之曰：'子也者，亲之后也，敢不敬与！'为父兄者，不以谐臣媚子自居，而陷子弟于便佞善柔之损，敬之至也。尊以礼莅卑，卑以礼事尊"②。如果"为父兄者，以善柔便佞教其子弟，为子弟者，以谐臣媚子望其父兄"，则"求世之永也，岌岌乎危矣哉！"③

怎样才能保持父（母）慈子（女）孝的家族风气延绵不坠？晚年的王夫之在给大哥王介之所写的总结王氏家族的家庭教育经验的《耐园家训》的跋中，直接点明只有家教从严，方能父慈子孝，方能家族"嗣先""启后"："父兄立德威以敬其子弟，子弟凛祗载以敬其父兄，嗝嗝乎礼行其间，庶几哉，可以嗣先，可以启后。不然，吾所不忍言也。"④ 对此，王夫之再三以自己家族成员为例："（王夫之的叔父）童年小有过失，少峰公（王夫之的祖父）责遣门外，永夕下钥，时当除夕，风雪凄迷，先考私从隙道掖令归寝，先生引咎自责，必遵庭命。翼日元旦，少峰公方启扉焚香，先生怡颜长跽。少峰公且喜且泣，称其允为道器。逮及耆年，省荣酹酒，涕泗横流，拜伏不起，则夫之所亲见也"⑤；"然以夫之之身沐庭训者言之，或有荡闲之过，先子不许见，不敢以口辩者至两三旬，必仲父牧石翁引道，长跪

---

① （清）王夫之：《石崖先生传略》，《船山全书》第十五册，岳麓书社1996年版，第102页。
② （清）王夫之：《〈耐园家训〉跋》，《船山全书》第十五册，岳麓书社1996年版，第139页。
③ 同上。
④ 同上书，第140页。
⑤ （清）王夫之：《牧石先生暨吴太恭人合祔墓表》，《船山全书》第十五册，岳麓书社1996年版，第125页。

庭前，牧石翁反覆责谕，述少峰公之遗训，流涕满面，夫之亦闵默泣服，而后得蒙温语相戒"①……也因此，对于自己家族的家教之严，王夫之一直津津乐道："吾家自骁骑公从邠上来宅于衡，十四世矣。废兴凡几而仅延世泽……乃所以能然者何也？自少峰公而上，家教之严，不但吾宗父老能言之，凡内外姻表交游邻里，皆能言之"②；"家承严政，内外栗肃者九代"③，"课先君洎仲叔二父诵习，每秉灯对酒，寘笔砚座隅，令著文艺，恒中夜不辍。仲父偶戏簪一花，蓦见之，作色曰：'此岂吾子弟邪。'"④ "父慈"并不是让其父母溺爱孩子，对孩子百依百顺，而是要从长远考虑，要以是否能给孩子终身幸福为出发点考虑问题——"父子之间，不可溺于小慈，自小律之以威，绳之以礼，则无不肖之悔"⑤。

在封建社会，家庭作为一个独立的经济实体，其经济主要来源于农耕这种小农经济模式，使得家长在整个家庭中居于主导地位，是一家之长。在家庭关系中，家长的地位是不可动摇的。然而，到了近现代，中国社会的经济、政治、文化结构发生了重大变化：在经济上，传统以家庭为单位的小农经济遭到沉重打击，并被逐渐发展起来的近代工业所取代，且随着市场经济的迅速发展，传统的小农经济日益被淘汰，家长的这种主宰功能也随之丧失。在政治上，社会主义制度的建立，使封建制度彻底瓦解，按劳分配和多种分配形式使得劳动力得到解放，年轻力壮、思想开放的子女更具有发言权。在文化上，多元文化的发展使人们的价值取向更加多元化，人们更加重视自身的发展

---

① （清）王夫之：《〈耐园家训〉跋》，《船山全书》第十五册，岳麓书社1996年版，第139页。

② 同上。

③ （清）王夫之：《家世节录》，《船山全书》第十五册，岳麓书社1996年版，第225页。

④ 同上书，第214页。

⑤ （宋）刘清之：《戒子通录》卷六，文渊阁《四库全书》影印本，台湾商务印书馆1983年版，（第703册）第70页。

和自我价值的实现,自由、平等、民主等价值观念已经融入家庭伦理,传统的家长威权大大弱化。但是"父慈子孝"充满了辩证思想。首先它考虑到家教中的双方父母与子女,其次它重视父母与子女间的相互影响,最后它突出了父母的主导地位。涵盖了长辈应该关心爱护晚辈以尽慈道,晚辈应该孝敬赡养长辈以尽孝道,是我们应该继承和发扬的传统文化:第一,"父慈子孝"是家庭稳固的纽带。虽然现代社会是以夫妻关系为主的核心家庭,但是,和长辈的关系是否融洽直接影响着核心家庭的稳固。第二,"父慈子孝"是解决中国老龄化的良策,促进社会公德建设和社会和谐发展的因子。中国已经步入老龄化国家,一方面巨大的老龄人口数量导致无法采用西方的社会养老;另一方面中国传统的"养子防老"也迫切需要"父慈子孝"。"父慈子孝"是一种基础道德,它是公民道德建设的内容之一;社会是由一个个小家组成的,家是社会的细胞,如果每一个家庭都幸福和谐,那么整个社会也就和谐稳定了。

二 夫义妇从、相亲相爱及其当代价值

传统家训有言:"夫妇之道,天地之义,风化之本原也。"作为人道之始的夫妇关系顺理成章也就成了家庭中的首要关系。家庭关系的组成始于夫妇,夫妇关系是父子关系、兄弟关系产生的前提,所以,以夫妇关系为基础的婚姻关系直接关系一个家庭的家道兴衰。儒家在夫妇关系上的主流倾向是夫义妇从——这个义既是指情义、道义,又是礼义。以情正义,夫妻应恩爱和谐;以道正义,夫妻应甘苦与共;以礼正义,夫妻应相互尊重。《荀子·君道》明确规定:"请问为人夫?曰:致功而不流,致临而有辨。请问为人妻?曰:夫有礼则柔从

听侍，夫无礼则恐惧而自竦也。"① 对于夫妻关系，王夫之十分赞同夫义妇从，在存世的薄薄 10 卷《姜斋文集》中，王夫之数次深情回忆自己父母的夫义妇从："先君子勤素业，乃薄田仅给饘粥。而慎终之厚，倍于素封，称贷繁猥，卒皆酬偿。太孺人销簪珥，斥衣袄，固不待言。抑数米指薪，甘荼如饴，以成先君子之孝。若不孝兄弟所得见者，先君十年燕赵，聚子妇，构堂室，终不孝读书之业，且河润宗姻，无干糇之失，类出于太孺人之撙节，则襄大事之时，心专力竭，愈可推矣"②；"先君宦学四方，家徒壁立，先孺人躬亲舂饪，支盈补虚，以佐图史舟车之赀，费逾千金"③。王夫之夫妻也是如此做的——王夫之的儿子王敔在给王夫之悼念妻子郑孺人的诗《来时路》下特意作注："庚寅秋，娶孺人为继室，是冬，随先君隐楚，道闻祖母谭太君逝，哀恸屡绝。流离中营大事毕，徙常宁峒山。丙申，生敔于西庄源。丁酉，复迁于南岳。庚子，徙茱萸塘。辛丑六月弃世。时敔方六岁。近体中《岳峰悼亡》诗及绝句中《初度口占》诗，皆先子是岁先后作也。孺人通文词而不拈笔墨，体屡弱而躬亲釜臼，播迁与先子以节义共矢，栖迟与先子以薇蕨共甘。"④ 对于郑孺人的"妇从"——舍生入死、历尽艰难陪同自己尽忠尽义，王夫之感激不已，其《续哀雨诗·序》说得很明白："庚寅冬，余作桂山哀雨四诗，其时幽困永福水砦，不得南奔，卧而绝食者四日。亡室乃与予谋间道归楚，顾自桂城溃陷，淫雨六十日，不能取道，已旦夕作同死计矣，因苦吟以将南枝之恋诵示，亡室破涕相勉。今兹病中搜读旧稿，又值秋杪寒雨无极，益增感悼，重赋四章。余之所为悼亡者，十九以此子荆

---

① （清）王先谦：《荀子集解》，中华书局 1998 年版，第 233 页。
② （清）王夫之：《谭太孺人行状》，《船山全书》第十五册，岳麓书社 1996 年版，第 120 页。
③ （清）王夫之：《家世节录》，《船山全书》第十五册，岳麓书社 1996 年版，第 225 页。
④ （清）王夫之：《来时路·注》，《船山全书》第十五册，岳麓书社 1996 年版，第 265—266 页。

奉倩之悲，余不任为亡者，亦不任受也。"① 王夫之传世的多首悼亡郑孺人的诗亦可以佐证："泥浊水深天险道，北罗南鸟地危机。同心双骨埋荒草，有约三春就夕晖"②；"一万五千三百三，愁丝日日缠春蚕。天涯地窟知音绝，新剪牛衣对雨谈"③；"十一年前一死迟，臣忠妇节两参差。北枝落尽南枝老，辜负催归有子规"④；"记向寒门彻骨迂，收书不惜典金珠。残帏断帐空留得，四海无家一腐儒"⑤……

怎样才能保持夫义妇从？王夫之认为，一方面要夫妻相亲相爱："先君夙有痰疾，煮药调食，必躬亲执事，不以属之子妇及委僮婢。先君疾革时，先孺人新自病起，羸弱不振，顾蚤起晏息，篝火亲事，一如其素焉"⑥；"小圃忙挑菜，闲窗笑读书"⑦；"皓月渐临深院里，笼葱光影无回避，罗帐重重清似水，郎归矣，幽闺梦减青绫被。如此良宵真不易，等闲莫劝郎轻醉，缓缓金尊斟绿蚁，湘帘启，海棠红映银灯丽"⑧；"静好尔音，函之予心，有言孰谌"⑨……另一方面要勤俭持家："两兄及夫之灯丸书卷，衣履赠遗，娶妇饴孙，以及岁时尝荐，伏腊酒浆之属不计焉，皆先孺人之手泽也。顾每有赢余，辄尽散以施姻党之乏，及他迫而来告者，下迨僮仆，人得取给，恒需然有余，终不囊宿一钱，曰：'奈何以有用置无用之地也！'居少不约，居多不丰，顺聚散以随时，故晚遇丧乱，麻衣橡食，欣然如素"⑩；"微

---

① （清）王夫之：《续哀雨诗》，《船山全书》第十五册，岳麓书社1996年版，第300页。
② 同上。
③ （清）王夫之：《初度口占》，《船山全书》第十五册，岳麓书社1996年版，第315页。
④ 同上。
⑤ （清）王夫之：《悼亡》，《船山全书》第十五册，岳麓书社1996年版，第564页。
⑥ （清）王夫之：《家世节录》，《船山全书》第十五册，岳麓书社1996年版，第225页。
⑦ （清）王夫之：《岳峰悼亡》，《船山全书》第十五册，岳麓书社1996年版，第285页。
⑧ （清）王夫之：《泽梦十六阕·调寄渔家傲》，《船山全书》第十三册，岳麓书社1996年版，第620页。
⑨ （清）王夫之：《陶孺人像赞》，《船山全书》第十五册，岳麓书社1996年版，第199页。
⑩ （清）王夫之：《家世节录》，《船山全书》第十五册，岳麓书社1996年版，第225页。

霜碾玉，记日射檐光，小窗初透，夜寒深否？问素罗新裁，熨须铜斗"① ……

中国古代随着专制主义的加强，男主女从、男尊女卑、夫尊妻卑的伦理规范也随之被强化，最终发展成一种统治与被统治的关系，即所谓"三从四德""夫为妻纲"。所谓"三从"，《礼记·郊特牲》中言："妇人，从人者也，幼时从父兄，嫁从夫，夫死从子。"② 所谓"四德"也就是妇德、妇言、妇容、妇功。汉代班昭认为，所谓妇德是指幽闲贞静、规矩顺从，而不是才明绝异；妇容，不是求颜色动人，而是盥洗尘秽，服饰鲜洁等；妇功，是指纺织不好戏笑，洁齐酒食以奉宾客心，不是指工巧过人。因而"三从四德"的基本要求也就是女人的一生都被置于男人的统治之下——尤其结婚后，"妇有七去：不顺父母，去；无子，去；淫妒，去；有恶疾，去；多言，去；窃盗，去。不顺父母去，为其逆德也；无子，为其绝世也；淫，为其乱族也；妒，为其乱家也；有恶疾，为其不可与共粢盛也；口多言，为其离亲也；窃盗，为其反义也。"③ "七去"要求妻子对丈夫绝对顺从与依附，如果妻子做不到这些，丈夫可以休妻，颇多不合理之处；导致妻子已无自主的权利，沦落为丈夫的私有财产。

三 兄友弟恭、安静守分及其当代价值

兄弟关系是父子关系之外最为亲密的，因为"人伦有五，兄弟相处之日最长。……父之生子，妻之配夫，其时早者皆以二十为率"，就是说夫妻关系缔结于成人之后，父子关系虽生而有之但不能终生相

---

① （清）王夫之：《扫地花·忆旧》，《船山全书》第十五册，岳麓书社1996年版，第786页。
② 《礼记正义》卷二六，北京大学出版社2000年版，第950页。
③ （清）王聘珍：《大戴礼记解诂》，中华书局1983年版，第255页。

伴，而兄弟虽出生前后相差几年，但"自竹马游戏，以至骀背鹤发，其相与周旋，多者至七八十年之久"①。所以兄（姐）弟（妹）是一种比夫妇关系更早、比父子关系更久、持续时间最长的关系。《荀子·君道》明确规定："请问为人兄？曰：慈爱而见友。请问为人弟？曰：敬诎而不苟。"②就是说，作为兄长，应当爱护弟弟；作为弟弟，应当敬爱兄长。王夫之一生十分重视兄友弟恭，不仅苦口婆心地劝说两个儿子："汝兄弟二人，正如我两足，虽左右异向，正以相成而不相螫戾。况本可无争，但以一往之气，遂各挟所怀，相为疑忌。先人孝友之风坠，则家必不长。天下人无限，逆者顺者，且付之无可如何，而徒于兄弟一言不平，一色不令，必藏之宿之下？试俯首思之。"③还在给家族里晚辈的书信中不厌其烦地嘱咐："愚……今年已衰老，惟有此心，愿家族受和平之福以贻子孙，敢以直言为吾宗劝戒。此尔弥指日二弟居尊长之位，所宜同心以修家教者也。和睦之道，勿以言语之失，礼节之失，心生芥蒂。如有不是，何妨面责，慎勿藏之于心，以积怨恨。天下甚大，天下人甚多，富似我者，贫似我者，强似我者，弱似我者，千千万万，尚然弱者不可妒忌强者，强者不可欺凌弱者，何况自己骨肉！有贫弱者，当生怜念，扶助安生；有富强者，当生欢喜心，吾家幸有此人撑持门户。譬如一人左眼生翳，右眼光明，右眼岂欺左眼，以灰屑投其中乎！又如一人右手便利，左手风痹，左手岂妒忌右手，愿其同瘫痪乎！不能于千人万人中出头出色，只寻著自家骨肉中相凌相忌，只便是不成人。戒之，戒之！"④……存世的《姜

---

① （宋）罗大经：《鹤林玉露·乙篇》卷六，孙雪霄校点，上海古籍出版社 2012 年版，第 134 页。
② （清）王先谦：《荀子集解》，中华书局 1998 年版，第 233 页。
③ （清）王夫之：《己巳九月书授攽》，《船山全书》第十五册，岳麓书社 1996 年版，第 230 页。
④ （清）王夫之：《丙寅岁寄弟侄》，《船山全书》第十五册，岳麓书社 1996 年版，第 142 页。

斋文集》中，王夫之亦再三自豪于自己"延世泽"十四世的家族的兄（姒）友弟（娣）恭："与仲父牧石翁，白首欢笑如童年，每相对晏坐，神怡心泰，疾病忧患，一无变容。季父才性旷达，颇事嬉游，畏先君子如严父，而终不以辞色相诘诫"①；"考同赴省试，先考中涂病作，遽谢同辈，掖扶归里。小艇炎蒸，篝灯搔抑，目不定睫者五昼夜，因慨然曰：'幸全三乐，复何有于浮云哉。'"②"仲兄病几痿，兄调护扶掖，齧指以受针艾，仲兄赖以愈，而卒以文章名南楚，无一非兄曲意怡声，亹亹讲说以成之者。若夫之狂娱无度，而檠括弛弓，闲勒逸马，夏楚无虚旬，面命无虚日者，又不待言"③；"孺人二岁，周旋四十年，欢如一日。迨既分居，经旬不相见，则皇皇问讯不绝。每围炉共语，呴呴如两新妇"④。

怎样才能保持兄（姒）友弟（娣）恭的家族风气延绵不坠？王夫之指出只有安静守分，方能不"相凌相忌"，方能兄（姒）友弟（娣）恭，使家族"昌盛无穷"："杜陵有句云：'吾宗秀孙子，质朴古人风。'世何有今古，此心一定，义皇怀葛，凝目即在。明珠良玉，万年不改其光辉。民动如烟，我静如镜，空花夺目，惊波荡魄，一眼觑破，置身岂在三季下哉"⑤；"教子侄辈亦安静守分，和睦不争，是所望也"⑥；"躐等高远，不如近守矩范。家众人各有心。淡然无求，

---

① （清）王夫之：《显考武夷府君行状》，《船山全书》第十五册，岳麓书社1996年版，第110页。
② （清）王夫之：《牧石先生暨吴太恭人合祔墓表》，《船山全书》第十五册，岳麓书社1996年版，第125页。
③ （清）王夫之：《石崖先生传略》，《船山全书》第十五册，岳麓书社1996年版，第102页。
④ （清）王夫之：《谭孺人行状》，《船山全书》第十五册，岳麓书社1996年版，第119页。
⑤ （清）王夫之：《又示我侄文》，《船山全书》第十五册，岳麓书社1996年版，第146页。
⑥ （清）王夫之：《与尔弼弟》，《船山全书》第十五册，岳麓书社1996年版，第145页。

则人自有感化耳"①……也因此，对于自己家族成员中安静守分、淡泊宁静的，王夫之大力推崇、赞誉："（王惟敬——王夫之的祖父）终身不见一长吏，亦不襒裾于富贵之门。纵酒自匿，而竟日口不道一里巷语"②；"（王朝聘——王夫之的父亲）天启辛酉以乙榜奉诏征入太学，无所屈合，投劾不仕。抱道幽居，长吏歆仰，求见不得"③；"（王廷聘——王夫之的叔父）布袜青鞋，逍遥于下潠观田、孤山种梅之下。筑曳涂居，构小亭，题曰濠上，浚小池，莳杂花其侧，酿秫种蔬，供岁时之荐"④；"贤弟侄敦睦厚道，足知吾家自此昌盛无穷矣"⑤；"贤弟年富力强，秉心刚直，至公至正"⑥；"读书教子，是传家长久之要道，吾侄以宁静之姿，修此甚为易易。每戒两儿，令以吾侄为法"⑦。

兄弟间由于是平辈关系，不像父子关系那样有绝对的纲常制约，比较容易产生矛盾冲突，尤其是当兄弟各自成家有了妻室儿女后，小家庭之间及小家庭与大家庭之间的冲突是不可避免的。父母在时慑于父母的权威，这种矛盾没有公开化。一旦父母去世，矛盾便趋于白热化，兄弟间为了自己的利益，往往产生尖锐的矛盾，甚至反目成仇。而矛盾的实质就是利益之争。利益越大，矛盾也就越深、越尖锐。这种兄弟冲突对家庭有极大的破坏力。父子虽有冲突，但社会并不允许

---

① （清）王夫之：《又示我侄文》，《船山全书》第十五册，岳麓书社1996年版，第144页。
② （清）王夫之：《家世节录》，《船山全书》第十五册，岳麓书社1996年版，第225页。
③ （清）王夫之：《武夷先生暨谭太孺人合葬墓志》，《船山全书》第十五册，岳麓书社1996年版，第124页。
④ （清）王夫之：《牧石先生暨吴太恭人合祔墓表》，《船山全书》第十五册，岳麓书社1996年版，第125页。
⑤ （清）王夫之：《丙寅岁寄弟侄》，《船山全书》第十五册，岳麓书社1996年版，第142页。
⑥ （清）王夫之：《与尔弼弟》，《船山全书》第十五册，岳麓书社1996年版，第145页。
⑦ （清）王夫之：《又示我侄文》，《船山全书》第十五册，岳麓书社1996年版，第144页。

离父别居。夫妻冲突可以导致双方离异,在传统社会里妻子的离去不意味着家庭的崩溃,只有因兄弟冲突而分家,才真正标志一个家庭的解体。因而传统社会特别重视兄弟团结友爱,反对一切危害兄弟团结的思想与行为。南宋名儒真德秀就曾经说过:"至于兄弟天伦,古人谓之手足,言其本同一体也。今乃有以唇舌细故而致争,锥刀小利而兴讼,长不恤幼,卑或陵尊,同气之亲,何忍为此?"[1] 传统社会人口多寡是门户兴旺的重要条件,而人口多的家庭能否保持稳定,很大程度上取决于兄弟之间能否相处和睦,所谓"兄弟合作土成金"。兄弟之间绝不应该因小事小利而损害手足之情。即使有矛盾、冲突,也应该以亲情化解,相互宽容、相互忍让,一时化解不了,也应该求大同存小异,当家庭面临重大险阻和威胁时,应当摒弃前嫌,齐心协力,共渡难关。

从近代工业革命开始,世界先后掀起了三次现代化浪潮,这在世界范围内引起了人类社会历史发展的飞跃;而现代化带来的社会变迁,使人类家庭发生着有史以来从未有过的急剧变革,无论是西方还是中国传统的家庭制度和家庭观念面临严峻的挑战,出现了所谓的"家庭危机":离婚率居高不下;单亲家庭日益增多;敬老不足,啃老有余;家庭教育重养失教;婚恋道德失范;各种犯罪日益"家庭化";家庭暴力现象严重等。面对家庭种种问题,人们开始重新思考家庭的意义。20世纪80年代以来,在美国、欧洲及日本等国家和地区兴起了一场称为"重新认识家庭"的运动,即亲家庭运动或新家庭运动——1994年更是被联合国定为"国际家庭年"。西方学者日益认为:"家庭是维系个人与广大社会的必要的纽带。……家庭观念必须受到鼓励和教育。……家庭是土壤,可以传播和生长负责任的集体主

---

[1] (宋)真德秀:《谭州·谕俗文》,《全宋文》,上海辞书出版社2006年版,(第313册)第29页。

义精神和在技术发达社会中绝对必要的更应合乎道德的伦理。……毫无疑问,21 世纪是技术的世纪,但只有同时以家庭为中心,方能成为所有人繁荣与和平的新世纪。"① 王夫之的齐家思想中的有益部分对当前世界性的"家庭危机"颇有参考借鉴价值。

---

① [法]韦伯:《家庭在现代技术社会中的作用》,武英译,《国外社会科学》1994 年第 9 期,第 33—35 页。

第十章　王夫之的友情观及其当代价值

中国传统文化特别是儒家文化以友情为其学说的一大支柱——"天下之达道五：君臣、父子、兄弟、夫妇而至朋友之交。故天子至于庶人，未有不须友以成者。'天下俗薄，而朋友道绝'，见于《诗》。'不信乎朋友，弗获于上'，见于《中庸》《孟子》。'朋友信之'，孔子之志也；'烟马衣裘，与朋友共'，子路之志也；'与朋友交而信'，曾子之志也。《周礼》六行，五曰任，谓信于友也。汉唐以来，扰有范张、陈雷、元白、刘柳之徒，始终相与，不以死生贵贱易其心"[①]。不过儒家首重亲疏等级，历来"友伦"在五伦中的排序位于最末是毫无争议的。"有朋自远方来"和"以文会友，以友辅仁"虽也被孔孟及其后学视为人生快事，但朋友却远不及兄弟亲密。逮及明末，这种情况有所改观。晚明思想界和学术界体现出独特的时代特征，王阳明心学、"狂禅派"、公安派、东林学派等均冲破传统，求新求异，而文人结社在这一时期也达到了一个高潮，人们在精神世界和文学世界上的不同体验迅速地通过聚友讲学的风气得到传播和强化。

---

① （宋）洪迈：《容斋随笔》，上海古籍出版社 1978 年版，第 119 页。

在这种密集频繁的交往中，友谊作为儒家传统社会的美德受到士林的青睐，其时书院四起，士子郊聚讲学，暂时抛却了家人，远离了尘嚣，当然不能不讲朋友之间的相处之道，友伦地位于是日益抬升，甚而被一些明末学者推崇于其他四伦之上。

作为明末清初三大儒之一的王夫之也不例外，他同样十分看重、推崇友情："君臣、父子、朋友之道自赫然有以生人之不敢而无所迷"[①]；"安所得必胜己者而友之？必求胜己，则友孤矣"[②]；"敦友谊，薄荣名，人师之语也"[③]……虽然王夫之没有专门论述友情的文章，但是流传至今的王夫之千余首诗歌中有数百首友情诗，有史料可查的王夫之交往的好友有近百人。通览王夫之有关友情的史料，我们可以归纳总结如下。

一 "朋友之道，自赫然有以生人之不敢而无所迷"——朋友的价值非常重要

儒家从孔子开始就十分重视朋友的价值，"子曰：益者三友，损者三友。友直，友谅，友多闻，益矣。友便辟，友善柔，友便佞，损矣"[④]。朱熹进一步说："友直，则闻其过；友谅，则进于诚；友多闻，则进于明。"[⑤] 王夫之更进一步详细阐释："今夫人有日益者，渐进于高明，盖其取友也，原以求益之心友之也。……其益者：责吾善，纠吾过，无所曲徇者，则友之，不怨其戆也。言必信，行必果，无所变移者，则友之，不嫌其执也。学于古，问于今，多所通识者，

---

① （清）王夫之：《船山经义》，《船山全书》第十三册，岳麓书社1996年版，第689页。
② （清）王夫之：《俟解》，《船山全书》第十二册，岳麓书社1996年版，第490页。
③ （清）王夫之：《南窗漫记》，《船山全书》第十五册，岳麓书社1996年版，第879页。
④ 黎孟德编著：《四书感悟·论语·季氏》，巴蜀书社2005年版，第220页。
⑤ （宋）朱熹：《四书章句集注·论语集注》，中华书局1983年版，第171页。

则友之，不忌其才也。友之者，以自欲寡过之心，相劝于忠厚而广其识，则过以改，诚以孚，学以成，益矣。本以求益，而遂得益焉，未有或爽者也。其损者：相尚以色庄，而互相奖以贤智，则友之，直则惮焉。相诱以和媚，而不知有忧悒，则有之，诚反疑焉。相竞以口说，而不务于实学，则有之，贤反忌焉。友之者，以文过饰美之心，交相为容说而藏其陋，则过日积，诈日成，妄日甚，损矣。不自知损，而必有损焉，其孰与正之哉？故益者自益也，损者自损也，择友者可不慎哉！"①

一个人不管是处于顺境，还是处于逆境，都需要朋友。有痛苦的事，朋友可以一起分担；有开心的事，朋友可以一起分享。"分享"和"分担"就体现了朋友的价值。具体来说，朋友至少具有以下两方面的价值。

（一）分担——互帮互助

俗话说：一个篱笆三个桩，一个好汉三个帮。人生在世，总是需要别人的帮助，而朋友是最值得求助也是最愿意给予帮助的人。荀子说："友者，所以相有也。"②"相有"即是互相帮助的意思。事实上，朋友不仅应该互相帮助，而且也非常愿意给予帮助。亚里士多德说："公道的人常常为朋友的或他的祖国的利益而做事情，为着这些他在必要时甚至不惜牺牲自己的生命。"③ 朋友间的互帮互助主要体现在济贫济危——一个人在贫穷时需要朋友的资助，在危难时更需要朋友的救助。在朋友遇到危难时挺身而出，则更能体现朋友的价值。王夫之

---

① （清）王夫之：《四书训义》卷二十，《船山全书》第七册，岳麓书社2011年版，第882页。
② 王天海校释：《荀子校释·大略》下册，上海古籍出版社2005年版，第1091页。
③ ［古希腊］亚里士多德：《尼各马可伦理学》，廖申白译，商务印书馆2009年版，第301—302页。

第十章 王夫之的友情观及其当代价值

生活在明清鼎革的乱世、家乡湖南又是战争拉锯的焦点，王夫之的一生大多时间颠沛流离、贫困不堪；在战火纷飞的乱世，王夫之通过朋友的互帮互助，不仅平安度过乱世，还成为中国古代杰出的著作等身的思想家。流传至今的史料，记载了许多王夫之与朋友互帮互助的感人事例：

其一，朋友大力帮助王夫之。王夫之的一生为了救国存亡理想而颠沛流离、贫困潦倒，多亏朋友的大力帮助才得以存活于明清鼎革的大乱世并做出杰出的学术贡献。例如，罗正均《船山师友记》卷六："夏汝弼字叔直。……与王夫之兄弟友善。流寇陷衡州，汝弼居莲华峰。夫之避乱，盖依以获免。"① 又如王夫之《癸未匿岳，寒甚下山，访病儿存没。道中逢夏仲力，下竹舁，愬不能语。哀我无衣，授之以絮，归山有咏，志感也》："应自友朋恩，知深谢不言。无衣度霜雪，多难际乾坤。泥重芒鞋涩，云浓湿帽昏。更愁从此去，托足向何门。"② 再如黄宅中等《宝庆府志·遗民·王夫之》："初，夫之流离避乱，寄居无定所，足迹恒在祁、邵之间。其奉母居邵阳中乡，主于罗从义家最久。……从义死，夫之为志其墓，有云：'余之纳交于邵人士也，自养浩君始。而君保先孺人于离乱之中，适有宁居，尤余终天之不可忘也。'养浩，从义字也。"③

其二，王夫之大力帮助朋友。（1）晚明时不顾政治风险、救助被陷害的友人。王夫之在晚明政权中虽然人微言轻，但是为了救国存亡理想，依然飞蛾扑火似的为志同道合的朋友两肋插刀。例如王敔《姜斋公行述》："时粤仅一隅，而国命所系，则瞿公与少傅严公实砥柱焉。纪纲大坏，骄帅外讧，宦幸内恣，视弘隆朝之亡辙而更甚。科臣

---

① （清）罗正均：《船山师友记》卷六，岳麓书社1982年版，第81页。
② （清）王夫之：《岳余集》，《船山全书》第十五册，岳麓书社2011年版，第672页。
③ （清）黄宅中等：《宝庆府志·遗民·王夫之》，罗正均《船山师友记》卷八，岳麓书社1982年版，第107页。

金公堡、袁公彭年、丁公时魁、刘公湘客、蒙公正发主持振刷，而内阁王化澄、悍帅陈邦傅、内竖夏国祥等交害之，指为五虎，廷杖下狱将置之死。府君走诉严公：'诸君弃坟墓，捐妻子，从王于刀剑之下，而党人假不测威而杀之，则君臣义绝而三纲放，虽欲效南宋之亡，明白慷慨，谁与共之！劝公匍匐求贷。'时缇骑掠诸君舟，仆妾惊泣，府君正色责之而止。其后五君以严公力得不死，而党人雷德复诬参严公。府君抗疏指陈王、雷误国，疏凡三上。严公虽留，而志不得伸。党人吴贞毓、万翱且陷府君于不测。府君愤激咯血，因求解职。时有忠贞营降帅高必正慕义营救之，乃得给假。"① 又如王夫之《惜余鬓赋》自跋："丁亥夏，效少陵、文山作七歌与夏叔直氏，将奔辰，求义兴堵公所在效死。至中湘，道阻不能往。"②（2）国破家亡后，救助为国捐躯的友人后代。王夫之在明亡后，虽然自己的生活也非常艰苦，但是王夫之依然尽一切可能帮助为明王朝牺牲的朋友的后代。例如王敔《姜斋公行述》："崇祯十五年壬午，以《春秋》魁与伯父石崖先生同登乡榜。大主考为太史吉水郭公之祥，副主考谏议大兴孙公承泽，房师则安福欧阳方然发生介也。华亭章公旷、江门蔡公道宪，是科俱为分考。……其后丧败相仍，何堵二公前后俱以殉节，章公亦忧愤而卒。……时值华亭章司马次子有谟南游阻道，府君延入，昼共食蕨，夜共然梨，以所注《礼记》授之。夜谈至鸡鸣为常。游兵之为盗者窃听而异之，相戒无犯焉。"③ 又如《湖南通志·流寓》："蒙之鸿，衡山岁贡。父正发，崇阳人，寓衡阳南乡之斗岭。没后子孙归崇阳，惟之鸿以长子留守墓。从王夫之学，所造颇深。"④

---

① （清）王敔：《大行府君行述》，《船山全书》第十六册，岳麓书社2011年版，第74页。
② （清）王夫之：《惜余鬓赋》，《船山全书》第十五册，岳麓书社2011年版，第249页。
③ （清）王敔：《大行府君行述》，《船山全书》第十六册，岳麓书社2011年版，第74页。
④ （清）罗正均：《船山师友记》卷六，岳麓书社1982年版，第168页。

（二）分享——促进彼此的完善

一个人想要自身变得越来越完善，单靠自身的努力（内力）是不够的，还需要外在因素（外力）的帮助。朋友是最重要的外力之一。交友不仅能提升人的品德，而且能丰富知识学养。

其一，相互规劝学习，提升品德修养。每个人都有优点，都有缺点。交友的双方若能正视彼此的优点，那么往往能有效促进品德的进步。"我们从邻人身上观照人的品性与活动的善。即使一个邻人并不是好人，我们也从他的好的一面来观照他的品性和活动的某些方面的善。……在如此观照邻人的品性与活动时，我们也常常变得喜欢我们观照到的那些好品性和好活动，喜欢人们在这些活动中展示的出色能力。这会使我们在得到享受的同时，也在我们身上唤起一种学习的欲望。"① 例如，王夫之《南窗漫记》："方密之阁学逃禅洁己，授觉浪记莂，主青原。屡招余，将有所授，诵'人各有心之诗'以答之，意乃愈迫。书示吉水刘安礼诗，以寓忐恚之至，余终不能从，而不忍忘其缱绻。"② 又如，王敔《姜斋公行述》："数载后，可望遣李定国入粤，遂入衡。中舍管公将托之以身殉故主，约亡考偕行。亡考筮之，两得暌之归妹，因念定国之暌孤终凶，而可望之虚筐无攸利也，作《章灵赋》以见志。……孙李互乖，扈主诸臣卒尽罹咒水之难，管公不知所终，亡考尝南望而悲忆之。迄壬寅，缅甸变闻，或贻亡考札云：'送旧已毕，初服宜变，可以出游。'亡考答曰：'某虽冗散微臣，无足轻重，业已出身事主，不得更忘所事，茹荼饮蘗，吾自安之，不安者不忍出也。'"③ 再如王夫之《种竹亭稿序》："余少于蔚子，衰乃

---

① 廖申白：《亚里士多德友爱论研究》，北京师范大学出版社 2009 年版，第 239 页。
② （清）王夫之：《南窗漫记》，《船山全书》第十五册，岳麓书社 2011 年版，第 887 页。
③ （清）王敔：《大行府君行述》，《船山全书》第十六册，岳麓书社 2011 年版，第 74 页。

倍之。贝廷琚语儿新月,杨廉夫红幕春嬉,皆以属之蔚子尔。袁伯业老而好学,陆务观取以名庵。蔚子交游半天下,而存者几也?余幸而存,不禁为蔚子浏涟,亦何能不为蔚子劝勉与!"①

  其二,相互切磋交流,丰富知识学养。一个人的生命是有限的,而知识是无穷尽的。如何能在有限的生命里掌握更多的知识呢?交友是一个有效的途径。《礼记》里说:"独学而无友,则孤陋而寡闻。"②相反,如果能与朋友互相切磋学习,那么不仅能增广见闻,而且能激发学习的潜能。每个人的知识结构都不一样,每个人对于另一个人来说,都有值得学习的知识。因此,朋友间互相交流切磋,能提高彼此的技艺水平,扩大彼此的知识面,丰富彼此的知识学养。例如,王夫之《夕堂永日绪论外编》:"忆昔与黄冈熊渭公寔、李云田以默作一种文字,不犯一时下圆熟语,复不生入古人字句,取精炼液,以静光达微言。所业未竟,而天倾文丧,生死契阔,念及只为哽塞。"③ 又如,王夫之《述病枕忆得》:"丁亥与亡友夏叔直避购索于上湘,借书遣日,益知异志同心、摇荡声情,而檠括于兴观群怨。"④ 再如,王敔《姜斋公行述》:"山中时著道冠,歌愚鼓。又时藉浮屠往来,以与澹归大师前金黄门堡、补山堂行者前司马郭公督贤、药地极丸老人前大学士方公以智、茹蘗和尚壬午云南同榜俗姓张,相为唱和。《遣兴诗》和澹归、《洞庭》和《落花诗》《雁字诗》俱和补山堂些翁,余赠答载稿中。"⑤

---

  ① (清)王夫之:《种竹亭稿序》,《船山全书》第十五册,岳麓书社2011年版,第229页。
  ② 《礼记·学记》,上海古籍出版社1987年版,第201页。
  ③ (清)王夫之:《夕堂永日绪论外编》,《船山全书》第十五册,岳麓书社2011年版,第870页。
  ④ (清)王夫之:《述病枕忆得》,《船山全书》第十五册,岳麓书社2011年版,第681页。
  ⑤ (清)王敔:《大行府君行述》,《船山全书》第十六册,岳麓书社2011年版,第75页。

朋友之间的相互切磋学习，最终不仅成为一段佳话，甚至大力促进了彼此的文学创作雅兴，形成诗歌中别具风味的酬唱诗类型——酬唱诗指友人之间互相唱和赠答的诗，这种诗多写于酒宴之中或朋友的相互往来之间，诗题常常有次韵、步韵、和等字眼。诗歌作为文人交往、宴会必不可少的交际工具，无论是初次相识还是故交老友，彼此为了进一步增强、加深感情，切磋诗艺，常常利用诗歌酬唱来达到目的——正如白居易所说："小通则以诗相戒，小穷则以诗相勉，索居则以诗相慰，同处则以诗相娱。"① 由此可见，交流情感，切磋诗艺，曲写心灵是酬唱诗产生发展的基本内容，也是诗人之间彼此唱和的心理动机之一；流传至今的王夫之的数百首酬唱诗亦不例外——王夫之《梅花百咏·自序》："上湘冯子振自号海粟，当蒙古时以捭阖游燕中、干权贵，盖倾危之士也。然颇以文字自缘饰，抑或与释中峰相往还，曾和其梅花百咏。中峰出世因缘，为禅林孤高者所不惬，于冯将有臭味之合耶？隆武丙戌湘诗人洪业嘉伯修、龙孔蒸季霞、欧阳淑予私和冯作各百首。欧阳炫其英，多倍之。余薄游上湘，三子脱稿，一即相示，并邀余共缀其词。既已，薄其所自出，而命题又多不雅驯；惧为通人所鄙，戏作桃花绝句数十首抵之，以示郑重。未几，三子相继殒折。庚寅夏，昔同游者江陵李之芳广生相见于苍梧，与洒山阳之涕。李侯见谓：'君不忘浮湘亭上，盍寻百梅之约？为延陵剑耶？'余感其言，将次成之。会攸县一狂人亦作百梅恶诗一帙，冒余名为序。金溪执为衅端，将搆构大狱，挤余于死。不期暗香疏影中，作此恶梦！因复败人吟兴，抵今又十五年矣。今岁人日，得季霞伯兄简卿寄到伯修元稿，潸然读已，以示欧子直。子直欣然属和，仍从夷老汉为前驱被道。时方重定《读书说》，良不暇及，乃怀昔耿耿，且思以挂剑三子

---

① （唐）白居易：《与元九书》，《白居易集》卷四十五，中华书局1979年版，第965页。

者，挂剑广生，遂乘灯下两夕了之，湘三子所和，旧用冯韵，以其落字多腐，又放流俗上马跌法；故虽仍其题而自用韵，亦以著余自和三子，非和冯也。乙巳补天穿日茱萸塘记。"① 王夫之诗集中还有许多没有序但题目直接点明酬唱的诗歌，例如《陈耳臣老矣，新诗犹丽，远寄题雪诸咏，随意和之，得四首》《楠园翠涛诸公作瓶菊诗，命仆和作则成四首》《与李缓山章载谋同登回雁峰次缓山韵》等。

二 "敦友谊，薄荣名"——朋友相处要有良好的规矩

朋友关系不同于血缘亲情和君臣之义，是一种非天然结成的社会关系；因而在交友时，强调双向选择和互利对等。古贤们已经深深地感受到"近朱者赤，近墨者黑"的人生哲理，孔子提出"朋友切切偲偲，兄弟怡怡"②，提倡朋友之间应当力行"忠告善导"的责善精神。故主张交友要谨慎，先选而后交，"君子先择而后交，小人先交而后择，故君子寡尤，小人多怨"③。王夫之更进一步详细阐释："德之修与不修，业之成与不成，因乎习矣。习之至切者，莫甚于友矣。始而求友者何心，则其后友之相报也何等；未有泛交而获益，择交而受损者也。"④

选择朋友的标准是择善而交，而是否构成朋友关系的基础则在于志同道合，在具体交友活动中朋友之间要遵守信、义的原则。

（一）诚信为本

"诚"与"信"有细微的差别和各自的侧重：（1）"诚"强调的是"内诚于心"。即主体的自我修养以及内在德性；而"信"偏重于

---

① （清）王夫之：《梅花百咏》，《船山全书》第十五册，岳麓书社2011年版，第609页。
② 黎孟德：《四书感悟·论语·子路》，巴蜀书社2005年版，第184页。
③ （汉）王通：《中说·魏相》，内蒙古人民出版社1999年版，第351页。
④ （清）王夫之：《四书训义》卷二十，《船山全书》第七册，岳麓书社2011年版，第882页。

人的"内在之诚"的外化,体现于社会化的道德践行,借助于客体的反馈而体现出一种内外统一的道德品格,即"外信于人","取信于人"。(2)"诚"更多的是对道德个体的单向要求,"信"更多的是针对社会群体提出的双向或多向要求。在中国古代的思想家眼中,"诚"与"信"是密切相关的两个概念,两者是互相贯通、互为表里的。其追求的都是"实",即真实、实在、实事求是。只是单用较多较早,管仲曾将"诚"与"信"连用,"先王贵诚信。诚信者,天下之结也"①。荀子也曾将其连用,"诚信生神,夸诞生惑"②。

诚信是朋友伦理的内在规定。孔子说:《论语·学而》有"与朋友交而不信乎?""与朋友交,言而有信。虽曰未学,吾必谓之学矣。"③ 孟子说:"父子有亲,君臣有义,夫妇有别,长幼有叙,朋友有信。"④ 荀子进一步把诚信的交友原则具体化,"体恭敬而心忠信,术礼仪而情爱人,横行天下,虽困四夷,人莫不贵"⑤。王夫之同样十分推崇诚信:"到得诚之至处,则无事不然。无物不通。故或间以顺亲、信友、获上、治民无施不效而言。"⑥ 诚信既指朋友之间要遵守诺言、互相信任;也指朋友之间要相互尊敬、平等相待、将心比心。常识观察表明,朋友就像是另一个自己。自己不方便做的事,朋友可以帮忙。自己来不及做的事,朋友也可以帮忙。当一个人即将离开人世的时候,总是希望朋友能帮忙料理身后之事。此时,朋友就像是继续活在世上的自己。从理论上,亚里士多德提出一个类似的看法:"友爱是根源于一个人对他自身的关系的,一个人愿望于他的朋友的那些

---

① 《管子·枢言》,中华书局2004年版,第242页。
② 《荀子·不苟》,中华书局1988年版,第51页。
③ 程树德撰:《论语集释·学而》,程俊英、蒋见元点校,中华书局1990年版,第30页。
④ 焦循撰:《孟子正义·滕文公上》,沈文掉点校,中华书局1987年版,第386页。
⑤ 王云路、史光辉:《荀子直解》,浙江文艺出版社2004年版,第10页。
⑥ (清)王夫之:《张子正蒙注》,《船山全书》第十册,岳麓书社1996年版,第528页。

事物都是他原本愿望于他自身的，尤其是一个好人愿望于他自身的。"① 既然朋友是另一个自己，我们就应该像对待自己一样对待朋友。王夫之《诗广传》卷三："不能保我友敬而谗言不兴也，庶几乎谗言兴而我友勿忘敬也，则庶几乎我友敬而谗言不足以兴矣。"② 王夫之《诗广传》卷四："曾子曰以友辅仁，辅之于威仪也。虽然友之所辅，止此而已矣。进朋友而摄心，吾莫之能保也。何也？心非摄之所能及也。独至则安，倚以至则危；动于誉问，依于形模。以效其至。则固迷而未得。迷而未得，则不旋踵而失其欲摄之初心，而又奚以相摄邪？故曰为仁由己而由人乎哉？苏武不望摄于李陵，心异而情无猜，故朋友之道可不绝也。二唐待摄于两龚，心似而失之于旋踵，无以相报而益以相忮，而朋友之义绝矣。故朋友者，恒道也，深求之威仪之余而摄以心，是'浚恒'也，'浚恒之凶'，必矣。"③ 王夫之《诗广传》卷四："夫人之亲亲、尊贤、信友而不令其终者，吾知之矣：其下者溺私嬖而毁其恩，则谗蛊中之，非其作意于忍也。其贤者善疑而生其忮，隙生于内而后愿人乘之，非谗蛊之能先中也。如是则防贤者于所独、破庸人于所听，非拔本塞原之道乎？然而君子弗然，病在本原而舒求之枝叶，养其仁也。求人于仁爱之诚而弗养之。其弗激而增其隙者。鲜矣。"④

然而，诚信还需以道义为旨归。孟子说："大人者，言不必信，行不必果，惟义所在。"⑤ 如果离开了"义"，单纯地去追求"信"，就会偏离正道。

---

① 廖申白：《亚里士多德友爱论研究》，北京师范大学出版社2009年版，第211页。
② （清）王夫之：《诗广传》卷三，《船山全书》第三册，岳麓书社2011年版，第404页。
③ 同上书，第455页。
④ 同上书，第452页。
⑤ 焦循撰：《孟子正义·离娄下》，沈文倬点校，中华书局1987年版，第555页。

（二）从义不从利

关于义与利的关系，孔子说过"君子喻于义，小人喻于利"①，"义以为上"②。孟子说："何必曰利，亦有仁义而已矣。"③ 这是按照君子成仁的人格逻辑来定义"义"与"利"的先决性问题，认为义是利的前提，讨论"利"必须以"义"为出发点，只有遵循义方能得利，超出"义"取利必为害，从而构成了具有道义论色彩的义利观。儒家对义利问题的争辩，最终发展到围绕"理""欲"的全面争论。到明代商品经济大发展的时代，不少儒者利用儒家先师在义利观上的笼统态度，从以荀子为代表的"好利而恶害"观点出发，从肯定"欲"的现实性和客观性角度，承认"利"的现实性，并提出了"崇义以养利"和"天下之公欲，即理也"的结论，形成了主张义利统一的具有一定功利色彩的义利观。

朋友之间有物质利益的来往，这是很正常的。"朋友之际，五常之道，有通财之义，振穷救急之意，中心好之，欲饮食之，故财币者所以副至意焉。"④ 互帮互助是朋友的价值之一，而礼尚往来是朋友不可抛弃的传统。但是朋友之间的交往不可以"利"为核心。"以势交者，势倾则绝；以利交者，利穷则散，故君子不与也。"⑤ 患难见真情，古人认为在友谊上也是如此，从不同景况下对待朋友的态度可以看出一个人的道德品质："一生一死，乃知交情。一贫一富，乃知交态。一贵一贱，交情乃见。"⑥ 又《白虎通·谏

---

① 黎孟德编著：《四书感悟·论语·里仁》，巴蜀书社2005年版，第71页。
② 同上书，第233页。
③ 同上书，第1页。
④ （汉）班固：《白虎通义》中册，商务印书馆1937年版，第298页。
⑤ （汉）王通：《中说·礼乐》，内蒙古人民出版社1999年版，第268页。
⑥ （汉）司马迁：《史记》卷一二〇《汲郑列传》，上海古籍出版社1986年版，第340页。

诤》:"朋友之道四焉,通财不在其中,近则正之,远则称之,乐则思之,患则死之。"① 对于朋友之间的义利关系,王夫之有详细论述:"以利为恩者,见利而无不可为。故子之能孝者,必其不以亲之田庐为恩者也;臣之能忠者,必其不以君之爵禄为恩者也;友之能信者,必其不以友之车裘为恩者也。怀利以孝于亲、忠于君、信于友,利尽而去之若驰,利在他人,则弃君亲、背然诺,不旋踵矣,此必然之券也。故慈父不以利畜其子,明君不以利饵其臣,贞士不以利结其友。"② 利交不仅不可靠,而且很有可能发生卖友的行为。因此,朋友相处时,不必对利的存在避如蛇蝎。但一旦发生利、义冲突时,我们应毫不犹豫地选择义而抛弃利。王夫之不仅在理论上强调朋友之间从义不从利,而且实际生活中也是如此践行:"壬午举于乡,录文呈御。计偕至南昌,楚中乱,遂同夫之归。是时观察全椒金公,念吾兄弟贫甚,欲为治北装。邑有劣而枭者,按法当死。公属意令饷吾兄弟千金活之,其人来恳,兄顾问夫之曰:'何如?'夫之答曰:'此固不可。'兄喜见于色曰:'是吾心也。'或曰:'千金不死于市,岂能必彼之不幸免乎?'兄又顾夫之微笑。夫之曰:'吾安能令其必死,但不自我可耳。'兄曰:'此人逸,他日祸延于乡党。虽然,吾谢吾疚而已。子言是也。'遂峻拒之。"③

通读有关王夫之友情的资料,我们不难发现友情就如荒漠中的甘泉,涓涓地流淌在诗人的心田,滋润了其艰难困苦的生活,增加了其战胜困难的勇气。友情和亲情、爱情一样,在王夫之的生活、生命中

---

① (汉)班固:《白虎通·谏诤》,上海古籍出版社1990年版,第38页。
② (清)王夫之:《读通鉴论》卷十六,《船山全书》第十册,岳麓书社2011年版,第785—786页。
③ (清)王夫之:《石崖先生传略》,《船山全书》第十五册,岳麓书社2011年版,第879页。

是不可或缺的组成部分。王夫之也因为有众多朋友的关照和帮助，不仅得以顺利度过明清鼎革的乱世，还在极端艰难的困境下——"先人家贫，笔札多取给于故友及门人"[1]，撰写了近千万字的著述，构建了博大精深的船山思想体系。

---

[1] （清）王敔：《大行府君行述》，《船山全书》第十六册，岳麓书社2011年版，第74页。

第十一章　王夫之的义利观及其现代启示

义（道义）和利（功利）的关系问题是道德价值观的核心问题，道义与功利也是道德本质、道德原则的重要问题，这对范畴是说明道德原则与物质利益、个体价值和群体价值、动机与效果的重要的人生价值范畴。义是应当履行的道德义务，即主体在行为活动中应遵循的当然之则，是主体自我确立的行为道德规范与原则，是在实现道德理想、提升道德境界过程中的道德行为，也是人之所以为人而甘于奉献、勇于牺牲的精神驱动力。利一般指功利，是指主体主动对待可以满足其需要的客体效用关系，因为自在的客体不能自然地成为主体的功利，只有满足主体需要的特定客体才会构成主体的功利，功利之所以成为人们追逐的对象，是由于功利具有满足人们内在需求的某种属性。

义与利这对范畴，是由孔子最早提出来并加以讨论的。"君子喻于义，小人喻于利"（《论语·里仁》），孔子奠定了以义与利来界定君子与小人的人生价值取向。君子之所以是君子，是由于他们明义、重义，以义为人生价值取向，义是君子的标签；小人之所以是小人，是由于他们趋利、重利，以利为人生价值取向，利是小人的代名词。

义与利界限分明，形同水火，互不相容。同时，孔子对利也有所肯定，承认"富与贵，人之所欲也"，不过孔子的标准是道义，义是第一位的，利是次要的，第二位的。孔子开创了儒学重义轻利的先河，也基本规定了道义论对功利论的优势地位，这对人们价值取向的抉择、理想人格的追求都产生了重要而深远的影响。

船山注重义利之辨，甚至认为"义利之辨"是区别"华夏夷狄之辨"与"君子小人之辨"的根本，是道德价值观的核心。他指出："天下之大防二，而其归一也，一者何也？义利之分也。"① 义利之辨涉及整个社会、整个民族的价值追求、人生的取舍。船山继承了儒家义利学说，对义、利的内涵做出了新的界定，深入地论述了义与利之间的关系，并认为义与利之间是对立又融合的辩证统一关系。

一　对义利的界说

船山立足于时代前沿，对义利的内涵做出了新的界说。其一，义是道德原则和价值目标，是人们在一定的社会生活中必须而且应当遵守的社会规范，也是人们安身立命、为人处世的基本要求。首先船山认为义是人之所以为人之道，所以他说："'立人之道，曰仁与义'，在人之天道也。'繇仁义行'，以人道率天道也。'行仁义'则待天机之动而后行，非能尽夫人之所以异于禽兽者矣。"② 立人之道曰义，义是人的立足点与出发点，是人类生活的根本和依据，如果离开了义而去追逐功利，人将会"夷狄化"乃至禽兽化。船山还从人生命的意义与做人的最高准则来进一步论述义以立生，他说："将贵其生，生非不可贵也；将舍其生，生非不可舍也。将远其名，名亦不可辱也；将

---

① （清）王夫之：《读通鉴论》，《船山全书》第十册，岳麓书社2010年版，第503页。
② 《船山全书》第十二册，岳麓书社2010年版，第405页。

全其名，名固不可沽也。生以载义，生可贵；义以立生，生可舍。名以成实，名不可辱；实以主名，名不可沽。"① 每个人的生命只有一次，是非常可贵的，但人的生命也是可舍的。人的生命之所以如此珍贵，就在于人生能铁肩担道义。一个人如果为义而生，就生得有价值和意义；为义而死，就死得其所，虽死犹生。在其看来，"义"即道德比生命更加珍贵，生命是道德理想的载体，实现道德理想的人生才是有价值和意义的人生，为了追求道义，乃至可以牺牲自己的生命。船山接着对"义"的内涵做了多层次的剖析，他指出："有一人之正义，有一时之大义，有古今之通义。轻重之衡，公私之辨，三者不可不察。……事是君而为是君死，食焉不避其难，义之正也。然有为其主者，非天下所共奉以宜为主者也，则一人之私。……此一人之义，不可废天下之公也。为天下所共奉之君，君令而臣共，义也；而夷夏者，义之尤严者也。……义之确乎不拔而无可徙者也。"② 船山认为，一人之正义、一时之大义、古今之通义是有等级层次区别的，他将"夷夏之辨"视为"古今之通义"，超越了一人之正义、一时之大义，这实际上是以国家民族之大义为重，在当时大明王朝被清朝所颠覆，汉民族遭受深重的民族压迫的特殊历史情形下，就应当坚持"古今之通义"的价值取向，其他一切的义都是次要的。这也是船山所强调的"而夷夏者，义之尤严者也"，夷夏之辨是最高的大义之所在，彰显了船山浓烈的爱国主义情结，同时也反映了其狭隘的民族主义倾向。

其二，集义以养气。船山十分重视集义的工夫，认为集义是养气和持志的基础与前提。他说："义，日生者也。日生，则一事之义止于一事之用。必须积聚，而后所行之无非义。气亦日生者也，一段气

---

① （清）王夫之：《尚书引义》，《船山全书》第二册，岳麓书社1988年版，第363页。
② （清）王夫之：《读通鉴论》，《船山全书》第十册，岳麓书社2010年版，第535页。

止担当得一事,无以继之则又馁。集义以养之,则义日充,而气因以无衰王之间隙,然后成其浩然者以无往而不浩然也。"① 义是人心的道德规范,人心之义使事物和实践合于原则规范,义不仅具有主观性,而且具有稳定性、常驻性与能动性。船山强调义的道德意识必须日生日集,这样才能保证行为的道德性,义的道德意识也必须日集日充,养气才能成功,才能养浩然之气。

其三,义为当然之则。船山说:"事之所宜然者曰义。"② "天下固有之理谓之道,吾心所以宰制乎天下者谓之义。道自在天地之间,人且合将去,义则正所以合者也。均自人而言之,则现成之理,因事物而著于心者道也;事之至前,其道隐而不可见,乃以吾心之制,裁度以求道之中者义也。"③ "事之宜"是指主体人在从事外在的道德行为实践活动中,做事掌握分寸,把握火候,无过而无不及。"心之制"是指主体人对内在的道德心有所宰制,即人心的道德调控力度,使人的道德动机、道德意向符合道德原则与规范,从而保障人的道德行为不偏离道义。船山接着说:"义不可袭者也,君子验之于心,小人验之于天……义与不义,决于心而即征于外,验之天而益信,岂可掩哉!"④ 义与不义,取决于心的道德意识,从外在的表现来看则取决于处事接物的恰到好处。对君子而言,义的道德原则已内化为主体的道德自觉,可验于心,而成为心之制;对小人而言,义的道德原则并没有内化为道德自觉,义只是外在的道德规范,只能验于天。

何谓"利"?船山把"利"视为"生人之用",他说:"立人之道

---

① (清)王夫之:《读四书大全说》,《船山全书》第六册,岳麓书社2010年版,第929页。
② (清)王夫之:《四书训义》,《船山全书》第七册,岳麓书社2010年版,第371页。
③ (清)王夫之:《读四书大全说》,《船山全书》第六册,岳麓书社2010年版,第929页。
④ (清)王夫之:《读通鉴论》,《船山全书》第十册,岳麓书社2010年版,第600—601页。

曰义，生人之用曰利。出义入利，人道不立；出利入害，人用不生。"① 义是人之所以为人的根据，利是满足人们物质生活需要的必备条件，没有衣食住行等物质生活条件，人类就会陷入危险或自我灭亡的境地。利作为人类生存的物质条件，是不可或缺的，人类要生存，就会有声色食衣的欲望，以及对财富功利的追逐。因此，船山又说："利者，民之依也。"在他看来，一切有生命的动物，无不"各安其本然之性情以自利"②，对于人类来说，"人则未有不自谋其生者也"③。人也一样，口之于味，目之于色，耳之于声，四肢之于安逸等欲望，都是不可废的，否则就很难想象他是一个真正意义上的人了。

船山对"利"也做了不同的区分，一为"益物而和义"之公利，一为人欲之私利。他指出："'利物'者，君子去一己之私利，审事之宜而裁制之以益于物，故虽刚断而非损物以自益，则义行而情自和也。"④ 这种利不是一己之私利，而是普济众生、利天下万物，能为人民谋福利并促使人民群众福祉实现的"公利"，也是国家人民之公利。船山主张重公利而轻私利，譬如大禹忘身求利以勤天下，为天下人兴利除害，王安石变法"以利国而居功，非怀私而陷主于淫惑"的行为也是"不可诬"的，此外乾道之利亦具有这种利他的性质，他说："乾之始万物者，各以其应得之正，静动生杀，成恻隐初兴，达情通志之一几所含之条理，随物而益之，使物各安其本然之性情以自利；非待既始之余，求通求利，而惟恐不正，以有所择而后利。此其所以为大也。"⑤ 乾以纯阳至和至刚之大德，乾的利他精神，在万物化生和合的过程中，使万物各得其益，人人各遂其欲。这种利天下而言利，

---

① （清）王夫之：《尚书引义》，《船山全书》第二册，岳麓书社1988年版，第277页。
② （清）王夫之：《周易内传》，《船山全书》第一册，岳麓书社2010年版，第69页。
③ （清）王夫之：《读通鉴论》，《船山全书》第十册，岳麓书社2010年版，第710页。
④ （清）王夫之：《周易内传》，《船山全书》第一册，岳麓书社2010年版，第59页。
⑤ 同上书，第69页。

它既化生催育万物，又使万物循其自身的特质而生长发育，是一种利济众生的情怀，拥有大公无私的精神品格。另一种"利"则是"滞于形质，则攻取相役，而或成于惨害，于是而有不正焉"①。这种意义上的利是一种唯利是图的个人之私利，这种个人私利置天下大义和国家人民利益于不顾，船山嗤之为小人之利，"君子小人之分，义利而已矣。乃君子之于义，充类至尽以精之，而利害非其所恤；小人之于利，殚智竭力以谋之，而名义有所不顾"②。对于义利的不同态度，是君子小人之分的重要标尺，小人对于功利，趋之若鹜而不顾道义。因为"小人之立心，一意于从欲，而此心之欲为与不欲为专求其自便，有不可告人者。因是而巧伺夫人情之合离，事势之变迁，于以皆察其可以相乘之机，于是而如此则可以有所得，不如此则必至有所丧，小有所丧而大有所得，苟有所得而可不忧所丧，操纵之有其权，亦井井然谋于其中，广譬旁引，而皆知其算。其于利也，诚喻之也，非偶动于利而从之也"③。如秦始皇嬴政把天下当作自己的私有家产，妄图使自己的家天下万世长存，则为极端自私自利的行为，也是"秦之所以获罪于万世者"的根本原因。小人喻于利，是由于被个人的私欲所奴役，被欲望所蒙蔽，从而丧失了道义与道德理性，其本质是损人利己和损公肥私。这种人为追求个人的私利，而不惜牺牲国家、集体的公利；只图个人向社会索取和享受，而不给社会做贡献、谋利益。

　　船山也注意到利有一事之利、一时之利、一人之利和通古今之利的区别，在其看来，真正的利不是一事之利、一时之利、一人之利，而是通古今之利，是社会的公共利益、国家的长远利益和民族的整体利益。一事之利、一时之利、一人之利往往利少弊多，他指出："利

---

① （清）王夫之：《周易内传》，《船山全书》第一册，岳麓书社2010年版，第75页。
② （清）王夫之：《四书训义》，《船山全书》第七册，岳麓书社2010年版，第381页。
③ 同上书，第381—382页。

于一事，则他之不利者多矣；利于一时，则后之不利者多矣；利于一己，而天下之不利于者多矣。"① 所以，对于个人的私利，应当加以正确的引导和必要的节制。

界定了义与利的内涵后，船山对义利关系进行了辩证的阐释。

二 义利之关系

义与利，实质上就是道义与功利的关系。船山在论述义与利的关系时，其基本态度是二者既相区别又辩证统一，义利两者对于人来说都是不可缺失的，离开了生人之用的利，人就无法生存下去；离开了立人之道的义，嗜利而不讲道义，人就会丧失道德理性而混于禽兽，就无法使自己与动物区别开来。

船山基于传统儒家的立场，先明义利之分。他指出："立人之道曰义，生人之用曰利。出义入利，人道不立；出利入害，人用不生。智者知此者也，智如禹而亦知此者也。呜呼！义利之际，其为别也大；利害之际，其相因也微。夫孰知义之必利，而利之非可以利者乎？夫孰知利之必害，而害之不足以害者乎？诚知之也，而可不谓大智乎！"② 义利同为人类所需，但义利与利害又存在错综复杂的关系，有谁知道道义一定会带来功利，而功利又不一定真正带来功利呢？又有谁知道功利必然带来祸害，而祸害反倒对人有利呢？船山注意到义利可能出现的矛盾与冲突，对义利之辨做出了多角度的分析。（1）义利君子小人之分。船山说："以要言之，天下之大防二，而其归一也。一者，何也？义利之分也。生于利之乡，长于利之涂，父兄之所熏，肌肤筋骸之所便，心旌所指，志动气随，魂交神往，沉没于利之中，

---

① （清）王夫之：《四书训义》，《船山全书》第七册，岳麓书社2010年版，第382页。
② （清）王夫之：《尚书引义》，《船山全书》第二册，岳麓书社1988年版，第277页。

终不可移而之于中国君子之津涘。"① 义利之分关系着夷夏之别与君子小人之分，因此必须严加区别，君子崇尚道义，重义轻利；小人唯利是图，重利轻义。"君子之于义，终身由之而不倦；小人之于利，寤寐以之而不忘。"② 船山如此强调义利之辨，在很大程度上是基于明朝灭亡的惨痛历史教训，他认为，明朝衰败的重要原因是"教化日衰"，"坏人心，乱风俗"，世风、学风日衰，学者多为富贵利禄而学，一心为个人谋取名利，对国家民族的危亡漠不关心。（2）义利公私之别。船山主张把义利关系与公私范畴结合起来思考，认为义利之辨实质上是公私之辨，在他看来，"以天下论者，必循天下之公，天下非一姓之私也"。又说："以在下之义而言之，则寇贼之扰为小，而篡弑之逆为大；以在上之仁而言之，则一姓之兴亡，私也，而生民之生死，公也。"③ 老百姓的生死是"公"，比"一姓之兴亡"的"私"具有更大的道义性，维护一姓王朝的兴亡是私，为老百姓谋利是公，船山认为最高的道义应该舍死为公，这个公就是中华民族的整体利益和根本利益。在面对公与私的冲突、义与利的抉择时，作为一个有道德的个体应当先他人利益，后个人利益；先国家、集体利益，后个人利益，真正做到先人后己、先公后私。（3）义利善恶之分。船山认同孟子之说，"欲知舜与跖之分，无他，利与善之间也。圣之所克念者，善而已矣。而抑有说焉，利与善，舜、跖分歧之大辨，则胡不目言善，而但云克念邪？"船山认为义与利、善与恶、圣人与盗贼是"舜、跖分歧之大辨"，这表明船山是从道德价值评价的尺度来看待义利善恶之分的，道义为善，功利为恶。所以船山指出，"是非善恶，义判于几"，义是人固有的本质，是人之所以为人的依据，君子以道义作为

---

① （清）王夫之：《读通鉴论》，《船山全书》第十册，岳麓书社2010年版，第503页。
② （清）王夫之：《四书训义》，《船山全书》第七册，岳麓书社2010年版，第382页。
③ （清）王夫之：《读通鉴论》，《船山全书》第十册，岳麓书社2010年版，第669页。

人生追求的价值目标；而小人整日沉迷于利益之中，"目淫而不问其心，心靡而不谋其志"。这样的人就会跨越与禽兽"几希"之异，与禽兽无异，失去了人之为人的道德价值。（4）义利是非之分。船山将道德上的是非与义利联系起来，他说："君子之应天下，归于至是者而已。是与非原无定形，而其大别也，则在义利。义者，是之主；利者，非之门也。义不系于物之重轻，而在心之安否。名可安焉，实可安焉，义协于心，而成乎天下之至是。若见物而不见义，以天下所以污君子者，而断然去之久矣。义利之辨，莫切于取舍辞受，推之于进退存亡，亦此而已。"① 义利之分，即是非之别，从道德的评判标准来看，义为是，利为非，但义利是非之分并非绝对永恒，又有其相对性的一面，船山说："天下有公是，而执是则非；天下有公非，而凡非可是。善不可谓恶，盗跖亦窃仁义；恶不可谓善，君子不废食色。其别不可得而拘也。"② 不能把永恒不变的是非道德价值标准去评判千变万化的道德现实生活，在特定的某些历史阶段，会出现"利而不义"或"义而不利"的情形，船山继承与发展了儒家杀身成仁、舍生取义的思想，并指出："将贵其生，生非不可贵也；将舍其生，生非不可舍也……生以载义，生可贵；义以立生，生可舍。"③ 人的生命之所以可贵，就在于人生活在道义之中，当生命与道义冲突矛盾不可兼得时，我们应该舍生取义，以生命的代价去捍卫道义。

船山突出义利之分，但又认为义利融合，主张把二者统一起来，义与利都是人类生存所需要的。人要生存，首先要满足其生活所必需的物质利益需求，但人类对利益的追求要受到道义的约束，达到"义

---

① （清）王夫之：《四书训义》，《船山全书》第八册，岳麓书社1992年版，第249—250页。
② （清）王夫之：《周易外传》，《船山全书》第一册，岳麓书社1992年版，第1073—1074页。
③ （清）王夫之：《尚书引义》，《船山全书》第二册，岳麓书社1988年版，第363页。

足以用，则利足以和"的目的。"《易》曰：'利物和义'，义足以用，则利足以和。和也者，合也。言离义而不得有利也。天之所以厚人之生，正人之德者，统于五行而显焉。逆天之常，乘天之过，偷天之利，逢天之害，小人之数数于利也，则未有不为凶危之都者矣。"① 也就是说，义不离利，离利义便无基础，义亦无其用；利不离义，离开了义也不会有正当的利。人们要追求和实现自己的利益必须将个人利益与他人利益、社会利益结合起来，不损人利己，才能实现己欲与他欲的统一，换言之，利失去了义的制约，就会趋于祸害；义失去了利的载体，就会流于空洞。只有以义作为行为的准则和价值目标，才能真正带来和实现利，"事得其宜，则推之天下而可行，何不利之有哉？"义中寓利，利中含义，义利统一，统一的基础是天下之公，即国家民族的根本利益和长远利益。

船山较好地论证了义与利的区别和联系，并把义与利辩证统一起来，他既主张以义制利，又反对以义灭利；既主张义利和合，又反对重利轻义。他还从逻辑上说明利居先，义居后；从本末讲，义居本，利居末，并最终得出"生以载义生可贵，义以立生生可舍"的人生价值观。

三 船山义利观的现代启示

船山批判总结了历史上的各种义利之说，提出了其鲜明特色的义利观。一方面，他批判了董仲舒和程朱理学割裂义利关系的错误，认为"董生谋利计功之说"，并非"古今之通论"；宋儒用董仲舒"正其义不谋其利，明其道不计其功"来注释《孟子》也是"失之远

---

① （清）王夫之：《尚书引义》，《船山全书》第二册，岳麓书社1988年版，第277页。

矣"。船山认为每个主体人都有生存需要的利益欲求，追求个人利益是人生存和发展的内在需要，"灭人欲"既不符合人的本性，也违背了人类道德价值。他说："夫欲无色，则无如无目；欲无声，则无如无耳；欲无味，则无如无口；固将致忿疾夫父母所生之身，而移怨于父母。故老氏以有身为大患，而浮屠之恶，直以孩提之爱亲，为贪痴之大惑。是其恶之淫于桀、跖也。"[①] 这样会导致佛老否定人的生命价值，打击人们追求美好生活的信心，肯定了利益的合理性与正当性。另一方面，船山也意识到"利者，非之门"的危害性，深刻剖析了"利"的非道德性的。他批判了管子学派的"利以生义论"和李贽的"私利即公义论"，并不是所有的利是义，离开了道义也就不会有正当的利。

义利关系始终存在冲突矛盾的一面，当二者发生冲突时，应当以义遏利，为义舍利，我们应该树立一种"以义为上"的人生价值追求模式。每个人天生就有一种生而逐利、欲富欲贵、趋利避害的属性，但义利观同时作为一种价值观，关系一个人对价值的选择与价值的追求。从人生主体的修养角度来看，以义遏利、以义为上为主体人生选择的价值追求具有双重意蕴。其一，坚持以义遏利、以义为上可以防止我们在物质利益的诱惑面前犯错误，当前各种利益的诱惑极大地激发了某些人人性中潜存的原欲。有的人在利益面前利令智昏，重则铤而走险、贪赃枉法、以权谋私、杀人越货；轻则见利忘义、坑蒙拐骗，为了利益，丧失了做人的基本原则，甚至连基本的人格也可以不要，失去了做人的精神气象。因此，在社会生活中，我们应奉行以义为上的原则，以道义作为衡量利益的价值尺度，坚持"君子爱财，取之有道"的态度，该自己得到的就得，不该自己得的，就坚决不能伸

---

① （清）王夫之：《尚书引义》，《船山全书》第二册，岳麓书社1988年版，第407页。

手，否则伸手必被捉，弄得个身败名裂的下场。其二，坚持以义为上的原则可以提升我们的人生价值、人格的尊严、人生的境界。人的生存确实离不开必要的物质利益，但一个人利欲熏心，就会沦为一个市侩气很足没有人格水准的小人，他们可能会得到一些小利，但失去了做人的尊严。坚持以义为上的人，就会在利益诱惑面前表现出视钱财如粪土的高尚情操，坚守"出污泥而不染"的独立人格，就会做"威武不能屈、富贵不能淫、贫贱不能移"的大丈夫，就会达到孔子所讲的"不仁而富且贵，于我如浮云"的境界。坚持以义为上的价值观，可以提升我们的道德水准，形成坚强的道德人格。做人有原则、有分寸，不仅可以避免在人生旅途中迷失方向、误入歧途，而且会因义生乐，保持一颗平常之心，达到"仁者不忧""智者不惑"的人生境界。

船山的义利观融"正德"与"厚生"为一体，对于我们今天树立正确的义利观有重要的启示意义，对发展和完善健康的人格也有积极的借鉴作用。人的存在具有肉体与灵魂、物质与精神的双重性，首先，人是一种肉体生命的存在，这就决定人必然有物质需要和物质利益，否则，人就无法生存下去；其次，人又是一种理性的社会性存在，人们在追求利益的同时必须遵循一定的社会准则与社会规范，不然的话就会导致唯利是图、弱肉强食的自然状态。这要求我们一方面必须以经济建设为中心，不断满足人们日益增长的物质文化需要，关注民生需求，以增加人民的福祉作为社会决策与管理的首要选择；另一方面也要高度重视思想道德建设，积极培育社会主义核心价值体系，着力提高全民族的道德素质，社会的发展不仅仅是经济的发展，而且是物质文明、政治文明、精神文明、社会文明、生态文明的和谐发展，利益的获取必须符合道德的要求，不能以损人利己、损公肥私等非道德的手段来获取不当之利。换言之，社会的发展，既要注重效率,也要注重公平,坚持义利统一,这也是当代中国社会应该奉行的基本价值方针。从整个国家、整个社会的宏观层面来看,一个国家、一个社会应提供老百姓日益丰富的物质生活条件,尊重并维护好人民群众的切身利益,真正做到藏富于民,这也是天下有道的重要表现。反之,如果统治阶层一味地搜刮民财,人民生活日趋穷困,那么必然会导致"财聚则民散"的严重后果,所以船山指出:"上所以抚有其民者,德也;下所以安于奉上者,财也;此顺也。"如果"上弃其德,下失其财,而逆理以取之,悖也"[1]。这种观点,体现了为政以德、民富邦固的合理思想,值得我们认真挖掘与发扬。

---

[1] (清)王夫之:《四书训义》,《船山全书》第七册,岳麓书社1992年版,第91—92页。

第十二章　王船山法治思想及其现实意义

王夫之，字而农，号姜斋，湖南衡阳人，因晚年隐居于湖南衡阳石船山，所以人称船山先生。他生活的明末清初，是一个"天崩地解""海徙山移"的时代，特别是在经历明王朝覆灭，清朝入主中原的历史剧烈震荡之后，王船山受到的刺激尤为深切，作为关心国家命运、关怀人民生命财产安全的儒家知识分子，面对现实的衰败，他痛心不已，以"哀其所败，原其所剧"[①]的严谨治学态度，详细分析了明朝覆亡的原因，并从法治层面进行深入思考。他的法治思想已经超越了封建社会所固有的局限性。对此，近代著名哲学家熊十力给予了极高评价，称其"儒者尚法治，独推王船山"。

王船山的法治理想是建立"自天子始而天下咸受裁"的法治社会。他在《读通鉴论》中谈道："以法相裁，以义相制，以廉相帅，自天子始而天下咸受裁焉。君子正而小人安，有王者起，莫能易此矣。"在这一理想社会中，社会秩序由法律、正义和廉洁维护，上至天子下至百姓都要遵纪守法，都要接受法律约束。王船山在法治思想

[①] （清）王夫之：《黄书》，《船山全书》第十二册，岳麓书社1991年版，第577页。

方面没有专门的著述,也没有形成完整的体系,他的法治思想主要散见于《读通鉴论》《宋论》《尚书引义》《黄书》《噩梦》等书中,通过政论的形式表现出来,主要体现在严于治吏、重视道德修养,德法结合以治国和"环相为治"的权力监督制衡思想三个方面。

一 严于治吏

在立法方面,船山先生提出了法律面前人人平等的立法精神。他认为,理想的社会应该是"王者之法"的社会。而"王者之法"就是"刑尤详于贵,礼必逮于下。大夫以下,刑有不足施,王者弗治焉。不治而欲弹其乱,则修礼以自严,而销天下之萌于训典。知此,可以知春秋之议刑矣"。他提出作为他律的刑罚,在约束普通百姓的同时,还要约束统治者,要更多地针对达官显贵,防止官员利用特权侵犯人民的利益,做到无论是官员还是民众,在法律面前一律平等。从此,几千年来形成的"刑不上大夫,礼不下庶人"的传统法治思想受到了挑战,开始动摇。

(一)抓监督,重在"严之于上官"

法律制度能否贯彻执行关系着国家的统治基础。法律严明则国家强大,法律松弛则国家软弱。在政府官员中,下级官员人数众多,情况复杂,头绪众多,中央司法机关在执法的过程中唯有抓好高级官员才能提纲挈领,找到关键。历史经验也告诉我们,高级官员的贪腐对官场的政治生态环境影响是极大的:高级官员位高权重,拥有更多的行政决策权与影响力,一旦不奉公守法,不但会给国家带来巨大的损失,而且会败坏社会的正气。

对此,船山先生认识清楚,他主张加强对高级官员的监督,"严之于上官",对高级官员严加管理。"上官"在朝廷中仅十数人,而且职位相对固定,可以重点监督。"下吏散于郡邑,如彼其辽阔也,此受诛而彼固不敢,巧者逃焉,幸者免焉。上官则九州之大,十数人而已,司宪者弗难知也;居中司宪者,二三人而已,天子弗难知也。"[1]监察官应注重监督这些为数不多的"上官",而皇帝应监督监察官是否廉洁。这不难做到,只要朝廷对重点职位进行重点监督,那么朝廷就可以廉洁高效地运行。"然而人主之所用其聪明者,固有方也。以求俊义,冢宰公而侧陋举矣;以察官邪,宪臣廉而贪墨屏矣;以平狱讼,廷尉慎而诬罔消矣;以处危疑,相臣忠而国本固也。故人主之所用智以辨臧否者,不出三数人,而天下皆服其容光之照。"[2] 执掌大权的高官清廉,下级官吏就会有所收敛,如此则"顾佐洁身于台端,而天下无贪吏"。

不仅如此,在船山先生看来"严之于上官"除了文武百官要守法,天子也要守法,这样法律才能真正起到保护民众、防止腐败的作用。"故为之禁制以厚其坊,督抚监察,郡守不敢奉其壶飧;方面监司,邑令不敢呈其竿牍;以法相裁,以义相制,以廉相帅,自天子始而天下咸受其裁焉。君子正而小人安,有王者起,莫能易此矣。而何得借口三代之贡享上交以训贪而启渔民之祸哉?"这就说明王船山不仅要求统治者带头守法,而且对统治者的要求更高、更加严格,只有这样才能实现"自天子始而天下咸受其裁"的理想局面。

这种从严治官,重在防治上层官员贪污的治吏精神具有民主平等的因素,同时也与现代法治重在防治官员犯罪的立法精神几乎一致,由此可以见出船山思想之远见与进步意义。

---

[1] (清)王夫之:《读通鉴论》,《船山全书》第十册,岳麓书社1996年版,第1100页。
[2] (清)王夫之:《宋论》卷一,《船山全书》第十一册,岳麓书社1996年版,第30页。

(二) 抓落实，严纠下吏之贪

严于治吏还表现在船山对于胥吏之贪可谓深恶痛绝。他专门对胥吏之贪进行深入研究，认识到"虐取人民""渔猎百姓"的贪污行为是下吏与上官互为勾结的结果，因此提出了"严下吏之贪，而问上官"的上官责任制以防治下吏贪腐的吏治思想。

基层官员群体大，人数多，他们负责国家方针政策的落实，是联系国家和人民的桥梁和纽带，更是上传下达的"最后一公里"。因此，基层官员的工作作风、清廉与否至关重要。船山先生出身贫寒，生活在社会下层，他耳闻目睹，亲身感受过基层官员的贪腐，他对这一问题也进行了思考，认识到：上梁不正下梁歪，下级官吏的贪腐往往是高级官员的贪腐所造成的。高级官员的贪腐虽然并没有直接从老百姓手中获取，他们往往是运用手中的权力指使下级官吏施行的。下级官吏直接和老百姓接触，他们利用国家赋予的权力大肆搜刮民脂民膏，满足上级的贪欲。但是，老百姓并不知道自己之所以受到欺凌搜刮的根本原因是高级官员的贪欲膨胀，他们只憎恨和不信任与之亲密接触的下级官吏。所以船山明确指出要通过责上官的方式，打掉"保护伞"，从而纠下吏之贪。

> 严下吏之贪，而不问上官，法益峻，贪益甚，政益乱，民益死，国乃以亡。群有司众矣，人望以廉，必不可得者也。中人可以自全，不肖有所惮，而不敢，皆视上官而已。上官之虐取也，不即施于百姓，必假手下吏以为之渔猎，下吏因之以售其箕敛，然其所得于上奉之余者亦仅矣。而百姓之怨毒诅咒，乃至叩阍号愬者，唯知有下吏，而不知贼害之所自生。下吏既与上官为鹰

犬，复代上官受缧绁，法之不均，情之不忍矣。①

船山先生明确指出"严下吏之贪，而不问上官"的做法是完全错误的。他提出了上官责任制下的防治下吏贪腐的吏治思想，认为要杜绝贪贿邪风、建立清廉吏治必须从严惩上官之贪入手才能在官场上形成强大的震慑力，使官员有所畏惮的同时，发挥官员清正廉洁的垂范作用，为风清气正的官场打下坚实基础。

二 重视道德修养，德法结合以治国

治国先治吏，治吏须德法结合。在健全法律制度的同时，船山先生把道德建设视作吏治的根本，他清楚地认识到道德和法律在治理国家、巩固统治中的重要性："以法相裁，以义相制，以廉相帅，自天子始而天下咸受裁焉。"② 上自天子，下至百官，都要用法律和道德的力量加以约束，强调天下的人都要受道德和法律的普遍约束。"制治于未乱，保邦于未危，无他，明伦以立纲纪之原，而礼乐刑政，皆由此出，则久安长治，而立国于不倾。"③ 即一国长治久安依赖于清明法纪、秉公执法。要做到这一点，最重要的是为官者要有良好的官德修养。船山指出，如果为官者具有高尚的品德，对广大民众就有"安民志、固民心"的巨大作用。"安民志者存乎望，堪大业者存乎德。德其本也，望其末也，本末具举，则始于无疑，而终于克任矣。"④ 反之，"卿大夫不仁，则有宗庙而宗庙不保矣，诛夷之祸随之矣……"国家将走向灭亡。

---

① （清）王夫之：《读通鉴论》，《船山全书》第十册，岳麓书社1996年版，第1100页。
② 同上。
③ （清）王夫之：《四书训义》，《船山全书》第八册，岳麓书社1996年版，第372页。
④ （清）王夫之：《尚书训义》，《船山全书》第一册，岳麓书社1996年版，第415页。

如何培养为官者的"官德"呢？子曰："其身正，不令而行；其身不正，虽令不从。"只有自我端正了，即使不发布号令，老百姓也会去实行；自身就不端正，即使发布了号令，老百姓也不会服从。船山先生也清楚地认识到了这一点，他提出培养为官者的"官德"，首先为官者自己内心要清正，即"洁己先要心清，吾性之清，不受物之浊"①。只有这样，才不会被横流的物欲所蒙蔽。怎样才能做到"清正"呢？其次，为官者应严格要求自己，时刻注意自己的言行，以身作则。所谓"政者，正也"，"化行俗美，先王先公之以忠厚开国，躬行于上而教施于下者，唯此焉耳"。"推乐善之诚，善者举之而无遗也，不能者教之而不弃也，则欲自弃于鼓舞作人之世，而其心必有不能自已者矣。日习于为善之乐。不知神情之何以不怠也。"② 这种以身作则的行为具有很强的感召力，能让人们弃恶从善。

另外是为官者在从政时，遇有挫折与失败时，应着重反省自身的过失，"能为人观者，必先自观"，要"躬自厚而薄责之于人"。自省的方法是学习与思考，他强调："圣人之智，智足以周物而非不虑也；圣人之能，能足以从距而非不学也。"通过上述两方面，为官者得以"体仁以长人，利物以和义，嘉令以和礼，贞固以干事"③。这样就能达到凝聚人心，国家安宁的目的。

三 "环相为治"的权力监督制衡思想

明朝洪武十三年，丞相胡惟庸"谋大逆"案发，因此受牵连而被

---

① （清）王夫之：《读通鉴论》卷一，《船山全书》第十册，岳麓书社1996年版，第67页。

② （清）王夫之：《四书训义》卷十，《船山全书》第十册，岳麓书社1996年版，第372页。

③ （清）王夫之：《尚书引义·尧典》，《船山全书》第十册，岳麓书社1996年版，第415页。

诛除的各级政府官吏达 3 万余人，朱元璋就此发布了《废丞相、大夫，罢中书诏》，罢除中书省，不设丞相，六部尚书归皇帝直接领导，于是秦、汉以降实行 1600 余年的丞相制度自此废除，相权与君权合而为一，皇帝"乾纲独断"，主宰一切。"贤以其人而不贤以其事，则虚有论道之名而政非其任矣，虽有极尊之位，与其尤贤之才，而上不敢逼天子之威，下不能侵六官之掌，随乎时而素其位。"[①] 与此同时，设立了内阁，但是内阁却徒有虚名，并无任何实权。内阁的大学士实际上只不过是皇帝的附庸而已。王船山在认真地探索如何以权力制约权力，特别是如何对君权实行有效制约，制裁君主的不法行为，对建立一个"自天子始而天下咸受裁焉"的法治社会问题也进行了有益的探索。他认识到权力导致腐败、绝对的权力导致绝对的腐败；认识到法治的效果也在一定程度上取决于制度建设，在于是否有切实有效的权力监督制衡机制。船山先生不仅认识到监督对吏治的重要作用，而且提出了"环相为治"的权力监督制衡思想。

所谓"环相为治"，由君、相、谏官三个环节组成。这三者的角色和权力各不相同，环环相扣，相互制衡。船山认为，"天子之职，论相而已矣。论定而后相之，既相而必任之，不能其官，而惟天子进退之，舍是而天子无以为治天下"[②]。皇帝对宰相的人选首先"论相"，即对宰相的人选加以考察；然后"相之"，即给选定的人以宰相的名位；接着"任之"，即赋予宰相以实际权力；最后"进退之"，也就是对不称职的宰相予以罢免。皇帝有决定宰相任免的权力，同时皇帝最大的责任就是选好宰相，赋予其相应的权力。鉴于明朝专制主义的严重弊端，王船山强调君主必先设宰相而后才可以治天下："夫

[①] （清）王夫之：《尚书引义》卷五，《船山全书》第二册，岳麓书社 1996 年版，第 397 页。

[②] （清）王夫之：《宋论》卷四，《船山全书》第十一册，岳麓书社 1996 年版，第 121 页。

天子无以博察乎人之贤奸而悉乎民之隐志,唯此一二辅弼之臣寄以子孙黎民者,为其所谨司。然而弗能审焉,则天子无以为天下君。"天子应该能够辨别出人的忠奸善恶,他的职责也就是选出一两个贤明能干的宰相。

宰相位极人臣,处于"一人之下万人之上"的高位,拥有极大的权力。宰相是辅佐皇帝的最高一级行政长官,位居百官之首,上要辅弼皇帝,对社稷安危负责;下要为万民着想,责任重大。"故唯宗社安危,贤奸用舍,生民生死之大司,宰相执之,以弼正天子之愆,而自度其去就。"① 宰相要对社稷安危负责,要对用人是否得当负责,要对民众之生死负责。在他行使相权时,要"弼正天子之愆",对天子的过失予以纠正,同时还要躬身自省。宰相的任免虽然要听命于君主,他的职责是辅助皇帝管理全国政务,但宰相的权力亦可构成对君主权力的制约。有了宰相的制衡和监督,就可以改变君主独揽一切权力、"乾纲独断"的局面。

为了更有效地制约君权,船山先生认为还应该设置谏官。一个好的谏官要"念深礼谨,薄一己之功名,正一王之纲纪,端人正士所由异于功名之士远矣"②。能牺牲自己的功名利禄乃至生命,直谏皇帝之误,端正朝廷的法纪。他认为,谏官制约君权的职能主要表现在两个方面:一是在选择什么样的人为宰相的问题上制约君权;二是能协助宰相纠正君主做出的错误决定。

由此,船山先生就设计出了"宰相之用舍听之天子,谏官之予夺听之宰相,天子之得失则举而听之谏官,环相为治"的权力制衡方案。在这个方案中,君、相、谏官环环相扣,相互监督,宰相之

---

① (清)王夫之:《宋论》卷四,《船山全书》第十一册,岳麓书社1996年版,第121—122页。
② (清)王夫之:《读通鉴论》,《船山全书》第十册,岳麓书社1996年版,第67页。

任用由天子决定，谏官的任用由宰相决定，皇帝的过失由谏官监督。唯有如此，才能使宰相之任得人，皇帝的过失及时得以纠正，从而能切实做到对君权有所制约，便形成了"环相为治"的权力监督制衡思想。

王船山虽未能提出完全现代意义上的分权制衡方案，但其"君、相、谏官"三者"环相为治"方案的设想成为中国政治学说逐渐开始其近代化转型的一个显著标志，为近代中国"三权分立"的君主立宪政体的设想提供了丰富的思想资源。

四 船山法治思想的现实意义

船山先生在对明朝灭亡的历史教训和在南明政权短暂的任职经历深刻反省的基础上，构建出了较为系统的法治思想体系。首先，他提出了严于治吏的主张，严厉整顿吏治，既要抓监督，"严之于上官"；又要抓落实，严纠下吏之贪。其次，他从为官者自身谈起，强调"官德"的重要性。认为高素养的官员是国家长治久安的基石。重视道德修养，德法结合以治国。最后，从权力监督制衡角度出发，他构建了一个由"君、相、谏官"三者相互制衡的权力监督体系，以期彻底解决腐败问题。应该说，这套由个人到制度的廉政体系，突破了皇权至上的思想局限，具有一定的时代进步性。但在船山先生所处的时代，这套法治思想体系，也只能停留在书面上，是一种理论上的设想，并没有付诸实践的可能。只有在社会主义新中国，在改革开放30多年来的今天，在中国已进入民主、开放、法治化的时代，船山先生的法治思想体系才有了用武之地，有了实践的机会和空间。虽然王船山的法治思想仍有不足之处，但在特定的历史背景下，仍具有很强的进步意义，对当下推进依法治国方略也具有极强的借鉴作用。

　　提高道德修养，加强官德建设。官德就是一个领导干部做人做事的品质和水平。"人无德不立，国无德不兴"，官德是领导干部素质高低的"试金石"，官德是社会清明与否的"晴雨表"，官德是党风纯正与否的"风向标"。领导干部要履行好组织和人民所赋予的使命，就必须自觉坚持自我教育、自我提高，努力培养高尚的人品官德。社会在发展、时代在进步，但人们评判好人好官、人品官品的基本标准没有改变。这个标准就是看你有没有"德"。崇高的道德理想给人以鼓舞；纯洁的道德情操给人以理智；正确的道德规范给人以准绳。德的内涵十分丰富，每个人对德的理解也有所不同。对领导干部来讲，德就是要堂堂正正做人，清清白白为官。堂堂正正是做人的根本，就是做老实人，说老实话，办老实事，正直诚信，与人为善，有高尚的品德；清清白白是做官的基础，就是要勤政廉洁，勤政为民，有所为而有所不为，有良好的官德。官德不是小事，更不是私事。在我国，官德如何，历来为社会关注，为百姓瞩目。领导干部是社会的先进分子，是党的事业的决策者、执行者，其一言一行带有广泛的社会意义，尤其要把德放在首位，在为人之"道"、为官之"德"上做干部群众的表率。从近年来中央和省市查办的案件可以看出，现在一些干部出问题，主要不是出在才上，而是出在德上。为什么在同样的社会条件下，有的人能洁身自好、清正廉洁，而有的人则身陷泥潭、腐化堕落？一个重要原因就在于官德修养、思想境界不同。现实警示我们，当前加强领导干部道德建设的任务比以往任何时候都更加突出、更加紧迫。对于领导干部来说，无论在什么岗位，无论职务多高，都需要加强世界观的改造，加强个人的道德修养。

　　老虎苍蝇一起打，加大对腐败行为的打击和查处力度。王船山提出"刑尤详于贵"，主张法律要具有普遍约束性，尤其是对于统治者自身，更要严格要求，不能凌驾于法律之上。我们党提出"党要管党、从严治党"，与他的这一思想可以说一脉相承，并具有更高的要求。党的十八届四中全会提出："全面推进依法治国，必须形成国家法律法规和党内法规制度相辅相成、相互促进、相互保障的格局。"十八届中央纪委四次全会上，王岐山同志就党纪与国法的关系做了"党的先锋队性质和先进性要求决定了党规党纪严于国家法律。立法是所有公民的行为底线，党纪是对党组织和党员立的规矩"的重要论述。也就是说，党员和群众相比，党内处理不仅不是党员干部逃避法律法规的庇护伞，而是对违反法规党员干部的责任追究的强化和深化。例如，中央纪委监察部通报的各地党员干部违反"八项规定"而大操大办婚丧嫁娶等案例，在法律层面并没有违规。但对党员干部而言，除了遵守法律法规外，还要严格遵守党的规定，自觉接受党纪约束。这可以说是船山先生"王者之法，刑尤详于贵，礼必逮于下"的立法精神在我们党自身建设方面的生动体现和科学发展。这一立法精神，也在我们党正在大力开展的反腐倡廉工作中得到印证。当前，党中央正以前所未有的高度和力度，对各种腐败行为采取"零容忍"的态度，全面开展反腐行动。查办的干部级别之高、人数之众、领域之宽，堪称空前，既有副国级的"老虎"，又有科级的巨腐"苍蝇"，既涉及发改委等"强势部门"，又涉及山西等"重灾区"。2015年前5个月，检察机关立、查职务罪案18512件，24187人，依法对朱明国、孙鸿志、陈川平、王敏等15名省部级干部立案侦查，对周永康、李春城、蒋洁敏等12名省部级以上干部提起公诉。与此同时，我国与世界许多国家加强了国际交流合作，开展国际追逃追赃，最大限度地压缩外逃贪腐官员的生存空间，让一切腐败分子无路可逃、无处隐身。公安部开展"猎狐行动"，其中"猎狐2014"专项行动共抓获外逃经济犯罪人员 680 名，其中缉捕归案 290 名，投案自首 390 名。正如李克强总理强调，中国是法治国家，不论是谁，不论职位高低，法律面前人人平等，只要是触犯了党纪国法，就要依法依纪严肃查处、惩治。船山先生所提出的"严之于上官，而贪息于令守，下逮于薄尉胥录，皆喙而不敢逞"的理想终于在几百年后得以实现。

把权力关进制度的笼子里，完善现有的权力监督体系。船山先生"环相为治"的思想虽然有其历史局限性，但是其重视权力监督制衡却具有现实意义。长期以来，我们一直都在和贪污腐败作斗争，但是却往往陷入越反越腐的怪圈或者阶段性好转的局面，无法彻底解决，究其原因还在于以前的反腐都是依靠人治而不是依靠制度反腐，反腐更多的是要依靠各级政府领导者对腐败问题的认识。随着中国法治化水平的提高和政府工作的推进，"把权力关进制度的笼子"的呼声越来越高。把权力关进制度的笼子里，需要完善现有的权力监督体系，加强对权力运行的制约与监督，形成不敢腐的惩戒和防范机制，加大对腐败案件的查处力度，加大各级纪检、监察部门的巡视力度，发动群众、网络和媒体等的监督作用，提升反腐监督能力。中央纪委监察部网站推出了"五一期间'四风'问题监督举报曝光专区"，且设立了"每周通报"栏目，每周对各级纪检监察机关查处的违规案件，进行通报曝光。中央纪委监察部又在网络客户端推出反"四风"举报功能，受理违规公款吃喝、公款旅游、大办婚丧喜庆等 11 个类别的"四风"问题举报。举报人可通报手机照片、视频和文字说明反映身边的"四风"问题，以匿名形式一键举报，方便、快捷，是畅通群众监督渠道的又一次创新和突破。这既体现了党的群众路线，又履行了党为民服务的宗旨。一系列监督机制的出台充分说明，要从根本上解决腐败问题，形成风清气正的良好政治氛围，必须进一步建立和完善权力制约和监督机制，扎牢规范权力运行的笼子，使得官员不敢腐、不能腐、不想腐。而实现这一目标的根本方法就是最大限度调动社会各界的积极性，充分发挥广大人民群众的监督作用。

中国古代的法治思想是中国特色社会主义法治建设取之不尽用之不竭的宝库。作为古代法治思想家代表的王船山先生留下的思想财富还有很多，也亟待我们去继续发掘、继承、发扬光大。

第十三章　王夫之之礼与政治和合相契何以可能

儒家文化是中国传统文化的主流意识形态，追求以积极的态度"入世"；追求个人安身立命、修道成性，社会的平治与和谐等。统而言之，中国传统文化的儒、释、道三教，均以和谐为其追求之目标与理想。

作为宋明理学的殿军人物王夫之，他毕生都在追求和谐中国梦。在王夫之那里，实现和合政治梦的基本价值工具为礼，通过礼之政治哲学价值的凸显，以礼规范人之行为，以实现人与人之间、人与社会之间的稳定与和谐，最终实现礼与政治和合相契合。

王夫之晚年隐居衡阳金兰乡石船山下，著书立说时自署船山老农、船山遗老、船山老人、船山病叟，因之，学术界称其为船山先生。王夫之心中的和合政治梦，是基于礼对整个社会的平治而实现的。王夫之主张以礼代法，反对以法代礼；主张以礼坊民，反对以法待民；主张以礼治政，反对以法治政；于是，整个社会皆可处于礼意隆隆的和谐之境中。王夫之认为：在治政过程中，礼的基本价值在于统治，在于化民成俗，治定制礼乃建中和之极，礼乃治政致和实现和合政治梦的最佳工具之一。

一 和合之器：礼乃政治和合之公器

以礼坊民，是整个社会和谐的基本前提，礼的基本价值在人与社会和谐中体现得尤为明显，因为"'礼'者，立国之大经大法"①。礼在古代社会的地位是治国平天下之公器。古代社会的礼治思想与以德治国的提法，其深层次原因在于礼。礼乃中国传统文化的核心，历经几千年至今经久不衰，在很大层面上说明了礼有其存在的价值，特别是礼以统治之价值的彰显。如若我们追本溯源，礼经历了神坛设教到礼以统治的转变，三皇五帝功不可没。

（一）以礼齐民：政治和合之基

治国需以礼为本，如此才能实现社会的和谐；礼之价值的凸显，是有责任担当的儒家哲人为"天地立心，为生民立命"的结果。礼产生有其原初含义：事神致福。礼之产生，礼的治国平天下之价值的凸显，主要来自事神之传统。王夫之曰："礼所以治政安君，故政之所自立，必原于礼之所自生。礼本于天，殽于地，列于鬼神，莫不有自然之理，而高卑奠位，秩序章焉。得其理以顺其序，则鬼神以之侯，制度以之考，仁义以之别矣。"② 礼之和合哲学价值于治政安君中彰显，王夫之认为考察礼之源流，才能对礼这种道德规范心存敬畏，才能有对礼之价值的尊崇。故此，古代社会通过神道设教，使礼之价值的神圣性更为彰显，使人在更大层面上对礼的基本价值产生道德敬

---

① （清）王夫之：《礼记章句·王制》，《船山全书》第四册，岳麓书社1991年版，第351页。
② （清）王夫之：《礼记章句·礼运》，《船山全书》第四册，岳麓书社1991年版，第554页。

畏，使礼之基本价值更好地推行下去，归因于古代社会重视考察礼之源流。王夫之曰："本天，效地，别仁义，起兴作，考制度，以俟鬼神，礼由是立，而凡人君所以治致安君，使上下交正而远于倍窃，亦即此而在焉。"① 考察礼之源流，其目的是隆礼重礼，使人对礼产生浓厚的道德情感，进而对礼产生道德敬畏，从而将礼的基本价值更好地推行下去。王夫之曰："君子事神治民皆隆礼以自立，无所亵越以自强，为守身保国之大本而政无不行也。"② 王夫之强调隆礼治政，提升礼之地位，如此才能以礼更好地治国安君，为和谐社会的建构奠定基础。

王夫之认为：古人神道设教以隆礼，其目的在于凸显礼之地位，彰显礼之基本价值，神道设教功不可没。王夫之考察了先王以礼治政的背后原因。王夫之云："先王忧人失其性而制为礼乐以为之节，又以政刑辅之，所以遏人欲之横流而存其天理也。"③ 人性本善，但人由于物欲之诱惑，使人暂时可能丧失其本然善性，先王通过神道设教隆礼，以礼节欲，以恢复人之善良本性，此乃礼产生的现实原因。王夫之将这些物欲横流之人称为小人，治理这些小人的方法就是以礼齐之，礼先刑后，使人恢复人之本然之善性，最终实现天下人皆得之"真则"。"先王之治，齐小人以礼，而出乎礼即入乎刑，未当本性命以立教，以喻民于同然皆得之真则。"④ 先王制礼，目标瞄准治理国政，政通人和。先王通过神道设教，将礼之神圣性推向极致，通过神

---

① （清）王夫之：《礼记章句·礼运》，《船山全书》第四册，岳麓书社1991年版，第555页。
② （清）王夫之：《礼记章句·哀公问》，《船山全书》第四册，岳麓书社1991年版，第1186页。
③ （清）王夫之：《礼记章句·乐记》，《船山全书》第四册，岳麓书社1991年版，第899页。
④ （清）王夫之：《四书训义·泰伯第八》，《船山全书》第七册，岳麓书社1990年版，第541页。

第十三章 王夫之之礼与政治和合相契何以可能

道设教尊礼、守礼，并将礼转化为人们道德信仰，如此更好地推行礼，使礼成为治国之公器。"先王本身议道以制礼，为治国之器垂之后世，君子奉之以正国，则天则定而邪正明，虽有邪说诐行附仁义以行其私者，莫之能乱矣。"① 先王将礼不断推行下去，使礼成为后世之人治国之公器，让现实之人皆遵从之、选择之，则人世间礼意流行，和谐之风吹遍九州，礼之和合价值得以彰显。先王推行礼政、将礼之价值最大化的同时，亦是将礼之和合价值最大化之时。王夫之云："礼为治乱之原而无物不有，无事不著，故极其用之极致，虽非愚贱之所共与，而先王推其躬行之实以务民义，必举夫人所可知可能而不可斯须离者立为大纲，以使民率由之，而政理兴焉，则益可无疑于政与礼之有殊用矣。"② 先王治政，皆以礼为本，礼无处不在、无处不存，如此则礼行天下，治乱皆得其宜，先王治政，皆有共通性之道，人道是也，人道即礼，即王夫之治理政事的关键在于共通性的道德规范——礼。这种共通性之道——礼之流行不息而不废的原因在于礼有其价值。礼之衰，系国之衰乱的表现；礼之盛行，则表现为国之平治，和谐可至。王夫之说："大道之行，三代之英，相为表里，所以齐天下而共由于道，其继起为功而不可废者有如此。礼衰而乱，文具徒设，则大道之精意尽泯，圣人之所由叹也。"③ 礼之流行，以礼治政，和谐可至，即表现出礼之实学特质，王夫之推出先王隆礼，初衷是让世人尊礼、崇礼，以神道设教引起对礼的重视，而后则是通过学习的方式，广而播之以提升礼之道、广开和谐之路。王夫之曰："先

---

① （清）王夫之：《礼记章句·经解》，《船山全书》第四册，岳麓书社1991年版，第1175页。
② （清）王夫之：《礼记章句·仲尼燕居》，《船山全书》第四册，岳麓书社1991年版，第1202页。
③ （清）王夫之：《礼记章句·礼运》，《船山全书》第四册，岳麓书社1991年版，第540页。

王以礼齐民，学为之首，则系学于礼，道莫重焉。"[1] 通过学习的方式提升礼、运用礼，最终使礼表现出修己治人之经世致用的实学特质，特别是彰显礼之和合特质。

（二）礼以统治：政以因俗与政治和合相契

先王从神学层面落实到世俗层面，彰显了以礼治政的现实层面。以礼治政，本质上是以礼修己治人。修己治人是指统治者努力提升自己的道德修养，更好地治理百姓。"修"指的是上层统治者自己以礼修身养性，治人则表现为以礼治人、治政；上层修身明礼，则下层效之，上行下效，以礼为治国之策。"修明于上而下皆则之者，唯礼而已矣。"[2] 由此，礼之世俗价值的凸显主要经历由神坛设教到上层阶级的修礼、隆礼，最终达到以礼坊民、礼行天下之目的。通俗地讲，此乃以德服人、以德治国之谓也。修己治人，内圣外王，礼行天下，则和谐可至。王夫之说："知以吾三近之德修身而治人，则天人皆知，而诚身顺亲，仁义礼之无不举也，人道之所以能敏政也。"[3] 通过修身立德，使人之德性得以凸显，推己及人，以礼治政，则天下和谐可待。修身、治国、平天下非常重要，修身并以礼治国，由此才能保证治国平天下的顺利实现。"夫自修身以至于为天下，不可一日而无礼。天叙天秩，人所共由，礼之本也。"[4] 王夫之此言的理论基础来自《礼记·礼运》中所讨论的理论问题，修身、齐家、治国、平天下不

---

[1] （清）王夫之：《礼记章句·学记》，《船山全书》第四册，岳麓书社1991年版，第869页。

[2] （清）王夫之：《礼记章句·礼运》，《船山全书》第四册，岳麓书社1991年版，第557页。

[3] （清）王夫之：《礼记章句·中庸》，《船山全书》第四册，岳麓书社1991年版，第1280页。

[4] （清）王夫之：《四书训义·为政第二》，《船山全书》第七册，岳麓书社1991年版，第312页。

可一刻无礼，凸显了礼之重要性。"偃复问曰：'如此乎，礼之急也？'孔子曰：'夫礼，先王以承天之道，以治人之情，故失之者死，得之者生。'"（《礼记·礼运》）孔子与其学生的对话，实际上阐释了礼在治国平天下的重要性，凸显一日无礼则天下治乱的惨状。

　　人之行为是否合乎道德理性，是否合乎人伦之道，皆以礼为基本尺度。礼不可或缺，源自于礼之修己治人之价值。通过修己治人使礼之价值得以凸显。王夫之形象地将礼比喻为"矛"，"矛"乃战斗之公器，无"矛"则失去战胜敌人之机会。在与敌人的战斗中，"矛"之作用极为重要。礼如矛，只不过礼的基本价值运用在治理国政，"知礼以为茅，不敢绝天以安于卑陋"①。以礼治理国政，则以礼调适而表现出来和合价值得以彰显。因为以礼执政，则一切是非得失皆能在礼之规约下得以纠正，和谐之道得以确认。王夫之曰："立礼为则，有失自见，不能由礼者，则知其不肖也。"② 衡量人之行为得失，人之行为得当与否，天下平治与否，一切皆由礼之调适是否合宜为标准。礼不但能养人之心、顺人之情、和人之性；礼还能使人在礼之规约之下得以立，同时还能以礼调适人际关系。一言以蔽之，礼之和合哲学价值大矣。人世间一切矛盾与冲突皆可在礼之调适之下得以完善与发展。先王治政，选定以礼为公器，则必将实现平治天下的美好目标。

　　先王修身以礼，其终极价值为治国平天下，修己治人是治国平天下之基础，治国平天下是修己治人之目标。治国平天下不可一日无礼，因为以礼可坊民。上修礼，下效礼；立礼为则，坊民可见。由于礼之价值在治国过程中的凸显，以礼坊民必不可少："坊民之本，立

---

① （清）王夫之：《周易外传·系辞上传第八章》，《船山全书》第一册，岳麓书社1988年版，第1015页。
② （清）王夫之：《礼记章句·礼运》，《船山全书》第四册，岳麓书社1991年版，第539页。

教以作则。"① 王夫之所说的"坊""本"指的是什么？坊民之价值表现又何在？王夫之回答曰："'坊'者，治人之道。'表'者，修己之道。修己治人之实，礼而已矣。性之所由失者，习迁之也。坊习之流则反归于善，而情欲之发皆合乎天理自然之则矣。习俗泛滥以利其情欲者，为凡民之所乐趋，故坊之也不容不严。"② 即通过礼以治民，使礼之价值能在更大层面上得以凸显。治国平天下之公器即是礼，而不是法。以礼坊民，以此则能以德治国，以德服人，天下可固也。坊民之初，先立其"表"，先修自身，推己及人，则天下可和矣。"凡为坊者，必先立表以为之则，表虽无与于坊，而为坊之所自出，是坊末而表本也。"③ 为此，要做到以礼坊民，应先正其身，"不能正其身，如正人何？"(《论语·子路》)欲正人，修身为先，修身为要，先正己，如此才能将以礼坊民推行下去。如若"以礼坊民，民犹踰之，既不可以坊为无益而废之，抑不可更峻其坊而束民以不堪，则唯反躬自治以正其表，斯正己之尽而物可得而正矣。故三代以礼坊民，而踰之也率在末君失德之世，则知表之为重，而亦不可咎坊之徒劳矣"④。以礼坊民，正己修身，不失其德，如此则能将礼以坊民切实践行下去。否则，不正己修身，礼以坊民则成为空中楼阁、水中之月而已。

礼之价值在于礼以坊民，礼以统治，最终使礼之价值得以最为完美的呈现。就上层阶级而言，一方面上层人物要通过修身以提升自身之德行，成就内圣之德；另一方面则要完整把握礼之深层蕴含，使礼真正成为治国安政的基本工具，将礼定位为治国之大经。"德礼之精

---

① （清）王夫之：《礼记章句·表记》，《船山全书》第四册，岳麓书社1991年版，第1322页。
② （清）王夫之：《礼记章句·坊记》，《船山全书》第四册，岳麓书社1991年版，第1213页。
③ （清）王夫之：《礼记章句·表记》，《船山全书》第四册，岳麓书社1991年版，第1317页。
④ 同上。

意，民不能知，挈其要以定大经。"① 在政治哲学之视域中，礼乃治国安邦之公器，只有以礼治政，礼才能真正实现治国安邦，实现和谐；也只有以礼治政，整个社会才能在礼的规约之下，化民成俗，进而使整个社会进入"无为"而治的理想社会。礼以化民成俗，人能自然而然地以礼作为自己的行为规范，因之，社会和谐可不期而至，"礼以统治，而政以因俗"②。在运礼并以礼统治之时，礼的基本价值的凸显在于化民成俗，并以此抵制暴政，礼教正俗反诈力革，社会才能真正得到平治，和谐亦可不期而至。

二 和合之路：礼教正俗而反诈力革以利和

总体看来，儒家哲人均反对以纯法、暴力的方式平治天下，因为纯法、暴力不利于社会和谐。王夫之主张以礼治政，这与他所生活的时代紧密相关：明末清初，清朝统治者以武力的方式迅速取代了明朝政权，在王夫之看来，这不合礼，亦不合乎理。作为一名正统的儒学大师，王夫之反对以纯法治理国家，乃时势使然也。在王夫之看来，只有礼教正俗，才能反诈力革，如此方能实现社会的和谐与稳定。

（一）礼教正俗以立和

在王夫之看来，礼教能正俗。王夫之不但点明了以礼正俗的理由，还阐明了礼教如何正俗以及礼教正俗的成效。

---

① （清）王夫之：《张子正蒙注·有德》，《船山全书》第十二册，岳麓书社1991年版，第266页。
② （清）王夫之：《周易外传·贲》，《船山全书》第一册，岳麓书社1991年版，第877—878页。

1. 以礼正俗之缘由

礼教的基本作用在于化民成俗,让天下之人在礼教规约之下能自然而然地接受礼教之熏陶,并使其能自觉遵守礼,从而为和谐社会的构建奠定基础。缘何以礼教正俗,王夫之分析了其中的原因:其一,大道不著则风俗薄。王夫之曰:"大道不著则好恶私而风俗薄,故禹欲授益而百姓不归,周公总己而四国流言虽欲公天下,不可得已。"[1] 大道即是礼,如若礼意不流行,则天下之人皆以恶为美,则天下斯恶矣。如此,必然造成普天之下的矛盾与冲突,天下不得而治,社会和谐亦不可能也。其二,无礼天地阴阳乱。从第一重原因中,如若大道不著,则自然导致崇礼之风日渐衰落,进而导致无礼,无礼则上下乱,上下乱则造成风俗败坏,则整个社会即将处于矛盾与冲突中。"民不敬,则无礼而上下乱;民不忠,则无心而国以危;民不劝,则苟且偷薄而风俗坏。"[2] 可见,无礼是造成社会风俗败坏的直接原因,无礼则必将造成天地大乱的后果。王夫之说:"无礼而黩,有巫道焉,则地天通而阴阳乱。"[3] 无礼不但会造成人与人、人与社会的矛盾与冲突,不和谐是必然之势,无礼必将造成普天之下的混乱,更谈不上化民成俗而形成良好的社会风气了。可见,无礼造成社会风气的混乱,造成天下的不可平治。由此,必须强化礼在化民成俗中的作用,如此才能成就优序良俗的和谐社会。

礼教的重要作用在于化民成俗。"礼乐者,君子所以化成天下而为元后父母之实者也。然非达于其原,则积之不厚而用之不弘,五至

---

[1] (清)王夫之:《礼记章句·礼运》,《船山全书》第四册,岳麓书社1991年版,第538页。

[2] (清)王夫之:《四书训义·为政第二》,《船山全书》第七册,岳麓书社1991年版,第309页。

[3] (清)王夫之:《周易外传·系辞上传第八章》,《船山全书》第一册,岳麓书社1991年版,第1015页。

三无之道，所以达其原而深体之矣。"① 礼之基本价值为化民成俗，弄清了这一点，则能弄清执政之原点，亦为实现和谐社会提供基础与保障。先王通过神道设教以隆礼，通过修身以厚礼，其目的在于以礼化民成俗，使整个社会达到无为而治之目标。礼之价值不仅仅表现在人与人之间的关系和谐，更重要的是表现为礼在治政过程中的终极价值。"礼行乎表，而威仪即以定命；礼谨于内，而庄敬成乎节文。畅于四肢，发于事业，历乎变而不失，则唯礼以为之干也。"② 礼乃治国安邦之公器，舍礼无他，礼之政治伦理价值业已凸显出来。礼之价值在化民成俗中的作用无以替代，那么如何化民成俗，化民成俗的实践途径如何？这是下文所要讨论的主要问题。

2. 礼教何以正俗以立和

礼之价值在于化民成俗，化民成俗之途径主要涵盖如下几个层面：

其一，絜矩以制道而化民成俗。在王夫之看来，礼为絜矩之道，礼为规范伦理，以礼则能实现人际和谐。王夫之曰："上絜矩以制道，使天下之为上下、前后、左右率由之以寡过，所谓'均齐方正'也。"③ 上层阶级能以絜矩之道齐民，则能应对各种矛盾与冲突，化民于庸俗之利的争端之中，以利人与人之间相互尊重、相互礼让，社会的和谐氛围逐渐浓厚，则和谐可至。诚如王夫之所言："絜矩而以民心为己心，则是爱民如子，而民爱之如父母矣。"④ 天下皆能以礼作为絜矩之道，礼待百姓，则能使人养成相互尊重之风、礼让之风，则优

---

① （清）王夫之：《礼记章句·孔子闲居》，《船山全书》第四册，岳麓书社1991年版，第1203—1204页。
② （清）王夫之：《礼记章句·礼器》，《船山全书》第四册，岳麓书社1991年版，第580页。
③ （清）王夫之：《礼记章句·大学》，《船山全书》第四册，岳麓书社1991年版，第1496页。
④ 同上书，第1497页。

序良俗自然形成,和谐之境可达也。

其二,上修下行以潜移默喻变化民之气质。上层统治者修身,上行下效,使礼成为人们生活中不可或缺的部分,进而使人们在生活中有规可循,有礼可遵。因礼而使人们日常行为合乎理性,遵守礼道以立和。王夫之曰:"修之于躬,而非礼则不安;布之为治,而非礼则不尚。言法言,行法行,明其教,崇其术,则礼行于上而达于下。"[1]上层统治者遵循礼,以礼为修身之本,并以神道设教使百姓敬畏礼;从心理学的视角观之,人均有从众心理,上行则下必效,行礼则下层人物主要通过变化百姓气质以实现化民成俗之目标。"礼以为大闲,则人无不可用之材,而皆变化其气质之偏,君之所以立于无过之地以为天下寡过者也。"[2]上层人物修身,下层人物禀礼以变化其气质,久之则化民成俗可见,和谐亦可实现,此则潜移默喻之效体现而已。诚如王夫之所言:"以此作则于上,庶几民感于上之所敬修者,潜移默喻,以习知制度官礼之各有本原而非以强天下,则不待告戒而礼自达焉。是人情之所自治,必本于天地阴阳之精理,亦愈可见矣。"[3]通过上层人物的躬行于礼,则下层人物必效之,如此社会和谐可至。

其三,上所躬行化民于仁厚。作为上层阶级,修养非常必要,因为如此则可影响他人变化气质。上层人物身体力行,使礼之践行切实贯彻执行下去,则能化民于仁厚。因为"所行则天下之大道,酌进退辞受之攸宜,而率礼不越,义无不审也。得志,则仁以息民,礼以善俗,义以裁物,民之生以厚而德以正,共由之矣"[4]。上层人士通过躬

---

[1] (清) 王夫之:《四书训义·宪问第十四》,《船山全书》第七册,岳麓书社1991年版,第818页。
[2] (清) 王夫之:《礼记章句·礼运》,《船山全书》第四册,岳麓书社1991年版,第558页。
[3] 同上书,第568页。
[4] (清) 王夫之:《四书训义·滕文公下》,《船山全书》第八册,岳麓书社1991年版,第360页。

行礼，使礼更好地贯彻执行下去，达致化民成俗。躬行比修行具有更高层面的价值，为化民成俗提供更为优越性的效果。王夫之说："上所躬行，以化民于仁厚而为立教之本也。"① 躬行比修身在化民成俗角度现实性更强、效果更佳。

其四，礼"让"而化民成俗。"让"是一种美德，是促进人际和谐非常重要的一环。"让"中有礼，通过礼让，让人感觉到人世间的温情脉脉。在礼让过程中，如若你让我一分，则我敬你一丈。礼"让"，相互尊重得到实现，礼让之风盛行，化民成俗之风亦吹奏，和谐之风更为强劲。故此，在为政之时，如若能以礼让治国，则天下可和。子曰："能以礼让为国乎？何有！不能以礼让为国，如礼何？"（《论语·里仁》）礼让乃治国之要，礼让能坊民之争、礼让系立教之本。王夫之曰："让善者，教让之本，以坊民之争者也。然臣子之于君亲，引咎推美，自其天性之不容已，而人君之取善于下，亦其好善之诚，初非以坊民故而矫为之，但让道行而争自止，则亦有坊之道焉。"② 礼让乃人之本性，是自然而然之事，非外力使然。礼让之道能坊民之争，如若形成礼让习俗，如此则能增进人际和谐。"苟如是，则族党之中，不竞于利，不鹜于争，礼让之风成而干戈之气静。古君子之以平治天下，率此而已矣。"③ 礼让，则能化解人与人之间因利益而起的矛盾与冲突，礼让之风气自然形成，化民成俗亦可自然而然，天下亦必将和谐。礼让之价值大矣。礼让成风，民已成俗，则治国平天下非礼莫属。王夫之曰："国之所以立者，礼也。礼之所自生者，

---

① （清）王夫之：《礼记章句·王制》，《船山全书》第四册，岳麓书社1991年版，第336页。
② （清）王夫之：《礼记章句·坊记》，《船山全书》第四册，岳麓书社1991年版，第1225页。
③ （清）王夫之：《四书训义·泰伯第八》，《船山全书》第七册，岳麓书社1991年版，第528—529页。

让也。无礼，则上下不辨，民志不定，而争乱作，固已。"[1] 礼让亦能使人之化民成俗，则普天之下的人皆沐浴在礼让的和逊之风中，社会和谐之风将不期而至。

3. 礼教正俗之成效

礼以化民成俗建立在礼以正俗的基础之上，王夫之曰："礼乐兴，则风俗醇、邪枉化，固其必然之应也。"[2] 在礼教正俗的基础之上，礼以化民成俗以利和的基本路线为：礼乐兴—风俗醇—邪枉化—社会和谐。和谐社会的建构，其根源在于礼乐，礼乐为和谐社会之源头活水。礼乐而后，则风俗醇，和谐社会建成，优序良俗的社会风气因礼意流行而成，"此皆民俗之厚，不待教治，而无非礼意之流行也"[3]。化民成俗，则整个社会沐浴在民风淳朴的春风之下，整个社会均处于其乐融融的和乐环境之中，所有这些皆要归结为"以礼齐民而民用成俗也"[4]。以礼齐民而民用成俗，表明礼在构建和谐社会中的重要作用，同时也表明了以礼齐民之核心主旨是以人为本的人本主义哲学思想。"以人立政，犹以地种树，其成速矣，而蒲苇又易生之物，其成尤速也。言人存政举，其易如此。"[5] 只有"以人为依""依人建极"，才能真正实现礼治天下，实现以礼化民成俗，唯其如此，整个社会才能真正和谐；如若不能以礼化民成俗，而是以严刑酷法强制老百姓遵循新的法律制度，势必造成整个社会的不和谐。

---

[1]（清）王夫之：《四书训义·里仁第四》，《船山全书》第七册，岳麓书社1991年版，第374页。

[2]（清）王夫之：《四书训义·卫灵公第十五》，《船山全书》第七册，岳麓书社1991年版，第841页。

[3]（清）王夫之：《礼记章句·礼运》，《船山全书》第四册，岳麓书社1991年版，第537页。

[4]（清）王夫之：《礼记章句·大传》，《船山全书》第四册，岳麓书社1991年版，第836页。

[5]（清）王夫之：《礼记章句·中庸》，《船山全书》第四册，岳麓书社1991年版，第1279页。

王夫之主张以礼治政，反对纯法治政。王夫之说："以礼教正俗而诈力革，以忠厚任官而刑罚简，此先王所以安天下也。"① 王夫之阐释先王治政之方略，本质上凸显的是王夫之本人之政治主张：礼先于刑则所为易从而能化。礼教之后，王夫之竭力反对以暴力手段或者说是以纯法手段实现天下之平治，与王夫之所说的礼教正俗而诈力革相吻合。

（二）礼先于刑而民易从能化以立和

王夫之力主以礼建构和谐社会，反对以严刑酷法构建和谐社会。礼能化民成俗，以使整个社会处于礼义浓浓的和谐意境之中。以礼治政，则整个社会必将处于老子所说的"无为而治"的自然和谐社会之中；如若以纯法治理平民百姓，则百姓口服但心不服，纯法不能化民成俗。故此，王夫之力主以礼治民，而不是以法治民。

王夫之主张以礼治民，因为"礼先于刑，所为易从而能化也"②。王夫之主张礼治为先，反对法治。王夫之作为明末清初之思想巨擘，在传统道德层面，主张以德治国，在礼之践行层面主张礼治。以礼法之辨为视角可以管窥王夫之礼治情结，即：于"立法治民与禽兽同"中彰显礼治情结；于"刑以辅礼"中彰显礼治情结，以礼法之辨为视角彰显了王夫之之礼治情结，亦可以管窥王夫之重礼治轻法治的礼之践行思想。

其一，于立法治民与禽兽同中彰显王夫之之礼治情结。在为政方面，王夫之承接了儒家关于为政以德的仁政传统，主张礼治，倡导德

---

① （清）王夫之：《四书训义·泰伯第八》，《船山全书》第七册，岳麓书社1991年版，第542—543页。
② （清）王夫之：《张子正蒙注·中正》，《船山全书》第十二册，岳麓书社1991年版，第173页。

教。王夫之说:"先王之制礼,法易简而天下之理皆得也。"① 以礼代法,王夫之主张礼乃简易之法,法易简而隆礼治,王夫之主张法简,反对繁缛的法律条文限制人之自由,反对以强制手段限制人之自由的以法治为主的他律。他说:"唯夫上刑愈密,法愈繁,而民愈偷,士失其职,民怨其上。以此立国,杂霸之术,所以为上下交病之道也。"② 在王夫之看来,以强制性手段限定人们的行为是不可取的,因为繁杂的法律制度的制定既耗费大量的人力与物力,又让上层人物心力交瘁;就民而言,他们因背上沉重的法律包袱而多生怨气,故此繁杂法律条文的制定与施行都不具备可能的条件。此外,对这种繁杂法律制度的执行,上有法律政策,下有反法律对策。"其立法也,刑名法术不胜其繁;将以正分也,而孰知其上下之乱乎?法网多,则逃之者愈巧;民志疑,则守之也无恒;分不能定也。何也?唯无礼义也。礼行,而下不逾分以自侈;义行,而下不崇利以干君。自上躬行之而咎迪之,则不待立法而臣民自靖,不待用制而臣民自服。如其上无所师,下无所从,典章徒存而教不行,廉耻丧而相与以偷。"③ 王夫之主张礼治,因为礼治能让人有礼义廉耻,能让人做到以礼自律,以礼自爱,能达到无为而治、无为而无不为之理政目的。由此可知王夫之之礼治情结,王夫之是强烈反对法治,主张礼治,认为立法治民与禽兽同。

其二,于"刑以佐礼"中凸显王夫之礼治情结。王夫之主张礼治,反对法治,那么法的地位如何?法之存在究竟有没有必要?王夫之认为"立法治民与禽兽同",主张为国以礼而不以刑,法在王夫之

---

① (清)王夫之:《礼记章句·服问》,《船山全书》第四册,岳麓书社1991年版,第1420页。
② (清)王夫之:《礼记章句·礼运》,《船山全书》第四册,岳麓书社1991年版,第553页。
③ (清)王夫之:《四书训义·尽心下》,《船山全书》第八册,岳麓书社1991年版,第914页。

思想体系中不占据主导地位。在治政过程中为国以礼,"刑以佐礼"。王夫之曰:"教有所不屑,而不教亦仁;刑出于无心,而刑以佐礼。"① 礼法之辨中,法在为政中充其量处于次要地位,而礼才是治政的主导性要素。王夫之认为,法的政治哲学价值在于他律,而礼的政治哲学价值在于自律。他律是外在强制,而自律则是内心道德良知的凸显。他说:"以刑治者,治人者也;以礼治者,自治者也。"② 礼治能唤起自己心中的道德律,催人慎独、自律;而法治则是外界力量对人精神境界的一种强制性措施。王夫之反对法治,主张礼治,尤其反对以徒法治民,因为徒法不足以立民。政不得以立,其原因在于"均于徒法"③。政治上如若运用单一的法律理政,忽视礼治,片面强调徒法理政,则此种政事乃政治上的"瑕疵"。针对具体政事,如果运用单一的法,且在日常行为之中滥用法律,"法不宜民",如此还不如不制定法。"与其任法也,无宁绌法。"④ 由此可以管窥王夫之对徒法治民的憎恨,同时彰显对礼治的尊崇。

总体说来,法的基本地位是辅礼以实现治国平天下之大任。治政过程中,王夫之强调道德教化的优先性,强调礼治德教对人道德意识自律的培养。"治天下以天下,而责一人之独至于己,故养先于教,礼先于刑,所为易从而能化也。"⑤ 从政治哲学视角来说,礼治是矫治人内心的道德"黄金律",因为礼容易使人接受教化,则能最终实现

---

① (清)王夫之:《四书训义·离娄下》,《船山全书》第八册,岳麓书社1991年版,第541页。
② (清)王夫之:《春秋家说》卷下,《船山全书》第五册,岳麓书社1991年版,第348页。
③ (清)王夫之:《四书训义·离娄上》,《船山全书》第八册,岳麓书社1991年版,第412页。
④ (清)王夫之:《四书训义·雍也第六》,《船山全书》第七册,岳麓书社1991年版,第440页。
⑤ (清)王夫之:《张子正蒙注·中正》,《船山全书》第十二册,岳麓书社1991年版,第173页。

治国平天下之和合目的。礼治,是法治所无法比拟的,礼与和谐社会相挂搭,法与社会之动荡相联系。王夫之云:"故礼者,齐民之要道,非一切政刑之所可及也。"① 此言表现出王夫之强烈的礼治倾向,法以佐礼。此外,此言也表现出王夫之重视礼教正俗而反诈力革以利于和的基本主张。

三 和合之境:礼行政立而无不宜"和"

礼能化民成俗,礼之价值决定治政以礼不以法。选择礼治,则选择了礼治视域中的和谐社会。王夫之主张以礼执政,而不是以法治政,执政必以礼。

(一) 礼体政用与体用合一

在礼与政的基本关系中,礼为体,政为用,礼体政用,则社会必将和谐。王夫之说:"礼,体也;政,用也。体用合一,而皆承天以治人,则礼之不可已而为治乱之大司明矣。"② 唯有尊礼、崇礼,践行礼,则社会各种矛盾与冲突必将在礼之规约之下得到缓解,实现礼宜之和谐社会。治政须以礼为本,本乱则天下国家不可平治。"是以君子行礼必慎其本,本乱而求末之治,不可得也。"③ 可见礼在构建和谐社会中的重要作用,以礼为本,则天下必然平治。治政既要抓本,紧扣礼之本,如此则能实现社会和谐。作为上层统治者必须立本,立本才能践行礼,才能以礼治政,切实履行礼之中和价值,王夫之表达了

---

① (清)王夫之:《四书训义·宪问第十四》,《船山全书》第七册,岳麓书社1991年版,第819页。
② (清)王夫之:《礼记章句·礼运》,《船山全书》第四册,岳麓书社1991年版,第556页。
③ (清)王夫之:《礼记章句·曾子问》,《船山全书》第四册,岳麓书社1991年版,第499页。

这一看法。他说："王者动必以礼，故德盛配天地而为立教之本也。"王者立教以礼并躬行，民心向之，景仰之，则优序良俗成矣。"王者兼利万物，明照四海，则民莫不尊亲，而治定制礼，乃以有所制作而无不成也。"① 以礼治政，则政无不举，政无不和。上层统治者须以身作则推行礼、践行礼，实施礼政，则社会和谐不期和而和。在确立礼为执政工具之时，必然遵循上自天子，下至平民百姓的运礼之路，如此才能树立起对礼的道德信仰，王夫之亦提出了树立道德信仰之路。他说："谨制度修礼法当自天子始，天子正而后诸侯正，诸侯正而后大夫莫敢不正。反是，则乱之始也。"② 礼之推行，遵循由上而下之路径，如此才能树立起礼之道德权威，因道德内化而成就道德信仰，最终能使人做到礼行政立。礼之权威的获取，一方面来自统治者的躬行推动，另一方面则来自神道设教的推波助澜。在《礼记·礼运》中也表达了神道设教这一观点。"是故夫礼，必本于天，殽于地，列于鬼神，达于丧、祭、射、御、冠、昏、朝、聘，故圣人以礼示之，故天下国家可得而正也。"统治者以神道设教确立礼之道德权威，并身体力行践行之，礼行天下，使百姓效仿并践行之，进而可使社会平治与和谐。神道设教在某种层面上表明礼在天道方面的权威性，礼源自于天，故礼是神圣的、不可亵渎的。天道到人道，人道显天道，人因人道之礼而存，政则以人道之礼而兴。王夫之曰："人道之大，与天道互相为功。人以此存，而政以此举，亦在乎自尽其道而已矣。"③ 人道之礼在政治的平治中得以彰显，其关键还在于政治的平治得以凸显。由此可知礼与政是一体的，谈及政，则必然是礼之政；谈及礼，则必

---

① （清）王夫之：《礼记章句·经解》，《船山全书》第四册，岳麓书社1991年版，第1174页。
② （清）王夫之：《礼记章句·礼运》，《船山全书》第四册，岳麓书社1991年版，第552页。
③ （清）王夫之：《四书训义》第二十章，《船山全书》第七册，岳麓书社1991年版，第184—185页。

然表现为政之礼。礼即政也，政即礼也，由礼可知政，由政亦可知礼。"礼所以治政；而有礼之政，政即礼也。故或言政，或言礼，其实一也。礼以自正而正人，则政治而君安，不待刑而自服。若无礼以正上下而虑下之倍窃，则必过为刑法以钤束之。"① 有礼则政治，无礼则政衰，礼与政之间存在同一性关联。礼之价值的凸显，从大的角度来说体现在平治天下，这倒是应了王夫之之言："以成乎平治之气象者，礼也。"② 礼之出现，其价值目标即是瞄准天下之平治，从《大学》所强调的"八目"来说，礼之价值关键在于落实最后层面——平治天下。欲平治天下，从小处着眼，大处落实，如此才能将平治天下的目的切实贯彻执行下去，礼教是必不可少，如若"礼教不行，民罹大恶，人君所当引咎"③。礼教不行，政治失灵，则不可能实现社会的优序良俗，则社会必将失和，其害大矣。

（二）礼为大经正而自得其和

执政必以礼，非礼则天下无以能治。因之，构建和谐社会之时，礼乃治政必然之工具，离礼则无以为和。王夫之曰："大经正则自得其和矣。"④ "大经"即礼，有大经则和，无大经则天下必然失和。礼以行政并实现社会的普世和谐，是礼之和合哲学价值的凸显。以礼之调适而实现的和谐：不论是人之内心世界的和谐，抑或是人之身心和谐，还是人际和谐也罢，最终都要归结为政治和谐，大经正

---

① （清）王夫之：《礼记章句·礼运》，《船山全书》第四册，岳麓书社1991年版，第553页。
② （清）王夫之：《四书训义·先进第十一》，《船山全书》第七册，岳麓书社1991年版，第677页。
③ （清）王夫之：《礼记章句·檀弓下》，《船山全书》第四册，岳麓书社1991年版，第285页。
④ （清）王夫之：《张子正蒙注·有德》，《船山全书》第十二册，岳麓书社1991年版，第255页。

第十三章 王夫之之礼与政治和合相契何以可能

则自得其和。

礼能指引整个社会走向和谐，礼是终极和谐之因子，有礼则政通人和，无礼则社会秩序混乱。王夫之说："先王本天道以治人情，故礼行政立而无不宜也。"① 王夫之既阐明了礼之来源的合法性问题，同时亦说明了以礼治政的终极价值问题。礼行，社会可和；礼不行，社会失和。由礼治政是对和谐社会的终极关怀，唯有礼具有和谐社会构建的基本价值，易言之，唯有礼具有构建和谐社会的基本因子。早在《易经》中"礼"与"和"相挂搭：履与和相通。比如说："《履》，以和行"（《易经·系辞下》），"《履》，和而至"（《易经·系辞上》），"履"即礼，在《系辞下》中，说明礼是人类行为之指南，礼是人与人、人与社会之间关系的"调节器"，由礼可至和。在《系辞上》中所表明的是礼行天下的终极价值，和谐可至，注重的是礼在构建和谐社会的结果。总之，在以礼构建和谐社会的过程中，"和宁，礼之用也"（《礼记·燕义》）。礼之用，即是礼的价值的彰显。礼可至和，和则是礼之和，离礼无和，"礼之用，和为贵"（《礼记·儒行》），此说是也。

如前，以礼构建和谐社会，则仁自然在其中。鉴于仁乃礼之本，如若以礼治政，即是仁政。"仁者，人所固有不忍之心也。因此不忍之心而推之以及于事，则为仁政。"② 仁政即人政，即以人为本的政治，此类政治，可以称为和谐之政。本仁行礼，以礼治政，则仁爱之心寓于其间，如此则政可和矣。王夫之说："夫仁、义、礼之交尽，则身无不修；身无不修，则人无不可取，而政无不举。"③ 内心之仁是

---

① （清）王夫之：《礼记章句·礼运》，《船山全书》第四册，岳麓书社1991年版，第566页。
② （清）王夫之：《四书训义·梁惠王上》，《船山全书》第八册，岳麓书社1991年版，第67页。
③ （清）王夫之：《四书训义》第二十章，《船山全书》第七册，岳麓书社1991年版，第174页。

践行礼之动力，礼则是内在之仁扩张的外在形式；外在礼之践行，合乎内在仁爱之心。无论是内在之仁的内在张力，还是外在之礼的彰显，最终都要以适宜为基本尺度。仁、义、礼三者之间在博弈中彰显礼之和合价值。以礼治政，则"礼之既立，政即行焉"①。于此，"政即行焉"，表明王夫之视域中的和谐社会由此起航，因为"礼所以运天下而使之各得其宜，而其所自运行者，为二气五行三才之德所发挥以见诸事业，故洋溢周流于人情事理之间而莫不顺也。盖唯礼有所自运，故可以运天下而无不行焉"②。礼行天下，有礼之人能以礼养人心之和、让人身心和谐，人际可和，政通人和。由此可知，以礼治政，则可以礼絜矩人之行为，使人之行为不偏离礼之道，进入和合之境，则天下可和矣。就礼之践行而言，人人平等，人皆有权利以礼规约自己的行为，如若切实如此，则和可达也。"与民同好恶而不专其利，皆推广絜矩之意也。能如是，则亲贤乐利各得其所而天下平矣。"③ 践行礼之机会人人均等，普世之间礼之践行，则普世之间必然和乐。"民乐而君乃得有其乐矣"④，不但是民和乐，其君亦和乐，整个国家形成一幅栩栩如生的和谐和乐生态图。

在礼以和政而构建的和谐社会中，其乐融融的生态场景清晰可见。以礼治政治，由礼可管窥其和合之政：有礼，则政通人和；无礼，则天下秩序混乱。以礼治政，则政可简，和可至，和乐于其间。为政者更是因为礼政，最终可无为而治。王夫之曰："大道之行，民淳则政可简，为之上者恭己无为，而忠信亲睦之道自孚于下土。三代

---

① （清）王夫之：《礼记章句·礼运》，《船山全书》第四册，岳麓书社1991年版，第556页。
② 同上书，第535页。
③ （清）王夫之：《礼记章句·大学》，《船山全书》第四册，岳麓书社1991年版，第1503页。
④ （清）王夫之：《礼记章句·王制》，《船山全书》第四册，岳麓书社1991年版，第323页。

以降，时移俗异，民流于薄而精义不足以喻，故王者敷至道之精华制为典礼，使人得释回增美而与于道，盖其术之不同，由世之升降，而非帝王之有降污也。能逮夫三代之英，则大道之行不远矣。"[1] 以礼治政，礼行天下，则民能化民成俗，则为政者可无为而治，此乃最佳状态的和合之境。在这个极乐的和谐社会中，礼乐是检验和谐社会的"金钥匙"。人是否有礼，则知其政是否得以平治；闻人之乐，则可知这个国家人之德行、人是否和乐。在这个和谐社会中，礼宜乐和是这个社会是否和谐之音符，因为"大凡见人之礼，则可以知其政"[2]。由礼可知政治之和，由政治和合，则必然是因礼而致和，礼与和表现为一体两面：因知而和，因和而知礼，礼即和也，和即礼也，礼与政治和合相契。

---

[1] （清）王夫之：《礼记章句·礼运》，《船山全书》第四册，岳麓书社1991年版，第536页。
[2] （清）王夫之：《四书训义·公孙丑上》，《船山全书》第八册，岳麓书社1991年版，第181页。

第十四章　王夫之的廉政思想及其时代价值

"廉"是中国儒家德政思想的重要符号。古汉语中,"廉"的形符为"广",表示与建筑物有关,声符为"兼",本义为"堂之侧边"。段玉裁《说文解字注》:"堂之边曰'廉'。"由"堂屋侧边"的平直、方正、狭窄、棱角分明等特点,引申出正直、高洁、清白、俭约、公平、公正、明察、无私等意义。"政",古汉语中与"正"相通,指合乎法则、规矩,不偏、不斜、正派、正当。今指行政,即行使国家权力的管理活动。"廉政",就是廉洁清政、为政清廉。

明末清初的思想家王夫之,在《噩梦》《黄书》等政论著作和《读通鉴论》《宋论》等史论著作中,剖析了历代封建王朝官吏腐败的现象和原因,提出了很多重要的廉政主张。

一　王夫之廉政思想的主要内涵

王夫之廉政思想的主要内涵:一是从伦理的角度,强调修德育廉;二是从法制的维度,倡导简法制廉。

（一）修德育廉

其一，清廉是为官之本。王夫之非常重视官员的道德修养："安民志者存乎望，堪大业者存乎德。德其本也，望期末也，本末具举，则始于无疑，而终于克任矣！"① 他认为，安定民心的关键在于做好民众所期望之事，成大事业的关键在于官员的德行。德行是根本，做民众所期望之事是第二性的。德、望并举，终能成事。

王夫之最看重的为官之德是清廉。他在《读通鉴论》卷十中说：

> 论官常者曰：清也，慎也，勤也。而清其本矣。弗慎弗勤而能清也，诎于繁而可以居要，充其至可以为社稷臣矣。弗清而不慎不勤，其罪易见，而为恶也浅。弗清矣，而慎以勤焉，察察孳孳以规利而避害，夫乃为天下之巨奸。②

他指出，做官的准则有三条：清廉、谨慎、勤勉。三者中清廉是根本。为什么呢？他分析了三种情况：一是官员如果能清廉，即使他不谨慎、不勤勉，也可居清要之地，删繁就简，抓住关键的事，不会犯原则性错误。这种人把清廉做到极致，甚至可能成为社稷之臣（国家赖以依靠的栋梁之臣）。二是官员如果不清廉，又不谨慎不勤政，此人的罪过容易被发现，产生的恶果也不大。三是官员如果不清廉，但谨慎勤勉，这种人就会精打细算，趋利避害，他的勤奋、谨慎可能隐蔽其贪腐恶行，可能成为天下的大奸贼。三者对比，清廉最重要，是为官之本。

其二，反对假清廉。王夫之倡导的清廉，是真清廉，非假清廉。他在《读通鉴论》卷七中说：

---

① （清）王夫之：《噩梦》，《船山全书》第十二册，岳麓书社1991年版，第553页。
② （清）王夫之：《读通鉴论》，《船山全书》第十册，岳麓书社1996年版，第398页。

> 论守令之贤，曰清、慎、勤。三者修，而守令之道尽矣乎？虽然，持之以为标准，而矜之以为风裁，则民之伤者多而俗以诡，国亦以不康。矜其清，则待物也必刻；矜其慎，则察物也必细；矜其勤，则求物也必烦。君子之清、清以和，君子之慎、慎以简，君子之勤、勤以敬其事，而无位外之图……君子修此三者，以宜民而善俗，用宰天下可矣。①

他认为真正的清廉，一要"清以和"，清廉要中正平和，不吝不奢。二要"无位外之图"，即没有职位之外的其他图谋。清廉如果不是发自内心，如果不和其他官德相中和，而是沽名钓誉、为清廉而清廉，清廉就走向了刻薄、虚伪甚至贪婪，也就是他所反对的"清而矜""清而伪""清而钝"。他以"俭"为例对此进行了论述：

> 俭，德之共也；侈，恶其大也。所谓德之共者，谓其敛耳目口体之淫纵，以范其心于正也，非谓吝于财而积之为利也。所谓恶之大者，谓其荡心志以外荧，导天下于淫曼也，非谓不留有余以自贫也。俭于德曰俭，俭于财曰吝，俭吝二者迹同而实异，不可不察也。吝于财而文之曰俭，是谓贪人。②

他认为，节俭是一种大的德行，是指约束耳目口体等感官享乐，使其心归于正道，而非像守财奴那样敛财积利。节俭不等于吝啬。以俭为名行吝财之举，实为贪婪之人。节俭也不等于奢侈，奢侈是一种大的罪恶，是指纵欲而让心志受外物的荧惑，导致整个社会享乐、奢靡成风，而不是说不保留一点剩余而让自己贫困。

---

① （清）王夫之：《读通鉴论》，《船山全书》第十册，岳麓书社1996年版，第265页。
② 同上书，第714—715页。

"魏、晋以降，廉耻丧而忠孝泯"，到底还有没有这种真清廉的官员？在《读通鉴论》卷二十二中，王夫之以唐朝的宋璟、卢怀慎、张九龄为例，给出了肯定的回答：

> 唐多才臣，而清贞者不少概见，贞观虽称多士，未有与焉……唯开元之世，以清贞位宰相者三：宋璟清而劲，卢怀慎清而慎，张九龄清而和，远声色，绝货利，卓然立于有唐三百余年之中，而朝廷乃知有廉耻，天下乃藉以又安，开元之盛，汉、宋莫及焉。不然，则议论虽韪，法制虽详，而永徽以后，奢淫贪纵之风，不能革也……故君子秉素志以立朝，学三子焉斯可矣。①

他认为这三人，或"清而劲"，或"清而慎"，或"清而和"，是真清廉的表率，经得起历史的考验（"卓然立于有唐三百余年之中"），是官员学习的榜样。王夫之是这样说的，也是这样做的。永历四年（清顺治七年）二月十八日，他官居南明永历政权行人司行人。其间连续三次上疏弹劾东阁大学士王化澄等贪赃枉法、结奸误国，结果被永历帝认为"职非言官"而奏事，几陷大狱。南明永历政权灭亡后，他深感官场积重难返，誓不出仕。这是他人生短暂的官场经历，闪烁着为官清廉、正直的思想火花。

其三，清廉是立国之纲。他在《读通鉴论·汉哀帝一》中说："人之能为大不韪者，非其能无所惧也，唯其能无所耻也。故血气之勇不可任，而犹可器使；唯无所耻者，国家用之而必亡……故管子曰：廉耻，国之维也。"② 在他看来，有些人冒天下之大不韪，做错事，犯大过，并不是因为他无所畏惧，而是由于他无廉耻之心。国家

---

① （清）王夫之：《读通鉴论》，《船山全书》第十册，岳麓书社1996年版，第830—832页。
② 同上书，第192页。

用了不知廉耻的人，一定会灭亡。所以管子说，礼、义、廉、耻，国之四维（结物的主绳），四维张则君令行，四维不张，国乃灭亡。

在《读通鉴论》卷二十六中，他又以唐朝官员集体腐败的乱象为例，指出国家败落，是由于官员不正，官僚的失德，是因贪贿猖獗，贿赂对于国家，如人饮毒酒，必死无疑：

> 贿行于中涓，而天子慢；贿行于宰相，而百官不能争；贿行于省寺台谏，而天子宰相亦不能胜……唐之乱，贿赂充塞于天下为之耳……盖唐自立国以来，竞为奢侈，以衣裘仆马亭榭歌舞相尚……朝士以贿而容奸，逆臣亦以贿而自固……贿赂之败人国家，如鸩之必死，未有能生之者也。①

其四，"治德蕴于己"。王夫之强调，清廉的美德，是通过自我修养慢慢得来的。在《读通鉴论》卷十九中，他指出："夫为政者，廉以洁己，慈以爱民，尽其在己者而已。"② 就是说，行使公权的人，要用廉来使自己清洁，要心地慈善、爱护民众，而要做到廉洁爱民，取决于从政者自己的内在之修、自我约束。在《宋论》卷一中，他以宋太祖"勒石三戒"为例，进一步论述了所谓"求诸己"的修炼方法：

> 德之盛者，求诸己而已。舍己而求诸人，名愈正，义愈伸，令愈繁，刑将愈起；如彼者，不谓之凉德也不能。求民之利而兴之，求民之害而除之，取所谓善而督民从之，取所谓不善而禁民蹈之，皆求诸人也……夫善治者，己居厚而民劝矣，谖顽者无可逞矣；己居约而民裕矣，贪冒者不得骋矣。以忠厚养前代之子孙，以宽大养士人之正气，以节制养百姓之生理，非求之彼也。

---

① （清）王夫之：《读通鉴论》，《船山全书》第十册，岳麓书社1996年版，第1003—1004页。
② 同上书，第708页。

捐其疑忌之私，忍其忿怒之发，戢其奢吝之情，皆求之心、求之身也。人之或利或病，或善或不善，听其自取而不与争，治德蕴于己，不期盛而积于无形，故曰不谓之盛德也不能。①

他认为，宋太祖将"保全柴氏子孙""不杀士大夫""不加农田之赋"三条规定，刻在石头上，诏告后继者，以培养其仁厚、宽大、节俭的品德，宋太祖这种"求诸己"（追求自我修炼）的做法，和摒弃猜忌私心、克制忿怒发泄、收敛奢吝之情一样，都是一种指向内心的高尚品德。而为民兴利、替民除害、督民向善、禁民行恶，是"求诸人"，指向的是他人而非自己。儒家主张"修身、齐家、治国、平天下"，"求诸己"就是要求为官者修好自身的德行，然后才能治国平天下。如果"舍己而求诸人"，忽视自身修养去寻求治国之道，只能称为"凉德"（薄德，缺少仁义）。他指出，"求诸己"也是一种利己利民的善治之道（德治）。"己居约而民裕矣，贪冒者不得黩矣"，官员廉俭节约，则百姓富足丰裕，贪婪、投机者就不能随心所欲、随便胡来。他最后强调，"治德蕴于己，不期盛而积于无形"，德行修养，积于无形，不能一蹴而就，在于自我教化。"是以古之圣王，后治而先学，贵德而贱功，望之天下者轻，而责之身心者重，故耄修益勤，死而后已，非以为天下也，为己而已矣。"② 所以古代圣明的君主，先学习（修身）而后治政，贵品德而贱功名，对人要求宽松，对己要求严格，这种自我修炼，老而不止，至死方休。

（二）简法制廉

其一，制法必简。王夫之充分肯定法律在廉政建设中的积极作

---

① （清）王夫之：《宋论》，《船山全书》第十一册，岳麓书社1991年版，第23页。
② （清）王夫之：《读通鉴论》，《船山全书》第十册，岳麓书社1996年版，第850页。

用。"至治之世，在官有养廉之典，退居有尸祝之尊，贤士大夫亦何忍以身纳于垢浊。"① 政治十分清明的社会，在职为官有避免其贪污的典章制度，为官者不能以身犯法。

王夫之认为，贪官最惧怕的，不是执法的人，而是法律条文要义。在《读通鉴论》卷十七中，他对此进行了详细论述：

> 夫奸吏亦有畏焉，诃责非所畏也，清察非所畏也，诛杀犹非所畏也，而莫畏于法之简。法简而民之遵之者易见，其违之者亦易见，上之察之者也亦易矣。即有疏漏，可容侵罔者，亦几微耳，不足为国民之在害也……夫法者，本简者也，一部之大纲，数事而已矣。一事之大纲，数条而已矣。析大纲以为细碎之科条，连章屡牍，援彼证此，眩于目而荧于心，则吏之依附以藏慝者，万端诡出而不可致诘。惟简也，划然立不可乱之法于此，则奸与无奸，如白黑之粲然。②

在他看来，简要的法律条文，易为百姓接受和遵守，如同一面明镜，便于发现违法官员。如果法律条文要义不明，过于烦琐，就加大了执法释法的难度，甚至可能被人利用，"援彼证此"，"万端诡出而不可致诘"。王夫之对"简法"的肯定，基于他对秦法严密终致秦亡的历史分析："法愈密，吏权愈重；死刑愈繁，贿赂愈章。"

其二，选吏当严。严格选拔官吏是执法的前提，因为最好的法律也要执法者来施行。明代选拔官员，共有科举、荐举、吏士三条途径。针对当时官员选择制度的弊端，在《黄书·慎选》中，王夫之表达了他"核资格而难其选"的科举选吏主张：

---

① （清）王夫之：《读通鉴论》，《船山全书》第十册，岳麓书社1996年版，第658页。
② （清）王夫之：《宋论》，《船山全书》第十一册，岳麓书社1991年版，第633页。

> 百年之内，乘千岁之弊，仍科目而减其额，核资格而难其选，则始基立矣。然后抑浮藻，登德行，立庠序，讲正学，厉廉耻，易科目，升孝秀，俟之发世之后而天气清，人维固，禽心息。①

他认为，要在百年之内革除千年以来的弊病，可以先继续采用科举方式而减少录取人数，严格官僚资格以使升迁更难，从而打下革除弊病的基础。然后抑制浮华藻采，以德行为选举标准，建立学校，讲习正学，激励廉耻之心，改变科举科目，选忠孝优秀的人当官，待到数世之后，自然就会风清气正，人纲巩固，恶念平息。

严格选吏，要根据既定的职位，公正无私，选贤任能，为官择人，不为人建官：

> 故王者制名，天下奉名，百官赴名……制名以任贤能，疑名以尊意旨，浮薄长进，权藉推委，效著于偶然而垂为法制，故人纪贱而天维缺，非建国不拔之典矣。唯除疑制者不然。尊其尊，卑其卑，位其位，事其事，难其选举，易其防闲，公其心，去其危，尽中区之智力，治轩辕之天下，族类强植，仁勇竞命，虽历百世而弱丧之祸消也。②

他认为，皇帝制定官职名位，天下人遵守，百官赴任，选拔官员要有诚心，不能相互猜疑。"诚以拔之，则小人革面。疑以任之，则君子寒心。"应该让该居尊位者居尊，该居卑位者居卑，该设什么官就设什么官，该负什么责就负什么责，增加选举的难度，减少对官吏的防备，树立至公无私之心，除去猜忌，竭尽中国的智力，治理轩辕

---

① （清）王夫之：《黄书》，《船山全书》第十二册，岳麓书社 1991 年版，第 522 页。
② 同上书，第 527 页。

黄帝开创的天下，民族富强，仁勇尽力，就是百年千年，也不会出现弱国丧权之祸。

其三，严于计吏。针对元朝对官吏考核宽松的历史教训，王夫之主张借鉴唐朝的做法，严于计吏：

> 严于督民而宽于计吏，则国必无与立。史称元政不纲，唯其宽也。唐制：州县官秩满，则谢事赴都，听吏部铨简，而后更授新除，谓之选人。虽士大夫不无疲劳之苦及待选之难，然使受命临民者皆得奉一王之令而听廷臣之清议，则自郑重其官箴而不敢偷。三年入觐，因行大计之典，亦通此法而得其平也。考满给由，必新领司文，赴部考覆，而后授以官阶，则满于公议者，昏瞀老疾者，皆无所隐匿，而吏道清矣。①

唐朝下级官员任职期满，要赴吏部接受上级考核，每三年还要觐见皇帝一次。他认为这种考核办法虽然过程令人疲苦，但能使官员重视自己的官职，不敢懈怠，确保吏治清明。

针对封建官场"刑不上大夫"的特权制度，王夫之主张严惩高级贪官：

> 严下吏之贪，而不问上官，法益峻，贪益甚，政益乱，民益死，国乃以亡……上官之虐取也，不即施于百姓，必假手下吏以为之渔猎……下吏既与上官为鹰犬，复代上官受缧绁，法之不均，情之不忍矣……严之于上官，而贪息于守令，下逮于簿尉胥隶，皆喙息而不敢逞。②

他认为，贪腐的下官与其上司存在利益纽带（上司通过下吏间接

---

① （清）王夫之：《黄书》，《船山全书》第十二册，岳麓书社1991年版，第567页。
② （清）王夫之：《读通鉴论》，《船山全书》第十册，岳麓书社1996年版，第1100页。

第十四章 王夫之的廉政思想及其时代价值

地向百姓索取财物），如果只严惩下面的贪官，而不追究其上面的高级贪官，就是执法不公，结果就是贪污更厉害，甚至民死国亡。严惩高级贪官，下边的守令就不敢贪了，再下边的办事员也就恭恭敬敬不敢逞强了。

如何严惩呢？在《黄书·大正》中，王夫之列举了具体做法：

> 今为之定制，诸非居任以廉最者，虽邀功建言，不得与起废晋阶之科。其尤沉没之伦，遇乡饮酒，齿之下座以折辱之。而告老闲住者，买声色，教歌舞，广亭榭，不以俭率子弟，所司岁具上闻，追还封诰，齿于僇民。①

王夫之提出，要制定规定，如果官僚在任不清廉者，即使是有功之臣，也不得参与起废晋阶之科（不得提拔）。对于极端沉沦贪污之辈，遇乡礼酒，要让他们坐到下座以羞辱他们。告老还乡闲住的官僚，如有买声色歌伎、教歌舞、广建亭榭、不以勤俭教导约束子弟者，官府每年要报告上级，追夺他们的封诰，把他们列入罪民。

他还提出，要设立谏官，加强对包括皇帝在内的官员的监督。他认为，"天子之职，论相而已矣。论定而后相之，既相而必任之，不能其官，而唯天子进退之，舍是而天子无以治天下"②。天子的职责，主要是选好宰相。因为宰相"外统六官，内匡君德"。皇帝和大臣有不良行为怎么办？要设谏官来监督。"夫谏官职在谏矣，谏者，谏君者也，徽声逐色，奖谀斥忠，好利喜功，狎小人，耽逸豫，一有其而必犯颜以诤；大臣不道，误国妨贤，导主贼民，而君偏任之，则直纠之而无隐。"③他希望天子、宰相、谏官三环职责明确，"环相为治"。

---

① （清）王夫之：《黄书》，《船山全书》第十二册，岳麓书社1991年版，第531页。
② （清）王夫之：《宋论》，《船山全书》第十一册，岳麓书社1991年版，第121—122页。
③ （清）王夫之：《读通鉴论》，《船山全书》第十册，岳麓书社1996年版，第756页。

"宰相之用舍听之天子，谏官之予夺听之宰相，天子之得失则举而听之谏官；环相为治，而言乃为功。"（《宋论》卷四）

其四，"省州县官而增其俸"。明朝官僚系统庞大，冗官问题严重。嘉靖三十七年，兵科给事中刘体乾上疏说，当时明朝文武官职共有十万多个，数倍于历朝，可谓史无前例："历代官制，汉七千五百员，唐万八千员，宋极冗至三万四千员。本朝自成化五年，武职已逾八万，合文职盖十万余。"[①] 官员数量多，财政压力大，腐败随之而来。"今俸入不堪，吏莫能自养。其始也，亏替公费，耗没祭祀、学校、夫马、铺递、民快之资以自入，而一责之民。其既也，则无所不为，而成乎豺虎矣。"王夫之《噩梦》中的这段话表明，当时明朝官员的俸禄很少，少得不能养活自己，官员开始挪用公款公物，最终如豺狼老虎一般贪婪，无所不为。

针对上述问题，在《宋论》（卷一）中，王夫之提出了"省官以清吏治、增俸以责官廉"的主张：

省官以清吏治，增俸以责官廉，开宝之制，可谓善矣……夫论者但以吏多而扰民为忧耳。吏之能扰民者，赋税也，狱讼也，工役也。虽衰世之政，三者之外无事焉。抑考周官六典，任此以督民者，十不二三；而兴学校、典礼乐、治宾旅、莅祀事、候灾祥、庀器服者，事各一司，司各数吏，咸以上赞邦治、下修邦事，劝相之以驯雅之业，而使向于文明。固不能以其喜怒滥施于卑贱，贪叨猎取于贫民弱族也。则吏虽繁，而治固不棼；又何十羊九牧，横加鞭挞之足忧哉？任之以其道也，兴之以其贤也，驭之以其礼也，黜之陟之以其行也。而赋税、狱讼、工役之属，无

[①] （清）夏燮：《明通鉴》卷六一"嘉靖三十七年"条，中华书局 1959 年版，第 2376 页。

冗员，无兼任，择其人而任之以专。则吏治之清，岂犹有虑。①

他肯定了唐朝减少官员数量、增加官员俸禄的做法。减少哪些官员呢？他认为重点要减少县州级的官员。他认为吏多之所以扰民，是因为官员加于百姓头上的赋税、狱讼和工役繁多，这三方面的官员数量，也要精减，要选择专业人士担任，不能兼任，这样才能有效减少赋税、狱讼和工役，吏治清明。

明朝实行俸禄制，但因官员数量太多，俸禄极低。明洪武二十五年统一的俸禄标准是："正一品月俸87石，从一品至正三品，递减13石至35石，从三品26石，正四品21石，正五品16石，从五品14石，正六品10石，从六品8石，正七品至从九品递减5斗，至5石而止，自后为永制。"② 他以唐、宋实行的官薪制度为例，认为廉政需要增加官员俸禄。"故唐、宋之制，店舍、鱼步、园圃皆委之郡邑而不以上供，所以佐俸入之穷也。至于修理公廨，铺程酒饮，心红油蜡，一切皆有经费，宽为数而不问其盈余，要令公私各得拔葵逐织……然后秉国法以课其廉顽。"③ 朝廷要足额拨付部分公款，各州县官吏可以掌握一部分盈余收入，公私兼顾，根据国法来核验其是否清廉。

二　王夫之廉政思想的时代价值

王夫之的廉政伦理主张，折射出他对道德理性和物质欲望以及义利关系的深刻见解。"天理原不舍人欲而别为体，则当其始而遽为禁抑，则且绝人情而未得天理之正，必有非所止而强止之患"（《周易内

---

① （清）王夫之：《宋论》，《船山全书》第十一册，岳麓书社1991年版，第39—40页。
② （清）张廷玉：《明史》卷八二《食货六》，岳麓书社1998年版，第1280页。
③ （清）王夫之：《黄书》，《船山全书》第十二册，岳麓书社1991年版，第565—566页。

传》卷四上）。他认为，天理本不是离开人欲而另立一体的，而是相互联系，应当以理导欲，达情遂欲。他倡导"无位外之图"的清廉，反对走向吝啬和奢侈的假清廉，表明他肯定个体追求物欲的合理性，反对把天理与人欲截然对立，贬低人的物质生活欲望。

但他对这种追求个人利益和欲望的肯定，是有前提条件的。他主张合理的欲望，反对放纵的私欲。他提醒为官者明辨义利关系："立人之道曰义，生人之用曰利。出义入利，人道不立；出利入害，人用不生。智者知此者也，智如禹而亦知此者也。"（《尚书引义》卷二）他指出，为政者应有古今之通义，天下百姓之生计大利，而非一人之正义，一时之大义。"有一人之正义，有一时之大义，有古今之通义；轻重之衡，公私之辨，三者不可不察。以一人之义，视一时之大义，而一人之义私矣；以一时之义，视古今之通义，而一时之义私矣；公者重，私者轻矣，权衡之所自定也。"[1] 正因为廉政关乎百姓和天下大义，王夫之才认为廉德是为官立国之本，才反对弃利灭欲，反对功利主义。

总之，王夫之认为欲望不是不好，但一定要公正公平。"人欲之大公，即天理之至正。"欲望如何合乎大公？从伦理的层面说，就是要因义制利，以理导欲，使"利"为"义"中之利，使"欲"为"理"中之欲。从法律的层面说，就是要以法制廉，而立法的枢纽和关键，就在于明辨立法的利害关系："利之所在，害之所兴，抑之已极，其纵必甚。故屈伸相感而利生，情为相感而害起，屈伸利害之相为往复，而防之于早，以无不利。智者知之明也，而庸愚不知。知者则立法以远害，不知则徇利以致凶，利害之枢机在此矣。"[2] 王夫之的这些廉政思想，闪烁着进步思想的光芒，是历史优秀廉政文化的重要组成，为当今的廉政建设，提供了深刻的政治镜鉴和有益的智慧反思。

---

[1] （清）王夫之：《读通鉴论》，《船山全书》第十册，岳麓书社1996年版，第535页。
[2] 同上书，第285页。

第十五章 船山价值观在小学传承的案例
——衡阳市船山实验小学文化理念策划

一 学校背景和文化传统解读

（一）学校背景

衡阳市船山实验小学成立于2000年6月，是衡阳学人秉承船山精神、运用现代教育理念创办的一所立足传统、注重创新的全日制学校。学校坐落于衡阳市雁峰区，现有35个教学班，在校学生1700余人，教职员工170余人。学校师资力量雄厚，办学条件优越，校园环境优美。

（二）船山文化——学校文化的根基

船山实验小学建校历史虽然不长，但文化根基深厚。明末清初大思想家、哲学家王船山，出生于回雁峰下，研经于湘西草堂，集千古之智，开六经生面，成文化巅峰。王船山逝世后200年间曾湮没无闻，但在中国近现代史上却大放异彩，他的思想给维新变法、辛亥革命、新民主主义革命乃至当代的中国文化复兴以重大影响，形成了独特的文化景观。为了学习、弘扬船山学术与船山精神,衡阳人创办了船山书院;现代教育兴起后,船山书院先后改名为船山中学堂、衡阳市第一中学,为中国现代化建设事业培养大批人才。进入21世纪以来,以衡阳市第一中学为基础成立教育集团,分别创办了衡阳市船山实验中学和船山实验小学,开启了践行船山精神、复兴传统文化的新篇章,同时也寄托了衡阳学人创新中国教育的梦想。因此可以说,船山实验小学是衡阳学人传承船山文化并积极参与当代中国教育实践的产物。出于这种历史文化的自觉与担当,学校始终将船山文化视为精神之源和立校之本。

船山文化不仅是传统文化的代表,更是中华文化在新形势下的一种发展,其可贵之处在于:第一,忠于祖国与中华文化的民族精神;第二,循公重民的人文精神;第三,推故开新的创造精神;第四,崇实重有的辩证哲学。

二 学校品牌定位

打造以传统文化为底蕴,以创新教育理念为追求,以学生的全面发展为目标的特色鲜明的民办名校。

三 基本部分

(1)核心理念:以诚立教,仁育义植。

"诚"为实有、实际,真实无妄,求其"诚"就是求真,崇尚科学;"诚"为善、天德,为人道,求其"诚"就是求善,求人道。孟子说:大人不失其赤子之心。"以诚立教"就是以"诚"为教育之本,教师以诚为范,学生以"诚"为求,教育学生诚实、忠诚、诚敬。"仁"者，爱人；"义"为规范。"仁植义育"就是要用"仁义"教育学生，使学生有仁爱之心，守规范，懂礼节。

"诚"在中国古代哲学中是一个兼有本体论和伦理观的范畴，孟子说："诚者，天之道也；思诚者，人之道也。"（《孟子·离娄上》）荀子说："君子养心莫善于诚。"王船山先生继承并进一步阐发。一方面，船山强调"诚"的实有特性，为宇宙本体，说："夫诚者实有者也，前有所始，后有所终也。实有者，天下之公有也，有目所共见，有耳所共闻也。"（《尚书引义·说命上》）。另一方面，船山先生亦认为"诚"是"尽人道""合天德"的关键。正因为如此，船山先生提出"以诚立教"。教育的目的在于育人，船山先生在《黄书·宰制第三》中说，我们只要有了博衣、弁带、仁育、义植之士甿，就足以巩固我华夏民族而无忧，因而需用"仁""义"教育培养人才。

（2）办学宗旨：求知、求真、求善，为孩子的发展和幸福奠基；敬业、敬事、敬人，为教师的事业和人生添彩。

（3）培养目标：培养具有中国精神和全球视野的全面发展的人。

所谓"中国精神"，是指学生继承以王船山为代表的中国文化精神，成为永远忠诚于中国文化的道德完善的敢于担当的仁义之士。所谓全球视野，是指胸怀全球，从容应对。所谓全面发展，就是指要培养学生成为人格健全、道德完善、身体健康、学业有成的人。

（4）办学方略：文化筑魂，习养为主，以研促教，注重自悟，有教无类，开新开放。

文化筑魂：用中华文化和世界文化贯穿到学校生活的方方面面，并深入学生的大脑和灵魂。

习养为主：由小事小节养成品德，由小艺小能习练而日有所进。

以研促教：加强科研，将科研成果转化为显著的教学效果。

注重自悟：通过课堂教学改革和课外活动，培养学生独立思考和自我提高的能力。

有教无类：强调教育公平，不以天资、金钱、身份排位，让教育之光普照所有学生。

开新开放：机制创新，模式变革；古今中外，兼收并蓄。

四 风—训

（1）训：努力创造奇迹。

（2）风：船山传人，正学开新。

所谓船山传人，是指继承船山精神，做船山那样的对中国文化发展有贡献的人。所谓正学开新，就是要建立正确的学习观念注重创新创造。

王船山逝世后，其行隐，其名不显，故200余年被埋没，梁启超先生认为湘军名将罗泽南继承了船山先生的一点精神，但真正的船山传人是谭嗣同，并说船山的发扬光大还在将来。自1884年创办船山书院培养了齐白石、杨度等著名人士后，船山书院改制为船山中学堂、衡阳市第一中学，培养了原教育部副部长周远清等许多人才。21世纪初在船山精神的感召下，以衡阳市第一中学的教师为主体创办了船山实验小学，传承船山精神，誓做船山传人。船山先生继承圣学，出入诸子、佛老、濂洛关闽，而独服膺张载，辟异端正儒学，故曰"希张横渠之正学"；船山极重开新创造而不拘守传统，故曰"六经责我开生面"，强调"推故而别致其新"。

（3）学风：正志为本，学思并重。

所谓正志为本，是指要树立正确的志向；所谓学思并重，是指学习与思考同等重要，善于学习就必须善于思考。

王船山先生说：学者以大心正志为本。又说：志立则学思从之，学非有碍于思，学愈博则思愈远；思正有功于学，而思之困则学必勤。这就是说，良好的学风就是要树立远大的志向，在学习中思考，在思考中学习。

（4）教风：诚于教事，以爱育人。

所谓诚于教事是指教师诚于治学，诚于施教。所谓以爱育人，是指教师用己之爱，因人之性，促其自悟。

没有爱就没有对事业的忠诚，没有爱也就没有百年树人的教育；教师的爱如春雨，润物无声，无时不在，无处不有。

五　誓词

（1）教师誓词。

我是船山小学的教师，我庄严宣誓：忠于人民教育事业，履行教师神圣职责，贯彻国家教育方针，以培养人格健全、道德完善、身体健康、学业有成的人才为最高目标；继承船山精神，热爱每一个学生，做学生的良师益友，在育人中不断完善自己的人格；以诚立教，严谨治学；注重细节，追求完美；团结协作，不断进取；为中华民族的伟大复兴，为人类社会的文明进步，奉献全部力量。

（2）学生誓词。

我宣誓：我是中国人，我是船山传人，

我热爱我们的祖国，我热爱中华文化。

我是船山小学的小主人，

我将坚守"船山传人，正学开新"的信念，

我将铭记"努力创造奇迹"的校训，

我们崇尚科学，追求真理，正志为本，学思并重。

我们求知、求真、求善，

为实现自己的梦想，为实现中华民族的伟大复兴贡献力量！

(3) 校长寄词。

教育需要忠诚，也需要梦想。让我们永远保持对教育的忠诚与梦想，去创造一个又一个奇迹。

六 校赋

湘蒸合流，回雁争雄，衡州故地，楚南名城，扼南条之要枢，传圣贤之文明。

理学之盛，濂洛关闽，惟我夫之，正学开新。彭刚直之盛举，王湘绮之经营，设坛东洲，桃李满庭。

船山小学，圣贤传人，仁植义育，立教以诚。白手建校兮茹辛苦，大爱无疆兮献丹忱；文化筑魂兮重习养，效能优先兮扬杏坛；机制创新兮呈异彩，有教无类兮倡公平。承湖湘之传统，扬现代之精神；创万世之名校，育真善之新民。

图1　船山学专家在衡阳市船山实验小学传播船山思想

图 2　船山学专家和船山实验小学校长在《船山小学赋》前合影

图 3　船山学专家为船山实验小学确定的办学理念

图4　船山实验小学的王船山半身像